KB210591

답을 내야 진짜 리더다

34년 차 글로벌 컨설턴트가 말해주는
실전 경영 사례와 해법

답을 내야
진!짜
리더다

서문

　우리는 살아가면서 수많은 질문과 마주합니다. 개인의 삶에서부터 조직의 운영, 더 나아가 사회 전체의 문제에 이르기까지 끊임없이 답을 찾아 나서는 여정 속에 있습니다. 특히 조직을 이끄는 리더의 자리는 그 무게감이 남다릅니다. 때로는 외롭고 고독한 고민 속에서 명확한 해답을 제시해야 하며, 그 결정은 조직의 미래를 좌우하기도 합니다.

　저 또한 34년간 다양한 기업 현장에서 컨설턴트로서 전략적 의사결정을 돕기도 하고, 기업 임원으로서 직접 조직을 이끌기도 하며 수많은 문제와 마주해 왔습니다. 다양한 관점을 흡수하고 통합하는 과정에서 올바른 질문을 던지는 일이 얼마나 중요한지 알게 되었습니다. 하지만 혼자서는 결코 그 질문에 대한 답을 찾을 수 없었습니다. 현장에서 겪은 어려움과 깨달음, 그리고 훌륭한 분들로부터 배운 지혜를 이 책에 담고자 했습니다.

　이 책은 필자가 지난 30여 년간 여러 나라에서 수행한 글로벌 컨설팅 경험과 은행/기업의 고위 임원으로서의 경험을 바탕으로 집필한 것입니다. 저는 한국, 중국, 일본, 북미, 동남아, 인도 등 다양한 국가에서 활동하며 현장을 누볐습니다. 또한 대한항공·한진그룹, 스탠다드차타드은행, 스타트업, 다업종 그룹 등 여러 조직에서 실무적 통찰을 쌓아왔습니다.

앞선 저서 『나도 컨설턴트처럼 일하고 싶다』가 컨설턴트의 사고방식과 문제 해결 접근법을 다뤘다면, 이번 책은 경영자의 시선에서 현장을 조명합니다. 어떤 생각을 하고 어떤 질문을 던지며 어떻게 답을 찾아가는지, 구체적인 사례를 통해 보여드리고자 했습니다. 전략, 변화 관리, 실행, 조직 문화, 리더십, 컨설팅 등 다양한 주제를 되도록 쉽게 풀어내려 노력했습니다. 아울러 사례를 함께 제시함으로써 개념을 보다 생생하게 이해하실 수 있도록 구성했습니다.

총 40개의 사례는 필자의 실제 경험을 토대로 하되, 고객사의 기밀 보호와 기억의 한계를 고려하여 약 70퍼센트의 사실과 30퍼센트의 허구가 섞인 팩션(faction) 형식으로 구성하였습니다. 따라서 완전한 실화도 완전한 창작도 아닌 현실과 상상의 중간 어딘가에 놓인 이야기로 받아들여 주시면 좋겠습니다. 사례들은 각기 독립적인 구조를 가지고 있습니다. 독자 여러분이 경영 현장에서 자주 접하는 문제들을 어떻게 바라보고 어떤 방식으로 풀어나갈 수 있을지 함께 고민해 보는 계기가 되었으면 합니다.

경영학을 공부하는 학생들, 기업에서 기획 및 전략 업무를 담당하는 실무자들뿐만 아니라 기업을 운영하는 경영인 및 임원진들에게도 작게나마 도움이 되기를 바라는 마음으로 이 책을 썼습니다. 복잡하고 예측 불가능한 경영 환경 속에서 때로는 길을 잃은 듯한 막막함을 느낄 때마다 이 책이 등불처럼 방향을 제시해 줄 수 있기를 희망합니다.

답을 내야 진짜 리더다

끝으로 오늘도 자신의 자리에서 묵묵히 고독한 고민과 결단을 내리며 조직을 이끌어 나가시는 모든 리더들께 존경의 말씀을 전합니다. 그리고 저에게 아낌없는 가르침을 주신 많은 분들께 진심으로 감사드립니다. 이 책이 여러분의 여정에 작은 위안과 동행이 될 수 있기를 바랍니다.

2025년 5월

최정규

차례

제1장 전략
언제, 어디서, 어떻게 싸울 것인가?

제2장 변화 관리
인간의 본성은 변화를 거부한다
이성은 본인과의 전투이다

제3장 실행
뭘 알아야 제대로 실행한다
식당 주인이 조리를 모르면 주방장 관리가 안 된다

제5장 리더십
따르는 자가 있어야 리더다
리더의 겸손함이 조직을 살린다

제6장 컨설팅
들을 준비가 된 기업에만 들어야 하는 이야기를 한다

제1장 전략

언제, 어디서, 어떻게 싸울 것인가?

전략은 필요없고
실행만 잘하면 된다는 착각

업무를 하다 보면 일부 사람들은 전략의 필요성에 의문을 제기하곤 한다. 그들의 주장은 다음과 같다.

- 전략? 그냥 실행만 잘하면 되는 거 아닌가?
- 전략은 그냥 파워포인트 잘 꾸미고 말 멋있게 하면 되는 건데.
- 전략이 왜 필요한가? 각자 현업에서 열심히 일 잘하면 그만 아닌가?
- 전략이 잘 수립되었는지 어떻게 알 수 있나? 지나 봐야 아는 거지.
- 전략이라니, 현업을 모르는 사람들이 탁상공론으로 지적 호기심이나 채우는 잔치 아니야?

다음 몇 가지 사례를 들어 같이 고민해 보았으면 한다.

- 자동차가 처음 발명되었을 때 마차를 만들던 회사는 무엇을 해야 했을까? 지금 만드는 마차를 더욱 잘 만들면 되지 않나?

- 에디슨이 축음기를 발명하면서 음악 소비 시장은 실제 공연에서 녹음된 음악으로 바뀌었다. 이후에도 음악 소비 방식은 계속 변해 왔다. 만약 내가 비디오 카세트 테이프의 원재료인 폴리에스터 필름을 세계에서 가장 싸고 우수하게 만드는 회사라면 CD/DVD 재료가 발명되었을 때 어떻게 해야 하나? CD/DVD 원재료 제조업체는 Micro disc가 처음 나오고 이후 메모리칩으로 저장 매체가 바뀌었을 때 계속 CD/DVD 원재료를 잘 만들면 되나?

- 음악 스트리밍이 가능해지면서 앨범 제작자는 어떤 결정을 내려야 했을까? 불법 다운로드를 막는 법안을 로비하며 계속 앨범만 만들어야 했을까? 아니면 스트리밍 시장에서 수익을 낼 수 있는 새로운 환경을 조성해야 했을까?

- 최초로 핸드폰이 나왔을 때는 1G 상황이었다. 그러다가 SMS가 가능한 2G, 그리고 앱 다운로드가 가능한 스마트폰(3G)이 등장했다. 이 상황에서 나는 피처폰(앱 미지원 핸드폰)에 집중해야 했을까? 스마트폰으로 전환해야 했을까? 아니면 대기업처럼 스마트폰 사업으로 전환이 불가능하다면 피처폰 사업을 매각하고 시장에서 철수해야 했을까?

- 1990년대 말 우리가 만드는 범용성 화학제품이 중국 기업들의 갑작스러운 진입으로 아시아 지역에서 공급 초과 상황이 되었다. 아무리 비용을 줄이려 해도 중국 업체만큼의 비용으로는 생산이 불가능하다. 고급 제품으로 옮겨가려고 해도 일본, 독일 선진 업체만

답을 내야 진짜 리더다

큼의 기술력이 지금은 없다. 사업은 계속 적자이며 그러한 기술을 개발하려면 상당한 투자가 필요하고, 성공한다는 보장도 없다. 어떻게 해야 하나?

- 1990년대 한국의 은행들은 거의 대부분 세계 초일류 종합 금융기관(가계, 기업, 투자은행을 포괄하는)을 지향했다. 이에 따라 해외에도 지점을 경쟁적으로 개설했다. 또한 자본금의 상당 부분을 주식 시장 등 자본시장에 투자했으며, 재벌 그룹에 대한 대출은 "대마불사"로 인식하여 위험관리를 철저하게 하지 않았다. 1997년 금융위기를 겪으면서 우리가 배운 것은 무엇인가?

- 1990년대 중반부터 한국에서 1인당 국민 소득이 증가하면서 소비자는 플라스틱 바닥재나 벽지가 아닌 천연소재의 바닥재나 벽지를 찾기 시작했다. 우리 회사는 한국에서 플라스틱 바닥재와 벽지를 가장 잘 만들고 시장 점유율도 큰 회사였다. 그런데 30평 이상의 모델하우스에는 더 이상 플라스틱 벽지와 바닥재가 쓰이지 않고 거의 대부분 대리석, 천연 또는 가공된 나무, 비단 벽지 등 다양한 천연소재가 사용되고 있었다. 한쪽 부서에서는 더더욱 좋은 플라스틱 벽지와 바닥재 개발에 집중해야 한다고 주장했으며(특히 생산, 연구 부서), 영업 부서에서는 선진국 사례를 들어 앞으로 플라스틱 소재의 비중이 급격히 줄어들 것이라고 분석했다. 또한, 우리 회사가 보유한 건설회사 및 전국의 지물포(집 내장 수리 공사 업체)와의 관계를 활용해 종합 인테리어 소재 개발 및 유통 업체로 전환해야 한다고 주장했다. 우리는 어디로 가야 할까?

- 1990년대 말, 2000년대 초반부터 국민 소득이 증가하면서 주거 품

질에 대한 욕구가 점점 더 높아지고 있다. 일부에서는 아파트 단지 조성 시 정원, 운동 가능한 단지 내 체육 시설, 수영장 등 부대시설을 늘리고 층고를 높여 더욱 쾌적한 아파트를 지어야 한다고 주장한다. 반면, 다른 의견으로는 입주민의 관리 비용 증가를 우려하며, 최소한의 관리 비용을 목표로 하고 필요할 경우 근처의 체육 시설이나 공원을 이용하면 된다는 입장이 있다. 우리는 어떤 방향으로 나아가야 할까?

- 2000년대 중반, 당사는 에피타이저를 뷔페로 제공하고 서양식 주요리를 파는 패밀리 레스토랑이었다. 그러나 고객들이 훌륭한 에피타이저 뷔페만 먹고 주요리를 주문하지 않아 객단가가 낮아지고 적자가 발생했다. 또한, 뷔페 방식으로 인해 음식물 쓰레기가 지나치게 많이 발생했다. 이에 따라 에피타이저 뷔페 코너를 축소했지만(특히 비싼 식재료의 메뉴), 고객 불만이 늘어나고 브랜드 이미지가 악화되면서 적자가 더 심화되었다. 우리는 어떤 방향으로 나아가야 할까?

- 2010년대 중후반, 당사는 전국 각지에서 다수의 백화점과 점포를 운영하는 리테일 업체였다. 그러나 이커머스의 등장으로, 물건이 무엇인지 잘 알려진 경우(예: 전자제품, 주방 용품)의 매출이 급격히 감소했다. 의류나 스포츠 용품의 매출 증가세 또한 확연히 둔화되었다. 하지만 상장된 우리 회사는 벤처 투자를 받아 가격 경쟁을 벌이는 이커머스 업체와 싸울 충분한 자본력을 보유하지 못했다. 가격 경쟁이 격화될 경우, 이익 감소로 인해 주주의 반발을 초래할 우려도 있었다. 오프라인 리테일 업체인 우리는 앞으로 어떤 방향

으로 나아가야 할까?

- 2010년대 중반, 당사는 타이어 제조 및 판매 회사였다. 그런데 갑자기 대규모 자본을 가진 이커머스 회사들이 타이어를 정가보다 낮은 가격에 팔기 시작했다. 이들은 강력한 자본력을 바탕으로 전국의 자동차 수리점을 앱에 등록하고, 자동차 소유주들에게 가장 가까운 수리점을 안내했다. 또한 타이어, 엔진 오일, 오일 필터 등을 도매로 들여와 소매상보다 저렴한 가격에 판매했다. 그동안 당사를 지원해 준 도매상, 소매상과의 관계를 하루아침에 끊을 수 없고, 자본력이 부족해서 이커머스 업체들처럼 저렴하게 판매할 수 없다. 이런 상황에서 당사는 어떻게 해야 하나?

- 2020년대 초반, 당사는 전통적인 은행이었다. 그러나 디지털 은행이 등장하고 다양한 핀테크 기업들이 우수한 서비스를 더 저렴한 가격에 제공하며 시장에 진입했다. 이들은 상당 기간 적자를 감수하며 공격적으로 시장 점유율을 확대하고 있었다. 우리 은행의 전산 시스템은 상당히 오래전에 구축되었고, 따라서 새로 진입한 디지털 은행이나 핀테크처럼 다양한 서비스를 신속하게 개발하기 어렵다. 고객이 쉽고 편리하게 사용할 수 있는 앱을 제공하려면 반응 속도를 개선해야 하는데, 현재 시스템으로는 한계가 있다. 전산 기반을 교체하려면 수백억 원의 투자와 3~5년이라는 긴 시간이 필요하다. 또한, 이 과정에서 현업에 지장을 주어 상당한 혼란이 예상된다. 우리 은행은 어떤 선택을 해야 할까? 기존 전산 시스템을 개선해야 할까? 아니면 새로운 부서를 신설해 디지털 은행 및 핀테크 기업들과 직접 경쟁해야 할까? 이 과정에서 발생할 기존 고객

의 혼란과 부서 간 내부 경쟁은 어떻게 해결할 수 있을까?

상기의 상황은 실제 사례를 바탕으로 독자의 이해를 돕고 기밀을 유지하기 위해 일부 각색한 것이다. 이러한 사례들을 볼 때, 단순히 실행만 잘하면 될까? 만약에 전략이 이러한 상황을 타개하는 방안이라면, 어떠한 전략을 만들어야 어려운 상황을 극복해 나갈 수 있을까?

물론, 각각의 상황에 따라 필요한 전략은 다를 것이다. 그러나 이러한 전략을 만들어 나가는 방법이나 사고방식은 어떨까? 거기에는 공통점이 존재할까? 그렇다면 그러한 방법론이나 사고의 접근 방식은 어떻게 배워야 할까? 그리고 우리는 어떻게 그런 능력을 키울 수 있을까?

이번 장에서는 이 사례 중 몇 가지를 중심으로 전략을 어떻게 만들어야 하는지를 논의하고자 한다.

사례 1
국민소득이 올라가면 플라스틱 바닥재는 쓰지 않는다

이 상황의 배경은 1990년대 중반이다. 국내 굴지의 화학회사 A사는 다양한 범용 화학제품과 정밀화학제품 이외에도, 범용 제품의 후단 생산 공정으로 플라스틱 벽지와 바닥재를 생산하고 있었다. 플라스틱 벽지와 바닥재는 대단히 인기 있는 제품이어서 공장은 풀가동 중이었고, 특히 무늬가 우수했던 A사의 벽지와 바닥재는 전국의 지물포에서 요청하는 물량을 맞추기 힘들 정도로 판매가 잘되고 있었다.

이 기업은 이 벽지/바닥재 사업부의 미래 도약을 위한 전략을 의뢰한다. 모든 것이 잘 되고 있으며, 이익도 잘 나고 회사 내에서 공헌도가 높은 부서였기 때문에 자부심도 강했다. 따라서 앞으로 더 큰 사업으로 키우기 위한 묘수를 찾고자 전략 의뢰를 한 것이었다.

현상 파악을 위해 가장 먼저 알아야 하는 것은 커다란 추세이다. 1인당 국민소득 대비 주거 공간의 벽지 바닥재는 어떠한 흐름을 보이고 있을까? 물론 나라별로 문화 차이가 있어서 일본은 다다미, 미국은 양탄자가 중심을 이루지만, 다양한 국가의 추세를 보면 어느 정도 도움이 될 수 있을 것이라고 보았다.

국민소득이 우리보다 앞선 나라들의 벽지와 바닥재 소재를 우리와 1인당 국민소득이 비슷한 시절부터 분석해 보았다. 그 결과 1인당 국민소득이 높아질수록 인공 소재보다 천연소재로 옮겨가는 경향이 명백히 드러났다. 특히 국민소득이 1인당 3만 달러를 넘어서면 최하위층 소득자 이외에는 거의 플라스틱 벽지와 바닥재를 사용하지 않았다. 비단, 고품질 종이, 우수한 품질의 페인트가 벽지를 대체하고, 나무, 카페트, 대리석 등이 플라스틱 바닥재를 대신했다. 따라서 1인당 국민소득이 이제 1만 달러에 진입하는 한국의 경우에도, 다른 나라의 추세를 따른다면 급속도로 플라스틱 자재가 천연소재로 바뀌어 갈 것으로 추정할 수 있었다.

한국에서도 비슷한 현상이 벌어지는지를 알아보기 위해 모델하우스를 방문하여 보았다. 이미 30평 이상의 모델하우스에는 더 이상 플라스틱 벽지 바닥재가 사용되지 않고, 대부분 대리석, 천연 또는 가공된 나무, 비단 벽지 등 다양한 천연소재만 쓰이고 있었다. 부촌과 중산층의 다양한 지물포를 방문한 결과, 아파트 이사 시 대부분 천연소재로 수리를 한다는 사실을 확인할 수 있었다.

회사 내부에서는 상반된 견해로 논쟁이 벌어지고 있었다. 생산과 연구 부서에서는 더 좋은 플라스틱 벽지와 바닥재 개발에 집중해야 한다고 주장했다. 반면, 영업 부서에서는 위의 자료를 근거로 앞으로의 영업을 위해 천연소재가 필요하다고 요구했다. 문제는 A사가 화학회사라는 점이었다. 생산과 연구 부서는 존경받고 있었고, 또한 화학산업은 그래야만 경쟁력을 유지할 수 있었다. 전면적인 벽지 바닥재 사업에 진출하여 플라스틱이나 화학제품이 아닌 천연소재 벽지 바닥재를 전문으로 수입, 배급, 관리하는 업체도 아니고, 가장 중요한 인테리어 디자인과 그 추세에 대해서는 전혀 역량이 없는 회사였다.

이 회사는 앞으로 어떤 방향으로 나아가야 할까? 회사의 미래 전략을 결정하기 위해 위에서 모은 자료 외에 추가로 어떠한 자료를 효율적으로 모아야 하는가?

다음 전략 개발에 필요한 질문들의 예시를 보자.

1. 시장과 소비자 기호의 변화

- 한국 모델하우스의 변화는 단순히 보여 주기용인가, 아니면 근본적인 수요의 변화를 반영하는 것인가? 이를 어떻게 확인할 수 있나?
- 한국의 1인당 국민소득이 1990년대 중반, 후반, 2000년대에 예상되는 수준에 도달했을 때, 우리보다 먼저 이러한 소득 수준에 도달한 국가들에서 인테리어에 근본적인 변화가 있었나?

2. 경쟁의 변화

- 현재 한국에서 벽지와 바닥재를 생산하거나 수입·유통하는 회사들은 어디인가?
- 지난 5년간 소재별·기업별 시장 점유율 변화는 어떠했는가?

3. 우수 사례

- 한국보다 먼저 1인당 소득 증가를 경험한 나라에서 가장 빠르게 성장한 인테리어 소재 회사는 어디인가? 이 회사의 성공 배경은 무엇이었고, 어떻게 성공할 수 있었는가?

4. 당사의 상황

- 당사가 기존보다 우수한 플라스틱 벽지와 바닥재를 개발한다고 하면, 어떠한 제품군을 생산할 수 있는가?
- 당사가 플라스틱 제품이 아닌 천연소재를 유통한다고 하면, 기존 천연 인테리어 소재 유통 회사들과 비교했을 때, 어떤 장단점이 있는가?
- 우리가 가진 무형의 자산에는 무엇이 있나?

위의 전략 개발에 필요한 질문들을 잘 정의한 뒤, 이 질문들에 답하기 위해 다양한 자료를 수집하고 분석했다. 또한, 우수 사례를 발굴해 해당 회사를 방문했으며, 다음과 같은 방법들을 활용했다.

- 전문가 인터뷰
- 고객 설문 조사 및 서베이
- 오피니언 리더들과의 좌담회
- 영업사원들과의 대화
- 건설사 관계자 인터뷰
- 생산 및 연구 부서와의 토론

이 과정을 통해 다음과 같은 중요한 사실들을 확인할 수 있었고, 이를 바탕으로 실행에 옮겼다.

- 상당수 국가에서 한국의 국민 소득이 향후 5~10년 내에 도달할 것으로 예상되는 수준에서 이미 플라스틱 벽지와 바닥재는 가장 작은 평수의 집이나 아파트에서도 잘 사용되지 않았다. 1인당 국민 소득이 올라갔을 때 천연소재 또는 천연 느낌의 소재에 대한 선호도가 높아지는 현상은 거의 모든 국가에서 공통적으로 발생했다.
- 광범위한 소비자 리서치와 의견 선도자들과의 토론을 통해, 이러한 선호도 변화를 분명히 확인할 수 있었다.
- 천연소재 벽지와 바닥재를 제조, 수입 및 유통하는 기업의 수는 점점 늘어나고 있었지만, 시장을 이끌어 갈 만큼 명확한 주도권을 갖춘 기업은 없었다. 천연소재 회사의 시장 점유율은 점진적으로 증가하고 있었다.
- 당사는 나무 또는 기타 천연소재(예: 대리석) 무늬의 플라스틱 바닥재와 천연소재 느낌의 벽지를 즉시 개발할 수 있었다. 실험적으

로 출시한 결과, 큰 성공을 거두었다. 그러나 건설사들은 이러한 제품을 고급 아파트나 작은 평수의 집이 아닌, 저렴한 가격이 중요한 소형 평수의 집에 우선 적용하고자 했다.

- 당사는 우수한 디자인 팀과 오랜 기간 신뢰를 쌓아 온 전국의 다수 인테리어 시공 업체 네트워크를 보유하고 있었다. 또한, 건설사의 요구사항을 잘 이해하는 경륜 있는 영업사원들과, 인테리어 시공 업체 및 건설사에 원활히 배달과 공급이 가능한 종합 물류망 및 공급망을 갖추고 있었다. 이러한 강점을 기반으로 몇 가지 조정만 거치면, 천연소재 벽지와 바닥재를 빠르게 공급하는 것이 가능했다.
- 일단 화학회사의 사업부의 일부로 이를 시도했다가, 어느 정도 규모가 커지면 별도 회사로 분사하기로 결정했다. 그리고 결국 분사했다.
- 추후에 고객이 직접 방문하여 인테리어를 상의하고 실물 제품을 볼 수 있는 고객 체험관과 디자인을 테스트해 볼 수 있는 고객 인터페이스 등을 추가했다.

실제 현실은 위의 내용과 다르다. 다만 여기서 배운 핵심 교훈은 전략이 단순히 지금하고 있는 일을 더 잘, 더 싸게, 더 빨리 하는 것이 아니라는 점이다. 전략을 잘 수립하기 위해서는 시장의 근본적인 변곡점이 일어나는지, 추세선이 과거와 미래가 다르게 바뀌지는 않는지를 고민해야 한다. 또한, 회사의 정체성과 무형 자산까지 충분히 고려해서 수립되어야 한다.

안 되는 사업부는 분사하고,
업계 통합을 통해 규모의 경제를 키운다

이 사례는 1998년 초, IMF 외환위기 시기를 배경으로 한다. B사는 국내 굴지의 범용 화학제품 제조업체로, 1990년대 말부터 범용 화학제품 시장에서 중국 기업들의 지속적인 진입으로 인해 아시아 지역에서 공급 초과 상황을 맞게 되었다. 아무리 비용을 줄이려 해도 중국 업체만큼 낮은 비용으로는 생산이 불가능한 상황이었다.

고급 제품으로 전환하려고 해도 일본과 독일의 선진 업체만큼의 기술력이 B사에는 지금 없다. 사업은 계속 적자이며 그러한 기술을 개발하려면 상당한 투자가 필요하고 성공한다는 보장도 없다. 더군다나 외환위기까지 발생해 B사는 이미 높은 부채 비율 때문에 은행이 대출금 회수를 요구하고 있었다. 자금 상황은 더욱 악화되었고, 직원들은 회사의 미래에 대해 우려하고 있었으며, 우수 인재는 이미 유출되기 시작했다.

이처럼 상황은 시급한데 해결책은 보이지 않는다. 어떻게 해야 하나? 그러나 아무리 급해도 전략을 개발할 때는 먼저 근본적이고 거시적인 문제를 이해하고, 당사의 상황을 이러한 거시적 상황 속에서 이해하는 것이 중요하다.

1. 시장 상황에 대한 이해

• 공급 초과 상황이 일시적인가 아니면 상당히 오랜 기간 지속될 구조적인 문제인가?

- 중장기적으로 수요는 안정적으로 성장할 것인가?
- 대체재나 다른 외부 변수(예: 기술의 발전, 고객 기호의 변화, 규제의 변화) 등 다른 고려 사항은 무엇인가?
- 중장기적인 수급 상황은 어떻게 될 것으로 보이는가?
- 당사만 적자를 보고 있는가, 아니면 다수의 기업이 적자를 보고 있는가? 그 원인이 비슷한가 아니면 크게 다른 부분이 있는가?

2. 경쟁 상황에 대한 이해

- 최근의 공급 초과를 만든 근본적인 이유는 무엇인가?
- 중국 기업의 저가 정책은 그들 입장에서 지속 가능한 전략인가?
- 경쟁자의 범위는 어디까지로 봐야 하는가?(동북아? 아시아? 세계?)
- 운송비용이 제조 원가 대비 어느 정도 수준까지 늘어나도 경쟁이 가능한가?
- 중국 기업을 포함하여 기타 경쟁자의 향후 알려진 계획은 무엇이고 앞으로 경쟁 상황이 어떻게 바뀔 것으로 보이는가?

3. 당사에 대한 이해

- 현실적으로 가능한 최대 운영 비용 절감 수준은 어느 정도인가? 적자를 면하고 시장에서 경쟁력을 갖추려면 어느 정도 수준에 도달해야 하나?
- 단순 비용 절감이 아닌 상품 구조조정(예: 제품 수의 축소나 제품 구조의 최적화를 통해 어느 정도 비용 절감이 가능한가?), 고객 구

조조정(예: 가장 수익성이 좋고 물량이 큰 고객은 왜 저가 중국 제품을 사지 않고, 더 높은 비용을 지불하고 우리 회사 제품을 구매하는가? 어떻게 고객 기반을 이러한 고객 위주로 재조정할 수 있는가? 그 효과는 어느 정도 될 것이며 실현 가능성은 어느 정도인가?), 사업 구조조정(예: 우리가 가지고 있는 사업부 중에 어디에서 가장 적자가 큰가? 각 사업부의 수익성이 어떻게 되며 향후 개선 가능성은 어떻게 되는가), 연구 개발 프로젝트의 구조조정, 각종 비업무용 자산의 매각 등을 총 동원하는 경우 어느 정도의 비용 절감 또는 수익성 개선이 가능한가?

- 재무 구조(예: 단기 채무 장기 채무 비중, 은행 차입금, 회사채 등)는 어떤 상황이고 어느 정도 개선이 가능한가?
- 주주 채권자 노조 등 다양한 이해관계자의 현재 견해는 무엇이고, 어떠한 의견 조정 과정을 거쳐야 하는가?

4. 산업 구조에 대한 이해

- 현재의 산업 구조는 어느 정도 존속 가능한가? 어떠한 기업이 가장 먼저 부도를 맞을 것인가?
- 부도 기업의 경우 채권 은행들이 어느 정도 부채 구조조정을 할 것인가? 이 경우 먼저 부도를 맞은 기업의 재무비용이 줄어서 오히려 업계를 더 어렵게 만들 것인가? 아니면 은행이 부채를 대손 처리하고 기업을 청산할 것인가?
- 산업 구조의 조정 방안이 있는가? 동종 업계의 기업들과 협력하여 이 상황을 타개할 방법은 무엇인가? 공정 거래법상 가능한 방

안인가?

    이상과 같은 해결해야 할 문제를 잘 정리한 뒤에(참고로 해결해야 할 문제와 답을 구해야 할 문제는 상황마다 다르다) 전략적 답을 낼 수 있는 수준의 분석을 해야 한다. 예를 들어, 운영 효율성 개선의 비용 절감 금액이 어느 정도인지는 소수점 이하 자리까지 필요한 것이 아니고, 전체적 전략 문제를 답할 수 있는 수준의 정확도만 있으면 된다. 업무를 하다 보면 정밀한 답을 내기 위해 엄청난 노력을 기울이는 것을 볼 수 있는데, 답을 대충 내도 된다는 것은 아니지만 지나치게 정밀함을 추구하는데 과도한 노력을 기울일 필요는 없다.

    다양한 자료 수집, 분석, 전문가 인터뷰, 업계 논의를 통해 다음과 같은 결론이 나왔다.

- 공급 초과 상황은 일시적인 것이 아니다. 수요는 안정적으로 성장하겠지만 공급 초과는 상당 시간 지속될 것으로 보인다.
- 다수의 기업이 적자를 볼 듯하고, 중국 기업들은 정부의 정책적 지원을 받아 상당히 낮은 비용으로 지속적으로 생산이 가능하다. 단기간 내에는 국제기구를 통해 이 문제를 풀기란 어려워 보인다.
- 운송비용의 문제로 경쟁 지역은 대부분 동북아(일본, 중국, 한국)이며 최대 대만, 홍콩 지역의 기업과 소비자가 포함될 수 있다. 독일 또는 일본 기업이 생산하는 고가 제품의 수요는 극히 제한적이고, 당사는 그러한 기술을 단기간 내 확보하기 어렵다.
- 당사가 관리 가능한 모든 수단, 즉 운영 효율성 증대, 상품 구조조

정, 고객 구조조정, 사업부 구조조정, 재무 구조조정, 비업무용 자산 매각을 다 동원해도 지속 가능한 수준의 수익성 확보는 불가능하다.
- 국내 동종 업계 회사 2곳과 통합하여 규모를 확대하고, 각 공정별로 특정 제품에 집중하며, 영업·물류 채널과 연구 개발 부서를 통합하면 2년 내 적자를 흑자로 전환할 수 있을 것으로 보인다.
- 연구 개발 시너지로 어느 정도 고가 제품 중에 일부도 진입이 가능할 수 있다.
- 다만, 다른 기업과 그동안 경쟁 관계였기 때문에 우호적인 기업 통합이 가능할지, 노조 문제는 어떻게 해결할지가 불명확하다.

이후에 실행된 내용은 다음과 같다.

- 당사가 실행 가능한 모든 개선 사항을 추진했다.
- 동종 업계와 해당 사업 부문을 분사한 뒤 통합을 통해 가능한 시너지를 확보했다.

실제 상황은 여기서 기술된 내용과는 다르고 현실은 훨씬 복잡했지만 전략을 어떻게 수립해야 하는지 도움이 될 만한 내용으로 정리해 보았다. 전략적 해결책이 꼭 기업 내에만 있는 것은 아니다. 때로는 업계 전체를 시야에 놓고 문제를 풀어야 할 때도 있다.

사례 3
난 내가 무엇을 가지고 있는지도 모른다

이 상황의 배경은 1990년대 중반이다. 세계 굴지의 비디오 및 카세트 테이프 제조업체 C사는 우수한 품질의 비디오카세트 테이프를 저렴한 가격에 생산하여 세계적인 입지를 확보하고 있었다. 다만 1990년에 처음으로 CD(Compact Disk)가 개발되어 차츰 시장에 진입하기 시작했다. 이후 2000년에는 미니디스크(MD)가 개발되었고, 2002년에 애플사가 최초로 아이팟 클래식(iPod Classic)을 출시했다.

1990년대 후반 이미 이 회사는 전반적인 수요 감소를 피부로 느끼기 시작했다. 전체 시장의 수요가 줄어들었고 가격 또한 매섭게 빠지고 있었다. 이에 따라 자금 사정이 나빠졌고 재무 상황 또한 어려워졌다.

회사 내부에서는 이미 위기의식을 갖고 이면지 쓰기, 불요불급한 비용 줄이기, 고위직 임원을 포함 출장 시 일반석 타기 등을 시행하며 최선을 다하여 비용을 줄이기 시작했다. 그러나 가격 하락 폭과 수요 하락 폭에 대응하기에는 역부족이었다. 이후 회사 내부에서 다양한 대안을 거론하기 시작했다.

- 비디오카세트는 쉽게 사라지지 않는다. 지금 깔린 비디오 플레이어, 워크맨이 몇 대인데 그렇게 쉽게 사라지겠나. 그리고 새로 나온 CD로 음악을 들어 보았는데 음질이 그다지 좋지 않더라. 소리의 풍성함이 떨어진다. 아직 방송국에서는 CD로 음악을 송출하지 않는다. 그 비싼 방송 장비 모두 비디오테이프를 쓰고 있다. 따라

서 우리는 끝까지 버텨야 하고 버티면 된다.

- 다른 비디오카세트 제조업체를 인수하여 규모의 경제를 키워야 한다. 규모를 키워서 세계 최대 기업으로 성장시키면 끝까지 살아남을 수 있다.

- 비디오카세트 사업을 하면서 다수의 음반 제조업체와의 관계, 유통망, 물류망, 판매 사원의 노하우가 있다. 이러한 우리 회사의 무형 자산을 활용하여 CD 사업에 진출해야 한다.

- 이미 마이크로 디스크 드라이브 실험작은 나와 있다. 이 제품의 음질은 CD보다 더 좋다. 따라서 우리도 한 단계 건너뛰어 마이크로 디스크 드라이브를 자체 생산하거나, 제조업체를 인수하여 우리의 판매 · 유통 · 물류망을 잘 활용하면 될 것 같다.

- 1997년, 디지털 캐스트라는 우리나라의 중소기업이 세계 최초로 휴대용 MP3 플레이어를 내놓았다. 이제 인터넷 시대가 도래하면서, 앨범, 카세트 테이프, CD와 같은 실물 기반의 음악은 점차 사라지고, 음원을 디지털 파일로 변환해 듣는 시대가 올 것이다. 우리도 이런 미래를 대비해 MP3 플레이어 생산업체로 환골탈태해야 한다. 더 이상 B2B 사업에 머물러 있어서는 안 된다. 이제는 B2C 사업에 진출하자.

- 비디오카세트 시장은 이미 끝나 가고 있다. 이 기회에 우리 회사의 사업을 매각하고, 그 자금으로 미래 산업인 전기 자동차용 리튬이온 배터리를 개발하자. 몇 년간 연구 개발에 투자하면 할 수 있다.

이러한 절체절명의 상황에서 어떤 질문들을 해야 올바른 전략을 수립할 수 있을까?

1. 시장의 수요

- 비디오카세트 시장의 수요는 얼마나 유지될 것인가? 지금의 수요 감소는 단순한 일시적 현상일까, 아니면 새로운 대체재로 인해 영구적으로 시장이 종말을 맞고 있는 것일까? 이를 알기 위해서는 어떠한 전문 지식과 자료가 필요한가?
- 다른 비디오카세트 테이프 제조사 중에 우리 회사를 인수할 의욕과 자금이 있는 곳이 있을까? 만약 그렇지 않다면, 비디오카세트 시장 외의 어떤 회사가 우리 회사를 인수할 가능성이 있을까?
- 카세트테이프, CD, 마이크로 디스크 드라이브, MP3 등으로 바뀌고 있는 음악 소비 매체의 미래는 어떻게 될 것인가?

2. 경쟁 상황

- 다른 비디오카세트 테이프 제조 경쟁사들의 상황은 어떠한가?
- CD, 마이크로 디스크 드라이브, MP3 등을 제조하는 회사들은 어디일까? 이들이 음악 매체 시장에서 현재 어느 정도의 시장 점유율을 가지고 있으며, 앞으로 시장 점유율은 어떻게 변화할 것으로 예상되는가? 어떠한 자료를 가지고 분석을 해야 보다 현실적인 예측이 가능한가?

3. 당사의 상황

- 우리의 자금 상황과 재무 상황으로 어느 정도 버틸 수 있는가? 자금이 필요하면 어느 정도 추가로 조달이 가능한가?
- 우리 기업의 기술이나 역량으로 CD, 마이크로 디스크 드라이브, MP3 등에 직접 진출 또는 인수 후 진출이 가능한가? 인수 또는 기술 개발에 어느 정도의 투자가 필요하고 이익을 내는 데까지 얼마나 시간이 걸릴 것인가?
- 우리 기업의 진정한 경쟁력은 어디에서 나오는가? 그러한 경쟁력을 활용할 수 있는 분야는 어디인가?

이상의 질문을 바탕으로 다양한 자료를 수집하고, 전문가 인터뷰, 추세 분석 등을 진행하여 다음의 결론을 도출할 수 있었다.

- 비디오카세트의 미래는 없다. 디지털 기술의 발전 추세와 속도가 너무 빨라서 예측조차 불가능하다. 결국 어떠한 음악 전달 매체라 하더라도 미래는 모두 디지털화할 것이다.
- 우리 회사의 자금력과 재무 상황으로는 많이 버틸 수 없다. 새로운 산업에 진출하는 데 필요한 자금(연구 개발 및 투자 또는 인수)을 조달할 수 없다. 특히 금융위기 상황에서 은행들도 자금 지원이 어렵다.
- 당사의 진정한 경쟁력은 테이프 제조 기술이다.

그러나 아직도 기업을 살릴 수 있는 대안이 나오지는 않았다. 수많은 시행착오 끝에 기업의 테이프 제조 기술이 새롭게 부각되는 OLED 텔레비전의 스크린 제조에 꼭 필요한 필름을 제작하는 기술과 거의 유사하다는 것을 발견하게 되었다. 기존 테이프 제조 공정을 스크린 필름 제조용 공정으로 바꾸고 부족한 기술을 확보하는 데 필요한 자금은 회사의 조달 능력 범위 안이라고 결론지었다.

수많은 노력과 도전 끝에 C사는 비디오카세트 제조업체에서 OLED 필름 제조업체로 전환이 가능했고, 이를 통해 지속적 생존과 발전의 기반을 갖게 되었다.

참고로 음악시장은 현재 거의 스트리밍과 디지털 파일을 다운로드하는 형태로 바뀌어서 거의 모든 매체가 반도체로 대체되었다.

사례 4
사모채권 시장, BBB보다 BB의 부도율이 낮은 상황

이 상황의 배경은 2006년이다. 북미 지역 최대 펀드 중 하나인 D사는 거대한 펀드 규모와 우수한 수익률로 명성이 상당히 높았다. 이사회와 경영진 모두 동종 업계 내에서 가장 우수한 인재들로 구성되어 있다. 다들 세계 일류 펀드, 투자 은행 등에서 근무했던 경력이 있다.

이 펀드는 이미 사모 펀드, 채권 펀드, 헤지 펀드 등을 운영하며 우수한 수익률을 지속적으로 내고 있었다. 이사회에서는 새로운 사업을 모색하다가 개발도상국 투자와 사모채권(private bond) 시장에 주목하게 된다. 그동안 이 펀드는 주로 시장 투명성이 높은 선진국에 투자해 왔고, 사모채권 시장에는 전혀 참여하지 않고 있었다.

참고로 사모채권은 신용도가 높은 대기업들이 거래소를 통해서 채권을 상장하지 않고 직접 대규모 기관투자자들에게 발행하여 판매하는 채권을 말한다. 신용도가 높은 대기업들은 거래소 상장에 드는 비용을 줄일 수 있어서 이용하고, 기관 투자자들은 유동성이나 투명성은 떨어지지만 일반 채권보다 수익률이 동일 위험 대비 상대적으로 높아서 투자한다.

오랜 기간 사모채권 시장에서 우수한 성적을 내 온 전문가가 주축이 되어 본격적으로 사모채권 시장 투자 진출을 검토하게 된다. 당연히 이들은 당장 사모채권 시장에 진입해야 한다고 주장하고 있지만 객관적인 검토가 어려운 상황이다. 이사회는 객관적 검토를 위해 보다 독립적인 부서에 채권 시장 진입 여부, 진입 시기, 진입 시의 규모와 방법론 등에 대한 검토를 요청한다.

이 경우에 어떠한 질문을 던져야 하나? 전략은 언제 어디서 어떻게 현존 및 잠재 경쟁자와 싸워서 이길 것인가에 대한 방법론의 집합체이다. 따라서 진출 시기도 중요한 질문이 된다. '어디서'에는 상품, 고객, 채널, 지역, 가치사슬이 포함된다. 이미 D사는 사모채권이라는 상품에 진출할지 정했고, 고객은 펀드에 자금을 맡기는 기관투자자 및 연금이고, 사모채권이 거래되는 시장은 미국 등 일부 국가이다. 여기서는 진출 시기를 중점적으로 고민하는 방향으로 생각해 보자.

1. 시장의 동향

- 사모채권 시장은 언제 처음 생겼으며 그동안 어떻게 발전해 왔나?

- 사모채권 시장의 평균 수익률과 위험 조정 수익률은 일반 거래소 채권 시장 대비 어떠한가?
- 사모채권 시장에서 가장 큰 위험은 무엇인가? 금융위기 시에 사모채권 시장은 일반 거래소 채권 시장 대비 어떻게 작동하나?

2. 경쟁 상황

- 어떠한 기관 투자자들이 사모채권 시장에 투자하고 있나?
- 그들 중에 가장 우수한 성과를 낸 회사는 어디이고, 다른 투자자와 어떠한 점에서 다른가?

3. 진입 시기

- 보통 사모채권은 투자 후 어느 정도 이후에 투자금을 회수할 수 있나?
- 과거의 회귀 분석을 해 보았을 때, 우수한 성과와 그렇지 않은 성과를 가장 크게 좌우한 요인은 무엇인가? 물론 자본시장 이론에 따르면 과거의 통계적 분석만으로 미래의 성과를 정확히 예측할 수는 없다. 자본시장 이론은 완벽한 시장을 전제로 한다는 점을 고려해야 한다.

아무리 많은 자료를 모아도 통계적으로 유의미한 결론을 내릴 수 없었다. 특히 금융위기 상황은 시장의 중요한 가정 중 하나인 미분의 연속성을 파괴하므로 기존의 자본시장 이론(예: Black and Scholes Theory:

CAPM)을 적용할 수 없었다. 금융위기가 발생하는 순간 시장에서는 일시매매 정지(circuit breaker)가 작동하므로 연속적인 미적분을 가정하는 이론에서는 분석이 불가능하고 일반해가 없는 것으로 알려져 있다. 일시매매 정지가 작동하면 제한된 브라운 운동 모델(Limited Brownian Model)로 시장 가격의 변동이 바뀌게 되고 일시매매 정지 가격 한도에 걸리는 경우 점프 확산(jump diffusion)이 발생하여 미적분 계산이 불가능해진다.

다만 통계적으로 유의미한 하나의 분석이 도출되었는데 BBB 등급 채권의 부도율이 BB 등급 채권의 부도율보다 높아지면 금융위기가 발생할 확률이 유의미하게 증가한다는 점이다. 2006년 말 2007년 초, 북미 시장 BBB 등급 채권의 부도율이 BB 등급 채권의 부도율보다 높았다. 그 당시에는 금융위기에 대해서 누구도 공개적으로 제시하지 않았었고, 극히 일부의 사람들만 금융위기를 주장하여 시장에서 이단자로 몰리고 있었다(영화 〈빅쇼트〉 참조).

해당 의뢰를 받은 팀은 이사회에 궁극적으로 D사가 사모채권 시장에 진출하여 투자 포트폴리오를 다변화하는 것이 도움이 되지만, 현재 상황을 보았을 때 지금 진출하는 것보다는 채권 신용 등급별 부도율이 정상화되는 시기에 진출하는 것이 좋겠다는 의견을 제시했다. 사모채권 준비팀에서는 반발했다. 다행히 이사회는 우리같이 큰 규모의 펀드가 새로운 시장에 진출할 때 시장이 정상화되는 것을 보고 들어가도 좋겠다고 생각했고 투자 시기를 미루기로 했다. 이는 2007년 초에 결정되었다.

2007년 4월부터 서브프라임 모기지로 인한 금융기관의 부도가 시작되었고, 다우지수는 2007년 3사분기를 정점으로 2008년 말까지 폭락하게 된다. 사모채권 시장도 이에 큰 영향을 받았다.

답을 내야 진짜 리더다

뭔가 쌈박한 신사업
어디 없나

기업들과 컨설팅할 때 많이 받는 질문 중 하나다. "어디 뭔가 쌈박한 신사업 없나?" 딱 들었을 때 '와!' 하는 감탄사가 나오는 아이디어, 노력을 적게 들이고 투자 비용도 적으면서 확실히 돈은 벌 수 있고, 남들이 따라 하지 못하는 그 무엇이 있는지를 찾는 질문이다. 일단 사실관계를 이해하고 들어가자. 우리가 아는 멋진 신규 사업은 엄청난 노력의 결과물이다. 그리고 그 노력 뒤에는 해당 기업이나 개인이 오랫동안 축적해 온 노하우나 역량이 집대성되어 있다.

벤처 사업의 경우 수천수만의 노력 중 어느 하나가 성공한 것이다. 2023년 말 현재, 전 세계에 현재 살아 있는 디지털은행은 총 431개이며, 이 중 돈을 버는 은행은 20개도 되지 않는다. 또한 2022년 말 기준, 2000년부터 설립된 핀테크 기업 중 현존하는 기업은 전 세계에 약 2만 6,000여 개가 있으며, 여기에 투입된 투자금은 4,650억 달러 이상이다. 그러나 이 중

돈을 버는 핀테크 기업은 5%도 되지 않는다. 이미 청산되거나 부도로 사라진 기업까지 합치면, 실제로 이익을 낼 확률은 더욱 낮아질 것이다.

에릭 바인하커의 책『부의 기원』에는 어떻게 수많은 노력 중에 하나가 운이 잘 맞아서 돈을 벌게 되는지 설명되어 있다. 우리가 잘 알고 있는 성공 사례인 핀테크 기업 페이팔(PayPal)도 이익을 내기까지 10여 년이 걸렸다. 아마존(Amazon)도 10년 이상의 적자를 버티고 이익을 내기 시작했는데, 본업인 이커머스보다 이를 지원하기 위해 만든 클라우드 사업에서 더 많은 이익을 내고 있다. 실제로 본업은 적자이고 클라우드는 흑자인 상황으로 보는 이들도 있다.

우리는 어떤 사업을 볼 때 성공한 기업만 보는 경향이 있다. 모든 사람은 사후적으로 훌륭한 전략가이다. 문제는 사전적으로 이를 알 수 있느냐이다. 불굴의 의지로 새로운 사업을 시작하는 수많은 창업가가 수많은 노력과 시도 끝에 사업의 방향을 계속 조정해서 만들어 성공한 것을 보고, 나도 또는 우리 기업도 저런 사업을 하고 싶다고 생각한다.

세계적인 흐름, 메가트렌드(쉽게 방향이 바뀌지 않는 흐름. 예: 인구구조), 신기술에 대한 분석, 고객 욕구의 변화 등 다양한 요소를 고려하고 나 또는 우리 기업의 경쟁 우위를 객관적으로 보고, 이 둘 사이의 접점을 찾아서 지속적으로 시장의 변화에 대응하면서 만드는 것이 신규 사업이다. 또한 기업이 어떠한 성장의 조류를 탔는지도 중요하다.

다음 내용은 10여 년 전의 자료를 토대로 분석된 것이다. 전 세계 73조 달러의 사업체를 대상으로 분석해 본 결과 산업군 자체가 설명할 수 있는 성장성은 2%이지만 소분류 산업과 존재하는 대륙, 그리고 대상 고객의 세그먼트를 포함하면 성장성의 70% 가까이 설명할 수 있다. 즉, 성

답을 내야 진짜 리더다

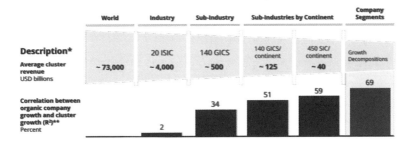

	World	Industry	Sub-Industry	Sub-Industries by Continent		Company Segments
Description*		20 ISIC	140 GICS	140 GICS/ continent	450 SIC/ continent	Growth Decompositions
Average cluster revenue USD billions	~ 73,000	~ 4,000	~ 500	~ 125	~ 40	69
Correlation between organic company growth and cluster growth (R²)** Percent		2	34	51	59	

* ISIC: International Standard Industrial Classification, SIC: Standard Industrial Classification, GICS: Global Industry Classification Standard
** 40 decomposed US top 100 and EPNG with sufficient growth data; for company segments based on 54 growth decompositions (EPNG, Telecom, High Tech)
Source: Global Vantage, WIM, Global Insight, Compustat

장의 70% 정도는 내가 어떠한 산업, 어떤 대륙에서 어떠한 고객 세그먼트를 대상으로 사업을 하는지로 설명이 가능하다는 것이다. 대부분의 어느 정도의 역사가 있는 대기업이 소속된 산업, 대륙의 위치와 주요 고객층은 현 경영진이 아닌 전 경영진이 이미 결정해 놓은 경우가 많다.

신규 사업은 다음의 여러 가지 측면에서 고려해 볼 수 있다.

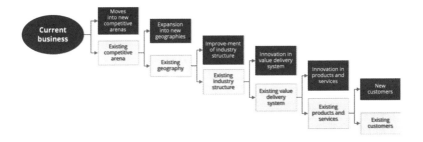

- 새로운 경쟁 판에 들어갈 것인가?
- 새로운 지역으로 확장할 것인가?
  (예: 해외 진출)

- 산업구조를 개편할 것인가?

  (예: 기존 산업 내에서 인수 합병)

- 가치 사슬에서 전방 또는 후방으로 진출할 것인가?

  (예: 범용성 화학제품을 만들던 회사가 후단 제조 공정까지 진출하거나 원재료 사업까지 진출하는 경우)

- 새로운 상품이나 서비스를 만들 것인가?

  (전에는 없던 새로운 카테고리를 만드는 경우. 예: 불닭볶음면, 메로나, 바나나 우유, 죽염 치약. 전에 없던 새로운 상품을 만드는 경우, 예를 들어, 엘지 전자의 스타일러)

- 새로운 고객층으로 확대할 것인가?

  (예: 구찌가 10대를 중심으로 명품을 확대한 것)

특히 새로운 상품과 서비스는 기업이 가지고 있는 무형 자산(브랜드, 인재, 네트워크, 지식)을 활용해서 만드는 것이 경쟁 우위를 확보하고 지속 가능성을 유지하는 데 더 도움이 된다(로엘 브라이언의 『세계화 이후의 세계화』 참조).

사례 5
신사업의 발굴, 눈에 보이지 않는 자산을 활용한다

이제 각색된 실제 신사업 발굴 사례를 살펴보자. 이번 사례의 배경은 1990년대 후반이다. 국내 대기업 E사는 전국에 다수의 주유소를 운영하고 있었으며, 직영 주유소와 대리점 형태로 나뉘어 있었다. E사는 고객 관리를 위해 로열티 프로그램을 도입하여 고객 정보를 어느 정도 확보하고 있었다. 고객 정보에는 고객 이름, 전화번호, 차량 모델, 차량 구매일자, 주유 빈도 등이 포함되어 있었다. 이러한 무형 자산을 활용해 어떤 신규 사업을 시작할 수 있을까?

먼저 한국의 자동차 시장의 추세 분석을 진행했다. 1990년대 한국의 자동차 시장에서 중고차 시장은 판매 대수 기준으로 신규 차량보다 작았지만, 점차 중고차의 판매 대수가 늘어날 것으로 예상되었다. 예를 들어, 1993년 중고차 판매 대수는 신규 차량 판매 대수의 45% 수준이었으나, 1998년에는 55%까지 증가했다. 분석 결과, 10년 내외에 중고차 시장이 판매 대수 기준으로 신규 차량 시장보다 더 커질 것이라는 예측이 나왔다(실제로는 2020년, 중고차가 신규 차량보다 더 많이 판매됨). 따라서 믿고 중고차를 거래할 수 있는 플랫폼이 필요할 것으로 보였다. 또한 자동차 제조사가 관리 보증을 하는 3~5년이 지난 차량에 대한 정비를 믿고 받을 수 있는 플랫폼이 필요할 것으로 보였다.

이러한 수요 추세선, 회사가 가지고 있는 고객 정보, 전국적인 주유소 체인망 등을 기반으로 중고차 거래 플랫폼과 자동차 경정비 플랫폼 사업을 시작했다. 그리고 특히 중고차 거래 시 자동차 정비 여부와 자동차 정비 보증을 표식할 수 있도록 하여 고객이 가장 걱정하는 중고차 품질에 대한 정보와 거래 시의 안정성에 대해 답을 주도록 했다. 주유소를 자동차를 주고받는 장소로 활용하는 방안도 도입되었다. 자동차 정비 플랫폼에서는 표준화된 서비스를 제공하고, 믿을 수 있는 정가를 기반으로 하는 정비 프랜차이즈 모델을 지향점으로 삼았다.

사례 6
인터넷 사이트를 꼭 만들어야 하는가

한국에서 인터넷은 학술용으로는 오래전에 도입되었지만, 일반인에게는 1994년 6월 한국통신(현재 KT)에서 코넷이란 이름으로 처음 공개되었다. 그 이후 1998년 6월에 케이블 모뎀을 이용한 초고속 인터넷 서비스가 시작되었고, 1999년 4월 세계 최초로 ADSL이 도입되었다.

1997년 말 이후 외환위기를 겪고 있던 한국에는 생소한 닷컴 붐이 1990년대 중반에 시작되었다. 당시에는 모든 기업이 닷컴(.com)으로 끝나는 인터넷 기반을 갖추고 있으면 뭔가 그럴듯해 보이는 분위기였다. 미국의 닷컴 붐은 1998~1999년에 절정에 이르렀다가 2000년에 붕괴되었고, 한국에서는 1999년에 도입되어 2000년에 절정을 맞았지만 2001년에 붕괴되었다.

이 이야기의 시대적 배경은 이때쯤이다. 인터넷으로 다양한 것들이 가능해지기 시작할 때였고, 선진국의 은행들은 앞다투어 인터넷 뱅킹을 도입하기 시작했다. 한국의 은행들도 이에 내부적으로 많은 논의를 했다. 특히 1996~1998년 사이에는 인터넷 뱅킹 도입을 두고 수많은 토론이 있었다. 인터넷 뱅킹 반대론자들의 주장은 다음과 같았다.

- 아직 인터넷 뱅킹은 시기상조다. 조금 더 두고 보자.
- 인터넷으로 정보가 새어 나가거나 문제가 생기면 어떡하나? 아직 보안 문제가 해결되었다는 증거가 없다.
- 전자 금융 사기가 발생하면 누가 책임질 것인가?

- 노년층과 저소득층은 인터넷 뱅킹을 이용하기 어렵다. 빈부격차와 지식 격차를 가속화할 위험이 있다.
- 한국의 고객은 통장을 좋아하고 반드시 대면 거래를 해야 마음이 편해지는 특수성이 있다. 인터넷 뱅킹은 서구적 문화일 뿐이다.
- 고객에게 직접 상담하지 않는 경우 오히려 직접 대면 상담에 집중하는 은행에 고객을 빼앗길 위험이 있다.
- 인터넷 뱅킹을 도입하여 성공할 때 지점의 직원 구조조정과 고객 서비스 센터 직원 구조조정의 명분이 될 수 있다. 인력 구조조정을 하기 위한 수단으로 변질될 가능성이 크다.

인터넷 은행 찬성론자의 주장은 다음과 같았다.

- 고객이 언제 어디서나 은행을 이용할 수 있다. 시간과 장소에 제약받지 않고 언제든지 어디서든지 필요한 금융 거래를 처리하거나 자신의 금융자산을 확인할 수 있다.
- 지점에 방문하는 단순 창구 거래 고객이 줄어들어 비용을 절감할 수 있다. 또 인터넷 뱅킹으로 거래가 힘든 복잡한 금융상품 영업을 집중적으로 할 수 있게 된다.
- 인터넷 뱅킹을 다른 은행보다 먼저 도입하고 편의성을 높이면 젊은 층에 호소력 있는 브랜드 이미지를 구축할 수 있다. 이를 통해 젊은 고객층을 유치하고 이들을 미래 주요 고객으로 키울 수 있다.
- 지점 숫자를 늘리지 않고도 고객을 확보할 수 있어서 비용 효율성이 높아진다.

- 은행 내부 업무의 효율화, 자동화를 가속화하는 촉매가 될 수 있다.

궁극적으로 1999년에 들어서면서 많은 은행이 인터넷 뱅킹을 출시한다. 그리고 2020년부터는 디지털 은행들도 사업을 개시하며 본격적으로 금융 시장에 진출했다. 오늘날, 지점 대비 인터넷 뱅킹 사용 현황을 비교해 보면 다음과 같다.

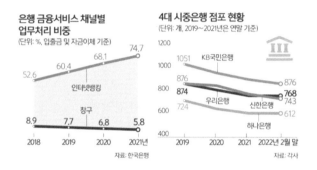

출처:《세계일보》2022년 3월 2일자,
https://www.segye.com/newsView/20220302517445

입출금 및 자금 이체를 기준으로 2021년 현재 지점은 5.8%, 인터넷 뱅킹은 74.7%의 업무를 처리했다. 4대 시중은행의 지점 수는 전반적으로 2022년 2월 말 현재 2019년 대비 15% 감소했다.

그럼 다시 1990년대로 돌아가서 질문해 보자. 당시 은행들은 인터넷 채널을 만들지 여부를 어떻게 논의해야 했을까? 그리고 이 논의를 어떻게 하면 보다 전략적으로 할 수 있을까?

전략적 사고와
비전략적 사고

1. 전략적 사고의 유형

1) 균형 잡힌 사고

전략적 사고는 균형 잡힌 사고를 요한다. 전략의 수립에는 무엇을 할 것이며 무엇을 하지 않을 것인가를 명시적으로 정해야 하므로 반드시 선택이 따른다. 따라서 전략적 사고란 균형 잡힌 사고, 공짜는 없다는 사고이다. 모든 선택에는 그에 따르는 대가와 희생이 필요하기 때문이다. 따라서 위험이 전혀 없으면서 확실하게 돈 버는 방법을 찾는다면 전략가가 아니라 신을 찾아가야 할 것이다.

2) 객관적이며 겸손한 사고

전략적 사고는 객관적이며 냉정하고 현실성 있는 사고이며 겸손한 사고를 의미한다. 많은 전략이 냉정한 현실보다는 너무나 밝은 미래에 기초하여 수립되며 실패를 부른다. 많은 기업이 변화하는 환경을 바라보면서 망해 가는 것이 바로 이러한 이유이다. 과도하게 밝은 미래에 대한 사례는 많으며 그중 가장 대표적인 것이 1997년 외환위기 이전의 '대마불사' 신화이다. 전략을 올바르게 수립하기 위해서는 겸손해야 한다. 겸손해야 사실이 사실로 가감 없이 받아들여지며 이에 따라 객관성이 유지된다.

3) 긍정적이고 미래지향적인 사고

올바른 전략을 수립하기 위해서는 적극적이고 긍정적인 사고를 요한다. 위에서 논의된 냉정한 현실을 보아야 하지만 또한 긍정적일 필요가 있다. 만사를 부정적으로 보아서는 개선할 수 없다. 긍정적 사고의 동의어로 미래지향적 사고도 있다. 적극성이 없는 사고로 전략을 수립하면 항상 해서는 안 될 것만 나오게 된다. 그렇다면 해야 할 것, 현상의 문제를 타개하는 근본적인 해결책은 나오지 않을 것이다. 어떤 일을 추진할 때 추진해서는 안 되는 이유는 쉽게 찾아낼 수 있다. 하지만 어떻게 추진할지 고민하고 답을 내는 것은 생각보다 쉽지 않다.

4) 논리적이고 구조화된 사고

전략적 사고는 논리적이고 구조화된 사고이며 미래 판단에 필요한 최적의 정보를 수집하는 것을 의미한다. 막대한 정보를 무한정 수집한다는 의미가 아니다. 사고의 논리적인 체계가 정보 수집의 한계를 보완하는 것이지 정보량이 논리적 체계의 결함을 보완하지는 못한다. 즉, 논리와 구조가 결함이 있는 전략은 궁극적으로 실패하는 전략일 수밖에 없다.

5) 개방적이고 유연한 사고

전략적 사고는 불확실한 미래의 리스크를 판단하여 분명한 결정과 선택을 하지만 개방적일 것을 요한다. 따라서 판단을 미루고 불분명한 결정을 하고, 한 번 정한 것을 고집하는 것은 전략적 사고가 아니다. 많은 기업이 일단 한 번 정하면 의사결정자의 체면 때문에 뻔히 틀린 것을 알고도 실행한다.

6) 근본에 접근하는 전체를 보는 사고

전략적 사고의 뜻에는 근본과 전체가 포함된다. 즉, 완벽한 대안은 없지만 그 순간 최선을 다한다는 사고와 현상 해결이 아니라 근본을 해결한다는 접근법이 포함된다. 또한 전략적 사고란 전체를 크게 보는 것을 의미하기도 한다. 이는 과거는 존중하되 추세의 변경 또는 메가트렌드의 변화를 읽으며 패러다임의 이동을 이해하는 기반에서 전략을 수립하는 것을 의미한다.

2. 비전략적 사고의 유형

비전략적 사고는 앞에서 논의된 전략적 사고가 아닌 것을 의미할 것이다. 바로 균형성, 객관성, 미래 지향성, 논리성, 개방성, 근본성, 전체성의 반대가 될 것이며 이는 다음의 다양한 형태로 발현되지만, 그 근본에는 주관성, 비논리성, 폐쇄성, 현상 대응성 등이 있다고 볼 수 있다.

1) 미래 결정형

경영진들 가운데는 미래는 가능한 한 정확히 예측해야 하며, 명확한 목표를 정해 놓고 '돌격 앞으로!' 추진해야 한다고 믿는 사람들이 있다. 이 유형의 특징은 주로 단순하고 이해하기 쉬운 목표를 선호하며, 이를 통해 조직을 동원하는 방식을 좋아한다는 것이다. 예를 들어, "신용카드 100장 모집대회"라든가 "연내 수출 1억 달러 달성"과 같은 단순한 목표를 설정해 움직이고 싶어 한다.

물론 목표는 단순해야 하고 이해하기 쉬워야 한다. 다만 이러한 사고방식에는 몇 가지 위험이 따른다. 첫째, 이러한 단순하고 이해하기 쉬운 목표가 대부분 고도성장기의 계수형 목표치라는 점, 둘째, 조직이 진정한 이익이나 가치 창출이 아닌 목표 달성에 매달리게 된다는 점(친구들 통해 신용카드 100장을 모집하고 캠페인 기간이 지나면 친구들 모두 그 카드를 버리게 됨으로써 오히려 회사에는 손실이 발생하는 경우), 그리고 한 번 정해진 목표는 상황이 바뀌더라도 근본 목표(예: 수익 극대화)는 사라지고 원래 제기한 목표 그 자체가 지상 목표로 바뀌게 된다는 점 등이다.

미래는 불확실하다. 목표의 단순성은 조직의 근본 목적인 가치 창출과 기여라는 범위 내에서 목표를 이루기 위해 있는 것이다. 따라서 조직의 근본 목적에 배치되는 경우 유연하게 적응하는 것 또한 중요하다.

2) 요행 추구형

경영진 중에는 경영을 요행이나 도박으로 생각하는 경우가 있다. 아직 한 번도 해 보지 않은 사업이나 새로운 방법을 논의할 때 이러한 경향이 두드러진다. 예를 들어, 한국에서 매출 1조 원에 도달하는 데 30년이 걸린 기업이 중국 시장에서는 5년 안에 매출 1조 원을 달성하겠다는 목표를 세우는 경우다. 이 기업은 국내에서 보호된 환경 속에서 거의 독점적 지위를 누려 왔으며, 정작 중국 시장에 대해 충분히 연구하지도 않은 상태다.

또 다른 예는 신규 사업에 대한 지나치게 낙관적인 접근이다. 마이크로소프트조차 10억 달러의 매출에 도달하는 데 10년 이상이 걸렸음을 떠올려 보자. 이런 요행 추구형 사고는 특히 합병이나 인수를 통한 성장을 지향할 때 더 자주 나타난다. 이런 경영진들은 "우수 인재를 스카우트하고 전문가를 데려오면 되지 않느냐?"라고 반문한다. 그러면 왜 지금까지 기존 업계는 그렇게 못했을까.

또한 신규 사업 진입 시에 구체적으로 어떻게 돈을 벌 것인지, 누가 미래의 고객이 될 것인지에 대한 철저한 연구 없이 무작정 조직을 만들고 투자를 시작하는 경우가 대단히 많다.

대표적인 사례가 바로 리스크 관리가 제대로 되지 않은 금융기관이다. 고금리 장기 확정형 상품을 판매해 놓고 단기로 운용한다든지, 이자율 경쟁이 붙어 단기상품을 장기로 운영하다가 시장의 유동성이 줄어들어 환매 요청 시에 환매가 되지 않아 그 손실을 기관이 끌어안는 경우가 바로 그 예다. 고금리에 익숙했던 우리나라 금융기관이 저금리를 맞아 자산 부채 불일치로 손실을 보고 있는 것 또한 이러한 요행 추구형 사고의 일례이다.

3) 완벽한 답 추구형

심사숙고형 경영진 중에는 완벽성을 추구하시는 분들이 있다. 물론 가능한 한 완벽을 추구하는 것이 중요하다. 문제는 시간이라는 자원이다. 완벽한 답을 추구하다 보니 어마어마한 분석에 시간이 많이 걸린다. 특히 지적 수준이 높은 경우 별 세세한 것을 다 구체적으로 묻는 사람들이 있다. 이 경우 조직의 자원이 핵심적으로 중요하지 않은 일에 얼마나 낭비되는지 고민해 보아야 한다.

이러한 유형의 경영진이 기억할 것은 완벽하지 않아서 판단이 미루어지거나 실시하지 않았을 때의 기회비용은 누가 책임지는가이다. 대표적인 예가 완벽한 성과관리, 즉 완벽하게 객관적이고 누가 보아도 인정할 수 있고 철저하게 과학적인 인사관리 시스템이 아니라면 성과 중심주의로 가지 않겠다고 우기는 경우이다. 오늘 현재도 승진 결정은 이루어지고 있다. 승진을 모든 사람이 하지 않는다면 이미 성과중심주의의 일부는 진행 중인 것이며, 현재의 승진 결정 또한 완벽하게 객관적이고 모든 사람이 수긍하는 결정은 아닐 것이다. 경영상의 제도란 계획과 실시, 그리고 여기에서 배운 바를 통한 개선이 반복되는 과정일 것이다.

4) 아 옛날이여 형 또는 과거 연장형

이것은 소위 '왕년에' 병이다. 과거에 이러저러했으니 미래에도 이러저러해야 한다고 믿는 경우이다. 과거의 성공 패턴은 종종 미래의 실패를 보장한다.

예를 들어, 대다수의 한국 기업은 수요 초과의 시대에 성장했으며 이때(1970~1980년대)에는 고도의 인플레로 인해 부채 비율이 높을수록 유리했다. 또한 공장은 증설하는 대로 돈을 벌었고, 투입량을 늘리면 결과적으로 성과도 좋았다. 이러한 과거의 성공 패턴(증설, 고도부채, 인력

답을 내야 진짜 리더다

증대)은 이미 그 기반을 상실했다. 하지만 여전히 시장 점유율 확대와 설비 증대를 중요한 성공 요인으로 인지하는 경영진이 많다. 또한 경영진 중에는 옛날의 좋은 시절을 이야기하는 분이 제법 있다. 과거의 무용담이나 조직 역사를 통해 이해를 돕는 경우라면 긍정적일 수 있다. 하지만 "옛날에는 이렇게 했는데 너희는 왜 못 해?"라는 식의 접근은 조금 곤란하다.

5) 넙치형, 윗사람 의중 추구형

넙치는 눈이 위에 있어서 위밖에 못 본다고 한다. 자기의 소신이나 주장보다는 자기 윗사람의 '의중'을 파악하고 그에 맞추어 일을 진행하는 경영진도 있다. 따라서 윗사람이 하는 그때그때의 한마디에 일의 방향이 휘둘리고 바뀐다. 또한 때로는 과잉 충성하다가 오히려 일을 그르치는 수도 있다. 대부분 상사의 스타일이나 의사소통 문제일 것 같지만 실제로는 조직 전체의 사고방식이나 문화에서 비롯된 경우가 많다.

6) 사례 복사형

스스로의 판단보다는 사례를 찾아 몰두하는 방식이다. 물론 다양한 사례를 연구하여 '참조'하는 것은 좋은 판단에 도움이 된다. 그러나 사례에 의존하거나 복사하려는 경우는 문제가 많다. 자신이 없는 경영진에서 많이 나타나며 누군가가 새로운 아이디어를 들고 오면 '이러한 사례가 있었는가?' '경쟁사는 어떻게 하는가?'가 그 아이디어 본질보다 더 중요한 질문이 되는 경우다.

7) 천상천하 유아독존형 또는 우리는 특수하다 형

정반대로 해당 사업 조직에서 본인이 최고라고 믿는 경우이며, 필요한 것은 다 알고 있다고 생각하고 새로운 방식이나 접근 또는 정보에 마음의 문을 닫아 버리는 경우이다.

8) 현상 대응형

비전략적 사고의 또 다른 유형으로는 현상 대응형이 있다. 이는 문제의 근본 원인을 파악하지 않고, 눈앞의 상황에만 대응하는 방식을 말한다. 예를 들어, 은행의 프라이빗 뱅킹 부문에서 고객이 무엇을 원하는지를 묻지 않고 자신이 원하는 방향이나 자신이 들은 이야기를 기준으로 업무를 진행하는 경우가 있다. "모든 거액 고객은 금리 민감형이므로 금리가 높은 예금 상품이 없으면 프라이빗 뱅킹을 할 수 없다."라는 사고방식이 그 예다. 하지만 실제로 금리 민감형 고소득 고객은 20% 미만이다. 반면, Share of voice(자기의 주장을 표현하는 고객 비중)는 60~70%에 이른다. 따라서 자기의 경험에 의존하면 "불평하는 고객의 대부분은 금리가 낮다고 불만을 가진다."고 잘못 판단할 가능성이 높다.

또 다른 경우가 연결된 문제를 보지 않고 한 부분만을 고치려는 경우이다. 예를 들어, 조직원의 사기 저하는 단합대회로 풀릴 문제가 아니라 훨씬 더 근본적인 경우가 많다. 부서를 나누다 보니 전체적인 문제를 조망하고 우선순위가 높은 근본 문제를 풀기보다는 현상의 문제를 푸는 경우가 많다.

9) 우유부단형

의사결정을 하지 못하고 미루는 형태이다. 과거에는 의사결정이 지연되면 스스로 문제가 풀렸지만 이제는 문제를 미룰수록 문제가 커지는 상황이 되었다. 의사결정을 하지 않고 지연시키는 것도 중요한 하나의 의사결정이다. 따라서 품의서에 여러 안 중 하나로 "지금 결정하지 않고 지연시킴"이라는 난을 두고 지연의 이유와 언제까지는 의사결정을 할 것인지 또는 어떤 명확한 조건에서 의사결정을 할 것인지를 두어도 좋을 듯싶다.

10) 정치인형

의사 판단의 기준 중에 '이것이 올바른 판단이며 가치 창출에 도움이 되는가?'와 '이러한 판단에 대해 사람들의 반응이 어떠할까?'가 있다. 물론 두 가지 다 항상 염두에 두어야 한다.

문제는 완전한 포퓰리즘으로 가는 경우이다. 기업의 운영은 민주주의가 아니며 도달해야 할 목표가 있다. 당연히 조직원의 합의는 동기를 유발해 실행에 힘을 실어 준다. 그러나 역으로 모든 문제를 정치적 합의의 과정으로 진행하는 경우에는 근본적인 혁신이나 변화를 일으키기 어렵다. 누구나 변화가 싫고 기득권이 좋기 때문이다. 특히 경쟁사나 고객에 대한 대응보다 더 많은 시간을 내부의 적을 다루는 데 쓰는 경우, 조직의 병폐가 커진다. 때로는 오히려 내부의 적이 더 무섭다. 이러한 조직의 병폐는 실로 뿌리 깊은 경우가 많다.

없어 보이더라도
전략은 단순해야 한다

먼저 전략의 정의와 일반적인 오류를 살펴보자. 전략에는 다양한 유형의 전략이 있지만 여기서는 특정 사업부의 전략을 중심으로 다룬다. 사업부의 전략은 '언제, 어디서, 고객에게 더 우수하고 독특한 가치를 제공함으로써(어떻게), 현존 및 잠재 경쟁자와 싸워서 이겨 내고, 장기적으로 존속 가능한 성과를 창출하고 향상시키는, 자원 배분의 상충관계를 포함한 구체적인 행동 계획과 방법론의 집합체'로 정의할 수 있다.

여기서 각 항목의 정의와 일반적인 오류들을 조금 더 구체적으로 살펴보자.

1. 언제

언제라 함은 시간적인 축을 의미한다. 언제까지 무엇을 어느 정도 달

답을 내야 진짜 리더다

성하겠다는 대상으로서의 시간 축을 의미한다. 전략에 있어 '언제'라 함은 무엇을 의미하는가? 이는 곧 '언제까지 무엇을 어느 정도까지 달성하겠다.'는 대상으로서의 시간적인 축을 의미하는 것으로서, 전략은 정적인 개념이 아닌 동적인 개념이라는 사실에 착안한다. 다만 한 가지 고려해야 할 것은 '언제'가 항상 객관적으로 주어지는 달력상의 물리적 시간만을 의미하지는 않는다는 점이다.

그 말은 곧 2010년이나 창사 25주년 등의 상징적인 의미가 있는 특정 일자에 맞춰 전략이나 비전을 구상하는 것보다 규제 완화나 소비자 기호의 변화, 인구통계 및 법률과 제도의 변화 등 시장에 영향을 주는 불연속성(discontinuity)을 기준으로 전략을 구상하는 것이 더욱 중요하다는 뜻이다.

따라서 전략 수립에 1년이라는 예산 및 집행 주기와 관련된 상징적인 시간에도 의미는 있으나 그보다는 각종 규제 변경, 거시경제의 변화 등과 같은 외부 환경의 변화를 미리 내다보고 이에 탄력적으로 대응하는 것이 더 중요하다. 시간 축에서 일반적으로 발생하는 오류는 인간이 만든 시간 축에 스스로의 사고를 끼워 맞추는 것이다. 대부분의 전략이나 비전이 2005년 또는 2010년식으로 상징적인 의미가 있는 미래의 특정 일자를 중심으로 하는데, 이보다 더 중요한 시간의 축은 규제 완화나 소비자 기호의 변화, 중요한 인구 통계상의 변화 등 시장에 영향을 주는 불연속성을 중심으로 생각하는 축이라 할 수 있다. 물론 상징적인 시간에도 의미는 있다. 예를 들어, 창사 20주년을 맞이하는 새로운 비전과 이에 따른 전략의 수립은 조직원들에게 의미 있는 상징이 될 수 있다. 여기서 주의할 것은 의미 있는 상징적 시기만을 추구해서는 안 되며, 시장에 영향을 주는 불연속성을 반드시 동시적으로 고려해야 한다는 점이다.

또한 전략은 1년 중에도 외부 환경 변화에 따라 항상 재점검할 필요가 있다. 하지만 대부분의 경우 조직은 1년 주기의 목표 설정과 예산 및 집행 주기에 따라 스스로를 속박한다. 그 결과, 상황에 따라 탄력적으로 대응하기보다는 1년 주기의 과정에서 벗어나지 못하는 경우도 있다.

2. 어디에서

어디에서란 어떠한 사업을, 어떤 고객의 세그먼트를 중심으로, 어떠한 상품/서비스 군으로, 어떠한 지역을 대상으로, 어떠한 채널로, 어떠한 수직 계열상에서 운영할 것인가를 의미한다.

전략에서 '어디서'란 다양한 형태의 경쟁이 다양한 환경에서 이루어질 수 있다는 사실에 착안한다. 이는 곧 개별 사업 영역 및 그 역할의 정의에 대한 고민으로서, 어떠한 사업을, 어떤 고객 세그먼트를 중심으로, 어떠한 상품/서비스 군으로, 어떠한 지역을 대상으로 경영할 것인가를 의미한다. 다만 고객의 세그먼트를 설정할 때 중요한 것은 자료를 취합하기 용이한 형태로 정의하는 것이 아니라 전략을 적용하고 이행하기에 적합한 형태로 해야 한다는 것이다.

먼저 각 사는 어떠한 사업을 할 것인지를 정해야 한다. 특히 복수의 사업을 영위하는 기업의 경우에는 각각의 사업 자체를 하나의 독립된 회사로 보고 각 사업의 추진 여부를 항상 제로베이스에서 생각해야 한다. 물론 시너지나 다른 전략적 이유가 있을 수 있으나 이는 먼저 독립된 사업으로서의 매력도를 평가한 뒤에 생각해야 할 문제이다. 만약 시너지나 전략적인 이유로 사업성이 나쁜 사업부를 지속한다면 '투자' 대비 얼마만큼의 성과를 낼 것인지를 객관적이고 냉철하게 판단해야 한다.

그러한 사업의 분야가 잘 정의되었으면 이제 각 사업에서는 어떤 고객의 세그먼트를 중심으로, 어떠한 상품/서비스 군으로, 어떠한 지역을 대상으로, 어떠한 채널로, 어떠한 수직 계열상에서 운영할 것인가를 결정해야 한다. 결정에는 선택이 따르고 선택에는 할 것과 하지 말아야 할 것이 명확히 구분되어야 한다.

어떠한 고객 세그먼트라는 질문은 소득 수준, 연령대와 같은 축을 활용할 수도 있고 욕구나 행태적 특성(가격 민감형, 서비스 민감형, 지리적 근접성 선호형 등)을 축으로 활용할 수도 있다. 이러한 선택은 조직의 행동과 실천 용이성에 따라 정해져야 한다.

공략할 고객 세그먼트가 정해지면 그러한 고객이 원하는 상품과 서비스의 패키지를 고객이 원하는 그러나 수익성이 나는 채널(지점망, 콜 센터, 인터넷 등)을 선정해서 일관되게 관리해야 한다. 더불어 어떠한 지역(대도시, 지방, 전국, 중국, 수출, 현지 생산, 전 세계 등)에서 경쟁할 것인지 그리고 어떠한 수직 계열상(원재료부터 가공 처리 전체 단계 아니면 그중 일부를 스스로 하고 나머지는 아웃소싱)에서 경쟁할 것인지도 선택해야 한다.

여기서 일반적으로 나타나는 첫 번째 오류는 사업 범위를 고민할 때 조직 논리에 따라 고민한다는 점이다. 사실 조직 구조는 역사적이고 지속적으로 발전해 왔다. 1800년대 초반 분업의 원리에 따라 맨 처음 기능식 조직이 나타났다. 1920년대에 들어 상품 다변화를 통한 성장이 필요해지자 화학회사를 중심으로 상품 조직이 나타났다. 1950년대에 들어 대량 생산된 상품을 지역적으로 확산할 필요가 나타나자 처음으로 지역 조직의 구조가 성립되었다. 1960년대에 들어서는 상품 조직과 지역 조직 간의 갈등이 심화되었고, 이를 풀기 위해 처음으로 매트릭스(matrix) 조직 구조가 도입되었다. 1980년대 초 대규모의 투자를 하거나 리스크를 지지 않고 성장을 지속하려는 기업들이 얼라이언스(alliance)와 조인트 벤처(joint venture)를 기업 조직의 구성 원리에 적용하기 시작했다. 한편 1980년대 중반 리엔지니어링(reengineering)의 열풍에 따라 프로세스 중심 조직 구조(process-oriented structure)도 기업에 일부 적용되었다. 1980년대 후반부터는 더욱 복잡한 조직 구조가 나타나기 시작했는데, 1980년대 후반의 IT 혁신을 활용하기 위한 창업가 정신 중심의 네트워크 조직 구조, 1990년대 초반의 고객 솔루션 제공 위주의 고객 중심 구조, 그리고 최근에는 분화된 조직 형태(세계와 지역의 균형, 대규모 조직과 소규모 조직의 균형, 효율성과 자율성의 균형을 추구하는 조직 구조)까지 나타났다.

이상의 조직 구조는 인간의 관리 범위상의 한계와 복잡한 현실 간의 괴리를 메우기 위해 인간이 선택한 제도의 하나일 뿐, 기업의 근본적인 전략을 수립하는 원리가 될 수 없으며, 되어서도 안 된다. 그러나 대다수의 경우 어떠한 사업의 진입 퇴출 여부 결정은 시장에 기반을 두기보다는 현재의 조직 구성 원리에 기반을 두고 생각하기 쉽다. 예를 들어, 현재의 사업본부가 상품군으로 구성되어 있다면 주로 상품을 중심으로 사업 진입과 퇴출을 고려하기 쉽다. 상황에 따라서는 상품이 아니라 지역이나 고객군을 중심으로 진입이나 퇴출을 고려하는 것이 나을 수도 있을 것이다. GE가 항공기 엔진 사업을 하다가 항공기 엔진 금융, 항공기 엔진 유지보수, 중고 항공기 엔진 거래 등으로 사업을 확대한 것은 상품 중심의 사고라기보다는 고객과의 관계와 핵심 역량을 중심축으로 사고한 결과라 볼 수 있다.

여기에서 나타나는 두 번째 일반적인 오류는 고객의 세그먼트를 기업의 행동할 수 있는 형태가 아니라 자료를 취합하기 쉬운 형태로 정의하는 데 있다. 기업이 행동하기 위해서는 일반적으로 고객의 욕구나 행태를 중심으로 세그먼트를 해야 하나(예: 가격 민감형, 지리적 근접성 추구형, 관계 중심형 등) 일반적으로 쓰이는 세그먼트 방법론은 인구통계학적인 방법(연령대, 소득 수준 등)이다. 실제 조직의 실천 용이성과 실천에 따른 효과를 고려하면 가격 민감성, 서비스 민감성, 지리적 근접성 등의 욕구 행태적인 축을 활용해 공략할 고객군을 정하는 것(needs-based segmentation)이 유리한데도, 단순히 정보와 데이터 수집의 편의를 위해 시장과 고객의 범위와 영역이 소득 수준, 연령 등의 인구 통계적인 축으로 구분되는 경우가 많다. 또한 사업 범위와 수직 계열상을 설정할 때, 시장이 아닌, 회사 내부 조직 구조를 중심으로 결정하는 경우 역시 적지 않다. 가령 현재의 사업부가 상품군으로 구성돼 있다면 주로 상품을 중심으로 사업의 진입과 퇴출을 고려하기가 쉽다.

그러나 상황에 따라서는 상품이 아니라 지역이나 고객군(대도시, 지방, 전국, 수출, 현지 생산, 전 세계), 또는 수직 계열상(원재료부터 가공처리 전체 단계 또는 이 중 일부를 스스로 하고 나머지는 아웃소싱)을 중심으로 진퇴가 고려되는 것이 더욱 적합할 수도 있을 것이다. 또 한 가지 중요한 것은 경쟁의 범위를 올바르게 봐야 한다는 것이다.

한 예로 디지털 융합(digital conversion) 시기의 통신사업은 통신업체(유무선 통신업체) 간의 경쟁이 아니라 미디어 업체와의 경쟁으로 그 경쟁 범위가 변화됐는데, 이는 산업 환경의 변화에 따라 경쟁의 범위 자체도 재정립될 수 있다는 사실을 시사하고 있다고 할 수 있다.

세 번째 일반적인 오류는 수익성에 대한 고민이다. 고객 세그먼트별로 수익성이 다르고 상품과 서비스도 수익성이 다르며 채널별 효과와 비용도 다르다. 각각의 조합이 고객 욕구 만족에 가장 최적화되어야 하지만 그러한 조합이 중장기적으로 수익을 낼 수 있어야 한다. 과소한 서비스는 고객 이탈을 가져오지만 과도한 서비스는 수익성 악화를 가져온다. 예를 들어, 많은 기업에서 제공한 마일리지 제도(항공사, 정유사 등)가 처음에는 고객의 충성도 확보에 도움을 주었지만, 이제는 기업 경영에 상당한 부담을 주는 수준에까지 이르렀다.

3. 고객에게 더 우수하고 독특한 가치를 제공함(어떻게)

고객에게 더 우수하고 독특한 가치를 제공한다는 것은 쉽게 표현해서 수많은 기업의 상품과 서비스 중에서 왜 우리 회사의 상품이나 서비스를 고객이 구매해야 하는가에 대한 명확한 답을 갖고 접근한다는 것이다.

전략에서 '어떻게'라 함은 고객에게 더 우수하고 차별적인 가치를 제공할 때만 기업이 현존 및 잠재 경쟁자에 대해 지속적인 경쟁력을 확보할 수 있다는 원리에 기반한다. 이는 곧 기업의 가치 제안 또는 소구점 (value proposition)에 대한 고민을 담고 있으며, 다시 말해 고객이 쉽게 접할 수 있는 수많은 기업의 상품 및 서비스 가운데 왜 우리 회사의 상품이나 서비스를 구매해야 하는가에 대한 명확한 답을 가지고 있어야 한다는 것을 의미한다. 효과적인 가치 제안은 목표 고객이 쉽게 인식할 수 있는 간결한 것으로서, 뚜렷한 혜택과 명확한 가격 수준을 제시해야 하며, 경쟁사의 가치 제안에 비춰볼 때 경쟁력이 있는 한편, 내부적으로 기존 비즈니스 시스템에서 실현 가능하다는 특징을 지니고 있어야 한다.

이것 역시 염두에 둬야 할 몇 가지 고려 사항들이 있다. 처음으로 고려할 사항은 '어떻게 경쟁할 것인가?'라는 제안에는 반드시 '성공의 정의'가 전제되어야 한다는 것이다. 즉, 조직의 성공을 구체적으로 규명하는 전략의 목표 설정이 필요하고 그것은 계량화될 수 있는 비교 항목을 기준으로 정의되는 것이 바람직하다. 일례로 경쟁에서 이긴다는 것은 고객 만족도를 높이고 궁극적으로 사업의 가치 증대를 가져오는 데 있는데도, 상당수의 기업이 다수의 업종에서 시장 점유율, 수율, 원가율 등을 주요 경쟁 지표로 삼고 있는 것을 볼 수 있다.

이러한 것들은 그 자체로서 올바른 성공의 정의가 될 수도 있다. 하지만 최근처럼 복잡한 경영 환경하에서는 이런 것들이 근본적인 기업 가치 극대화와 정확하게 비례하지 않아 차선(sub-optimal)을 달성하게 되는 경우가 존재하기 때문에 보완적으로만 사용되는 것이 바람직할 것이다. 예를 들어, 효율이 떨어지더라도 전체적인 이익이 늘어나도록 공장 전체를 최적화하는 것이 중요하고, 월말 밀어내기 등의 단기적 편법을 통한 시장 점유율 증가는 연간으로 봐서는 최적의 성공이라고 보기 어려울 수도 있기 때문이다.

한편 '어떻게'라는 질문에 대해 답하기 위해서는 반드시 구체적인 행동 계획을 함께 제시할 필요가 있다. 실제 전략이나 비전은 거창하지만 이를 달성하기 위한 방법론이 부실하거나 구체적이지 못한 경우를 쉽게 찾을 수 있다. 그 주된 원인을 보면 전략 자체가 비현실적인 기반 위에 수립돼 실질적인 달성 방법을 찾기가 어렵거나, 전략의 방향은 맞으나 실제적인 지식이나 역량이 부족해 과제의 구체화에 성공하지 못한 경우가 대부분이다.

고객에게 우수하고 독특한 가치를 전달하기 위해서는, 즉 '가치 제안(value proposition)'을 하기 위해서는 다음의 조건을 충족해야 한다.

가치 제안의 조건
- 제공되는 혜택은 뚜렷하고 구체적이며 명확하게 기술되어야 함
- 명확하게 가격 수준을 제시하여야 함
- 고객이 명확하게 파악되어야 함
- 목표 고객군에 이 가치 제안이 우수한 이유가 명확해야 함
- 적절한 수요가 확보되어야 함
- 수용할 만한 이익이 확보되어야 함
- 경쟁사의 가치 제안에 비추어볼 때 경쟁력이 있어야 함
- 기존 비즈니스 시스템에서 실현할 수 있는 수준의 변화를 통해 달성할 수 있어야 함
- 해당 기업이 고려하고 있는 몇 가지 가치 제안 중 최적의 것이어야 함
- 명확하고 간결해야 함

여기서 나타나는 일반적인 오류는 기업이 고객에 대한 가치 제안을 고객에 대한 깊이 있는 이해와 통찰력에 기반하지 않고, 내부적으로 생각하는 논리에 따라 정의한다는 점이다. 이런 기업에서는 "이렇게 좋은

물건을 왜 안 사지?"와 같은 내부 지향적인 질문이 많이 나온다. 예를 들어, 다음의 질문들을 고려해 보자.

- 우리 회사 고객들은 진정으로 누구인가? 누가 실질적인 의사결정 자인가? 예를 들어, 아파트 구매를 할 때는 대부분 주부가 실질적인 의사결정을 한다. 따라서 주부들이 관심을 두지 않는 운동경기를 후원하거나 주부들이 관심이 없는 TV 프로그램에 광고한다면 효과가 상대적으로 훨씬 떨어진다.
- 우리 회사 고객들의 가장 큰 불만 요인은 무엇인가? 최고 경영진부터 현장 직원까지 우리 회사 고객의 3대 불만 요인을 알고 있으며 이에 적절한 대응책을 마련하고 실행하고 있는가?
- 고객이 진정으로 원하는 상품이나 서비스는 무엇인가? 과거에 다수의 대기업에서 최첨단 냉장고들을 개발했을 때 김치냉장고라는 새로운 개념으로 당시 8,000억 대의 국내 일반 냉장고 시장을 초월하는 1조 원대의 냉장고 시장을 새로 개척한 사례가 좋은 예일 것이다.
- 최근 떠나간 고객들은 왜 떠나갔는가? 새로 온 고객들은 왜 새로 왔는가?

이상의 질문들이나 예들은 상당수의 기업이 고객에 대한 통찰력이 아니라 내부 조직 논리로 고객에 대한 가치 제안을 정하는 것을 증명한다. 고객에 대한 통찰력을 기르기 위해서 각 기업은 고객을 이해하는 데 상당한 노력과 투자를 해야 한다. 예를 들어, 다음의 질문들을 고려해 볼 수 있다.

- 최근에 최고 경영진이 고객과 직접 대화한 것인 언제인가?
- 고객에 대한 시장 조사가 연례적으로 이루어지며 이 결과가 진솔하게 모든 부분에서 논의되고 대안을 모색하는 데 쓰이는가? 주기적인 시장 조사 결과 일관성 있는 자료의 비교가 가능한가?
- 우리 회사 내에 고객 시장 조사 전문가는 몇 명이나 있는가?
- 고객 만족도는 어떻게 측정되며 이 만족도와 우리 회사의 중장기 성과는 어떻게 연관 지을 수 있는가?
- 기업을 고객으로 하는 경우 구매/생산/공무/AS 등의 전 조직이 한 팀이 돼서 주요 고객을 직접 방문하여 가격, 품질 및 납기 등 총체적인 고객의 만족도와 개선 요구사항을 청취하는 것이 주기적인 활동인가 아닌가?

4. 현존 및 잠재 경쟁자와 싸워서 이겨 냄

전략을 수립할 때는 반드시 현재의 경쟁자(통상적으로 생각하는 경쟁사)와 잠재 경쟁자를 모두 고려해야 한다. 또한 싸워서 이긴다는 것은 고객에게 더 우수한 가치를 보다 우수한 프로세스로 전달함으로써 차별적인 가치를 제공하거나 더 우수한 품질, 가격 또는 납기 등을 달성하는 것을 의미한다. 여기서 어떠한 부분에서 이길 것인가는 바로 고객이 원하는 소구점을 목표로 함을 의미한다.

상당수의 기업이 경쟁자와 관련하여 다음의 오류를 범한다. 첫 번째 오류는 경쟁사를 생각보다 낮게 평가하는 것이다. 경쟁사에 대한 구체적인 사실 확인, 경쟁사의 전략적인 의도, 경쟁사의 역량 등을 총체적으로 이해하지 않고 일방적으로 약하게 보는 경우이다. 물론 자사에 대한 자부심은 조직의 동기 유발에 중요한 요소이지만 구체적인 사실 확인 없이 경쟁사를 만만하게 보는 것은 그다지 도움이 되지 않는다. 많은 기업이 가격 전쟁을 벌일 때 상대방이 먼저 멈추거나 어려워질 것을 기대하고 시작한다. 그러나 양사 모두 상당한 이익의 손실을 보고 나서야 멈추는 경우가 대부분이다. 따라서 게임 이론에 따라 경쟁사의 반격을 고려한 전략을 수립할 필요가 있다.

두 번째 오류는 경쟁의 범위에 관한 것이다. 일반적으로 금융기관은 고객의 자산을 대상으로 경쟁한다는 점에서 은행, 증권, 보험, 협동조합, 상호신용은행, 투신 등 업종에 상관없이 경쟁하고 있다. 모 은행의 경우 자행 고객의 상당수가 자산 배분 시 여러 은행이 아니라 해당 은행과 신용협동조합을 놓고 고려하고 있는 경우가 있었다. 이 경우 늘 비교하던 경쟁 은행과의 비교 내용도 중요하지만 오히려 실질적으로 경쟁하는 신용협동조합과의 비교 또한 중요하다.

세 번째 오류는 비교 항목의 오류이다. 경쟁에서 이긴다는 것은 고객 만족도를 높이고 궁극적으로 기업 가치 창출을 높이는 것이다. 그러나 상당수의 기업이 시장 점유율 또는 수율이나 원가율을 주요 경쟁 지표로 삼고 있다. 수율이 떨어지더라도 전체적인 이익이 늘어나도록 공장 전체를 최적화하는 것이 경쟁에서 이기는 것이지 가변비용조차 제대로 뽑기 힘든 물건을 계속 생산하여 재고만 늘리는 것은 올바른 승리가 아니다. 마찬가지로 월말 밀어내기라든가 대리점에 밀어내기와 같은 일시적인 시장 점유율 증대나 매출액 증대 노력은 궁극적인 승리라 할 수 없으나 다수의 업종에서 지금도 진행되는 내용이다.

네 번째 오류는 경쟁사의 반격을 고려하지 않는다는 점이다. 많은 전략계획서에는 당사의 활동 계획과 이에 따른 효과가 분석되어 있으나 경쟁사의 반응이 구체적으로 예상되어 있지 않다. 예를 들어, 가격을 인하하여 매출액을 높여서 이익을 높이는 것을 목표로 한 경우에 경쟁사 모두 함께 가격을 낮추면 점유율은 그대로이나 업계 전반의 수익성이 나빠져서 오히려 이익이 떨어지는 경우도 있다.

5. 장기적으로 존속 가능한 성과를 창출하고 향상시킴

전략이 대상으로 하는 성과의 향상은 장기적으로 존속 가능한 성과이다. 그것은 곧 경쟁사에 의해 쉽게 모방될 수 없는 조직적인 역량이나 조직적인 체계에 따르는 경쟁력의 근본적인 향상에 기반을 둔 성과의 창출과 개선, 즉 주주 가치, 이익, 고객 만족도, 종업원 만족도 등을 높이는 것을 의미한다.

여기에서의 일반적인 오류는 기술적인, 또는 단기적인, 그래서 쉽게 모방될 수 있는 성과의 향상을 전략적인 사고의 대상으로 하는 것이다. 물론 단기적인 이익의 증대는 중요하다. 그러나 이러한 단기적인 이익의 증대가 장기적 이익이 손실된 대가로서 나오거나 근본적인 핵심 역량에 기반을 두지 않을 때는 큰 장기적인 손실을 보게 된다. 전략적 접근이란 '언제, 어떻게, 어디서'를 달리하여 근본적이고 지속 가능한 경쟁력의 향상을 가져오는 것을 의미한다. 현재 경쟁하는 곳에서 같은 방식으로 조금 더 잘하는 방안은 전술적인 접근이라고 한다. 물론 현장에서는 전술적인 접근도 대단히 중요하다. 하나하나의 전투에서 이길 수 있는 현장의 영업력, 제조 생산성 등도 전략적인 접근과 함께 가야 한다. 다만 아무리 훌륭한 전술을 갖춘 군대도 전략이 잘못되면 전쟁에서 이길 수 없다는 점을 고려해야 한다.

외환 위기 이전에 기업 대출이나 최근에 급성장한 신용카드의 경우를 예로 들 수 있다. 대손충당금이 정확한 대출의 위험을 반영하지 않는 경우 대출의 증대는 단기적으로 영업 이익의 증대를 가져온다. 이러한 과도한 카드대출 성장이 일시적으로는 우수한 전략이라고 착각할 수 있다. 그러나 장기적인 측면에서 보면 이러한 일시적인 또는 단기적인 이익의 증대는 궁극적인 손실이 더 커져서 오히려 장기적인 경쟁력을 낮출 수 있다.

또 다른 예가 화학공장과 같은 생산 설비의 경우이다. 단기적으로는 있는 설비에 덧붙여서 생산 능력을 늘리는 것이 경제적으로 더 타당해 보이지만 궁극적으로 보았을 때 처음부터 크게 지었던 공장에 비해서는 규모의 경제나 비용 효율성의 측면에서 더 불리할 수 있다. 따라서 단기적인 비용 절감뿐만 아니라 중장기적인 설비 효율성을 모두 고려하여 판단하는 것이 더 전략적이라고 할 수 있다.

6. 자원 배분의 상충관계를 포함한 구체적인 행동 계획과 방법론의 집합체

전략의 수립에는 반드시 구체적인 행동 계획과 방법론이 있어야 한다. 이러한 행동 계획은 목적, 도달하고자 하는 성과 향상 목표, 누가 언제까지 무엇을 어느 정도 수준으로 활동하면 되는지에 대한 구체적인 활동 계획, 예상되는 실행상의 문제점, 다양한 활동 간의 연결고리 등이 총체적으로 정리되어야 한다. 또한 이러한 행동 계획은 재무적 자원, 조직의 변화 대응 속도, 경영진의 역량, 조직원의 기법 수준, 경영진의 시간 배분, 우수 인재의 배치 등을 고려하여 이루어져야 한다.

여기에서 일반적인 첫 번째 오류는 구체적인 행동 계획이 부족하다는 데 있다. 전략이나 비전은 거창하지만 실제로 이를 달성하기 위한 방법론이 부실하거나 구체적이지 못한 경우이다. 이러한 오류는 전략으로 세운 방향이 현실에 기반을 적게 두고 있어서 실제로 달성할 방법을 찾기가 어렵거나 전략 방향은 맞으나 실제적인 지식이나 역량이 부족하여 과제의 구체화에 성공하지 못한 경우이다.

두 번째 오류는 구체적 행동 계획은 있으나 너무 미래 결정형이라는 점이다. 많은 기업이 소위 마스터플랜이라는 것을 작성하고 실행에 들어가는데, 아무리 잘 짜인 전략이라 하더라도 항상 상황이 변하므로 항상 그 '마스터 플랜'은 조정되어야 한다. 선진 기업에서는 마스터 플랜이라는 용어 대신 '각종 활동의 포트폴리오(portfolio of initiatives)'라는 사고로 접근하여 각종 활동을 다수 활동이 모인 포트폴리오로 보고 항상 조율해 나가는 방식을 취하기도 한다.

세 번째 오류는 일반적으로 재무적 자원은 고려의 대상으로 하나 경영진의 시간 배분, 우수인재의 배분 등은 구체적으로 논의되지 않는 경우가 많다는 데 있다. 기업에 있어서 가장 중요한 자원은 바로 경영진의 시간과 우수인재의 역량이다. 따라서 전략 수립에서는 반드시 경영진의 시간 배분 및 우수인재의 배치를 고려해야 한다.

결국 전략이라는 것은 의미 있는 시간적 환경하에서(언제), 어떤 고객, 어떤 사업 영역, 어떤 경쟁자를 대상으로(어디서), 어떤 소구점을 목표로, 어떻게 그러한 소구점을 실현하고 경쟁할 것인가라는(어떻게) 내용의 집합체일 것이다. 따라서 이러한 전략의 개발에는 '우리 고객이 진정으로 누구이며 그 이면의 실제 의사결정자는 누구인가?' '우리 고객의 최대 불만 요인은 무엇이며 고객이 진정으로 원하는 상품이나 서비스는 무엇인가?' '최근 우리를 떠난 고객은 왜 떠났으며, 새로 온 고객은 왜 왔는가?' 또 '마지막으로 최고경영진이 고객과 직접 대화한 것이 언제인가?', '시장조사가 연례적으로 이뤄지고 있으며, 그 결과가 체계적이고 객관적으로 실무에 활용되고 있는가?' '고객의 만족도는 어떻게 측정되며 이것은 회사의 중장기 성과와 어떻게 연결돼 있는가?'와 같은 질문들이 주기적으로 분석되고 또 포괄적으로 반영돼야만 하는 것이다.

이러한 사업부 전략을 수립하기 위해서는 시장 상황(시장 규모, 성장성, 수익성, 규제와 기술의 변화 등), 메가트렌드, 경쟁 상황, 고객층, 고객 선호도 변화, 당사의 성과, 당사의 경쟁력 및 경쟁 우위의 원천, 당사의 조직, 인력, 시스템, 재무 상황, 문화 등등 다양한 요소를 고려해야 한다. 다양한 자료, 해외 사례, 분석, 고민, 논의 등이 진행되어 전략이라는 산출물을 만들게 된다.

전 조직을 이끌고 일관성 있는 방향으로 가기 위해서 전 조직원이 쉽게 이해할 수 있는 형태로 정리하고 모든 주요 의사결정에 근거 자료로 삼아야 한다. 그 내용 중에 대외로 발표하여도 당사의 경쟁력에 문제가 없는 부분을 대외로 설명하고 투자자, 주주, 고객, 협력 회사에 알리게 된다.

이러한 대내 조직원용 및 대외 공표용 전략은 아주 쉽고 명확한 것이 좋다. 상세한 내용은 당사의 경쟁자에게 우리의 비밀을 드러낼 수 있으므로 대외적 발표에서는 빠지게 된다.

그런데 많은 기업이 이러한 대내 또는 대외 발표용 전략을 쉽고 명쾌하게 전달하기보다는 무언가 있어 보이게 만들려고 노력하는 경우가 있다.

사례 7
아마존의 단순하고 명쾌한 전략

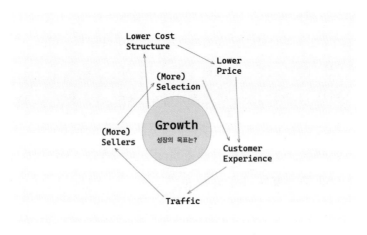

출처: https://www.amazon.com/

예를 들어, 아마존의 전략은 명쾌하고 단순하다.

저렴한 가격, 다양한 상품, 우수한 고객 경험을 통해 보다 많은 판매자와 구매자, 보다 낮은 구조적 비용으로 계속 가격을 낮추고 상품의 다양성을 늘리는 것이다.

답을 내야 진짜 리더다

맥도날드도 저렴한 가격, 빠른 서비스, 일관적인 메뉴(일부 나라별 조정)를 제공하여 규모의 경제를 통해 세계화에 성공했다.

전략이 복잡해지면 이해하기 어렵고 조직이 일관성 있게 행동하기 어렵고 실행상 다양한 오류가 발생하여 실패할 가능성이 높아진다.

어떨 땐 느렸기 때문에
선착순 1등

어떤 때는 운이 좋아서 어떤 때는 회사가 느리게 움직여서 남들 다하는 거 안 해서 이기는 예도 있다. 2007~2008년 세계 금융위기는 다양한 이유가 있으나 선진국 금융기관들이 서브프라임 모기지를 통해 과도한 위험을 감수했던 것도 한 큰 이유 중 하나였다. 어떤 금융기관은 이를 바탕으로 한 파생금융상품(예: Credit Derivative Swap)을 만들어 거래하거나 판매하기도 했다.

이때 큰 문제 없이 지나간 금융기관들은 과연 선견지명이 있었기 때문일까? 아니면 선진화된 위험 관리 체계가 있어서 서브프라임 모기지나 복잡한 파생금융상품에 개입하지 않았던 것일까?

2007~2008년 세계 금융위기가 지나간 뒤에 보니 많은 은행이 서브프라임 모기지와 이를 바탕으로 한 파생금융상품에 진입하는 것을 검토했었다. 다만 능력이 없어서건 내부 의사결정이 느려서건 운 좋게 해당 사

　　　　　　　　　　　　　답을 내야 진짜 리더다

업에 뛰어들지 않은 은행들은, 결과적으로 사태 이후 더 유리한 입지를 확보하게 된 것이다.

이처럼 때로는 느리게 움직였기 때문에 뜻밖의 승리를 거두는 경우가 있다. 모두 '저 산이다!' 하며 달려갔는데 그 산이 아닌 경우, 맨 뒤에서 느리게 움직이던 기업이 반대로 뛰어가야 할 때 운 좋게 선착순 1등이 되는 경우도 생긴다. 이러한 상황에서는 어떻게 상황을 이해하고 행동하는지가 매우 중요하다.

과연 우리가 역량이 뛰어나서 승리한 것인가? 아니면 모두 옳다고 믿었던 방향이 사실은 잘못된 방향이었고, 우리가 단지 능력이 부족하거나 의사결정 속도가 느렸기 때문에 오히려 승리한 것인가? 우리가 직면한 상황을 제대로 이해하지 못한 채, '우리가 뛰어나서 승리했다!' 하고 자화자찬한다면, 조직 내에는 곧 우월감, 자만심, 건방짐이 빠르게 전파될 것이다. 더 큰 문제는 외부 투자자나 분석가들이다. 이들은 상황의 내막을 잘 알지 못한 채, "역시 저 회사는 방향을 잘 잡았다!" 하며 칭찬을 쏟아낸다. 자신들이 잘못 본 방향성을 감추기 위해, 다양한 칭찬과 긍정적인 분석 결과를 통해 이목을 돌리려 하기 때문이다.

상황을 냉철히 분석하고, 자기 기업에 대한 겸손함이 필요하고 근거 없는 자신감, 우월감, 자만심을 늘 경계해야 하는 이유가 바로 이것이다.

산업 발전의 패턴: S, L, 뒤집어진 U

전략을 수립할 때 장기적으로 잘 바뀌지 않은 추세(이를 메가트렌드라고도 함)를 이해하는 것이 중요하다. 메가트렌드 중 하나는 1인당 국민소득 대비 특정 산업 또는 제품에 대한 수요가 나라 간의 차이는 있지만 상당 부분 비슷하게 따라간다는 점이다.

횡축을 1인당 국민소득으로 잡고 종축을 전체 국민소득에서 특정 산업이 차지하는 비중 또는 1인당 소비량으로 잡으면 대다수의 산업이 S, L, 또는 뒤집어진 U자의 커브를 보여 준다.

우측 상단의 그림은 대표적인 L 커브이다. 횡축은 1인당 국민소득이고 종축은 전체 산업에서 리테일 산업이 차지하는 비중을 보여 준다. 농업, 임업, 축산업 등 1차 산업의 비중도 비슷한 모습을 보인다.

우측 하단의 그림은 대표적인 뒤집어진 U 커브이다. 횡축은 1인당 국민소득이고 종축은 전체 산업에서 근대식 리테일 산업이 차지하는 비중을 보여 준다. 건설업도 비슷한 모습을 보인다.

　　　　　　　　　　　　　　답을 내야 진짜 리더다

Retail[1] share of Gross Domestic Product vs Gross Domestic Product per capita

(in US$ PPP, 2013)

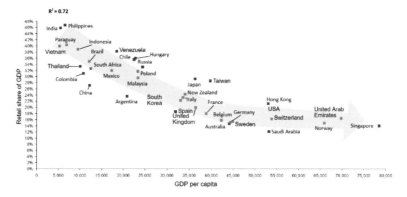

1. Nationwide total sales from all retail outlets and B2C ecommerce, including warehouse clubs. The total market includes retailers operating in both modern and traditional channels. It excludes wholesale operations and all non-retail business such as restaurants, financial services and travel services. This data includes VAT. Source: Planet Retail, EIU

Modern Retail[1] share of Gross Domestic Product vs Gross Domestic Product per capita

(in US$ PPP, 2013)

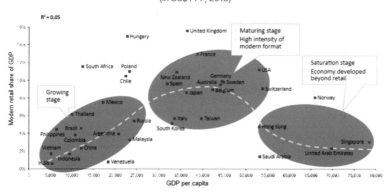

1. Sales of retail products based on Planet Retail's coverage of the top 900 players globally (modern channel). This data includes VAT. Source: Planet Retail, EIU

다음은 대표적인 S 커브이다. 횡축은 1인당 국민소득이고 종축은 인구 1,000명당 개인용 차량의 타이어 소비량이다(자료는 2017년). 금융 산업의 비중도 비슷한 모습을 보인다.

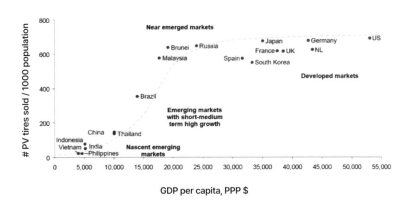

출처: EIU, Analyst Reports: World Bank

필자가 분석해 본 산업은 대부분 이 세 가지 유형에 속했다. 다른 유형이 있을 수도 있다. 요는 내가 속한 산업이 성장 전 저속 성장기인지, 막 성장하기 시작하는 단계인지, 성장이 가속화하는 단계인지, 성숙해지는 단계인지, 아니면 앞으로 그 산업 전체가 점차 줄어드는 단계인지를 아는 것이 중요하다. 과거의 추세선이 미래의 추세선을 단정하기 어렵다.

답을 내야 진짜 리더다

왜 기업가는
공상 과학 영화를 보아야 하는가

어느 대기업에서 과거 데이터를 가지고 누가 미래를 잘 예측하는지를 분석해 본 적이 있다. 수많은 경제학자, 미래학자, 그리고 광범위한 직업군을 대상으로 데이터를 모아 분석해 보았다. 통계적으로는 영화감독이 가장 미래를 잘 예측한 것으로 나왔다.

경제학자는 거시경제 지표 데이터를 기반으로 미래 경제의 추세를 예측한다. 다수의 경제이론과 객관적 데이터를 가지고 분석을 하는 것이기에 어느 정도는 과학적 기반이 있다고 할 수 있겠다. 매년 다수의 국제기구, 투자은행, 증권사에서 나라별 경제성장률, 1인당 국민소득 예측치를 발표한다. 다만 이러한 예측치는 경제 분야에만 한정되고 금융위기와 같은 외부의 불확실한 변수를 감안하기 힘들며, 인간의 행동, 선호도, 문화적 변화나 생활상을 예측하는 데는 한계가 있다.

미래학자의 경우 다양한 분야의 지식을 총합하여 미래 사회를 상상하고 예측한다. 경제학, 경영학, 사회학, 심리학, 자연과학, 공학 등 다양한 배경을 가진 미래학자들이 학제 간 연구를 포함하여 미래를 예측한다. 일부 유명한 사람들이 있지만 많은 경우 그 예측이 맞기도 틀리기도 하다. 아직 학문의 영역으로 인정되지는 않는 듯하다.

영화감독의 경우(작가 포함) 상상력과 창의력을 통해 미래를 그린다. 미래를 예측하기 위함이 아니라 예술적 표현의 일부로서 하나의 미래 시나리오를 제시하는 것이다. 이러한 영화의 상상력이 우리에게 의식적·무의식적인 영향을 미치고 많은 이에게 영감을 준다. 허구에 기반을 둔 것이지만 이러한 영감이 누군가에게는 꿈이 되어 실제로 무언가를 만들고 창조하는 데 영향을 미칠 수 있는 것이다.

몇 가지 사례를 들어 보자.

- 1966년 〈스타트렉〉에 등장했던 3D 프린팅과 웨어러블 기기 등이 이제는 현실화되었다. 스마트 워치, 스마트 밴드 등의 웨어러블 기기는 우리의 운동이나 건강 활동을 기록하는 데 사용되고 있다.
- 1968년 〈스페이스 오디세이〉에 등장했던 화상통화는 이제 우리의 일상에서 활용되고 있다. 스마트폰, 줌 등 다양한 형태로 사용되고 있다.
- 1977년 〈스타워즈〉에 등장했던 드론은 현실화되어 촬영, 군사, 농업, 레저, 배송 등 다양한 분야에서 활용되고 있다.
- 1984년 〈터미네이터〉에 등장했던 인공지능 스카이넷은 이제 일부 기능이 현실화되었다. 의료, 금융, 제조업 등 여러 분야에서 사용되고 있으며 읽고, 쓰고, 말하고, 그림 그리고, 작곡하고, 코딩하

는 수준까지 도달했다.

- 1999년 〈매트릭스〉에서 등장했던 가상현실은 현재 게임, 엔터테인먼트, 교육 등 다양한 분야에서 활용되고 있다.
- 2002년 〈마이너리티 리포트〉에 등장했던 자율주행 기술은 어느 정도 현실화되었고 테스트 중이며 머지않은 미래에 상용화될 것으로 기대된다.
- 2013년 〈Her〉에서 처음 등장한 인공지능 비서는 스마트폰의 인공지능 비서, 콜센터의 인공지능 대체 등으로 현실화되었다.

인간의 두뇌와 컴퓨터 간의 인터페이스는 다양한 영화에서 암시되거나 직접적으로 묘사되었다. 그리고 이제 현실에서 일부 실현되었다.

- 1968년 〈2001: 스페이스 오디세이〉에서는 우주인이 헬멧을 착용하고 생각을 통해 우주선을 조정하는 모습을 보여 주었다.
- 1982년 〈트론〉에서는 뇌가 가상현실 세계의 컴퓨터와 연결되어 프로그램을 조작하는 모습을 보여 주었다.
- 1995년 〈가상현실〉, 1999년 〈매트릭스〉, 2002년 〈마이너리티 리포트〉에서 뇌파를 통해 다양한 조종이나 조작을 하는 모습이 등장했다.
- 2014년 〈Lucy〉, 2017년 〈공각기동대〉에서는 두뇌와 컴퓨터 간 인터페이스를 보여 주었다.

〈마이너리티 리포트〉는 많은 영감을 준 영화이고 실제로 전자기기 제조사들이 실현한 내용이 많다.

- 터치스크린 인터페이스: 이 영화에 등장한 터치스크린 인터페이스
는 이제 스마트폰, 태블릿, 항공기 및 자동차 내부의 스크린 등 다
양한 기기에서 사용되고 있다.
- 홍채 인식: 이 영화에 등장한 홍채 인식 기술은 스마트폰과 보안
시스템 등에 활용되고 있다.
- 드론: 이 영화에서 등장한 드론은 현실화되어 촬영, 군사, 농업, 레
저, 배송 등에 사용되고 있다.
- 개인 맞춤형 광고: 이 영화에서 등장한 개인 맞춤형 광고는 현재 인
터넷 광고, 스마트폰 광고, 메신저를 통한 광고 등에 활용되고 있다.

우리가 지금 성장하는 시장에 있는 이유와
겸손해야 하는 이유

'뭔가 쌈박한 신사업 어디 없나' 부분에서 다음과 같은 내용을 논의했다. 산업군 자체가 설명할 수 있는 성장성은 약 2%에 불과하다. 하지만 소분류 산업, 존재하는 대륙, 그리고 대상 고객 세그먼트를 포함하면 성장성의 70% 가까이 설명할 수 있다. 즉, 성장의 내가 어떠한 산업에서, 어떤 대륙에서, 어떤 고객 세그먼트를 대상으로 사업을 하느냐에 따라 성장의 70% 정도는 설명이 가능하다는 것이다.

대다수의 대기업은 우리가 속한 소분류 산업, 대륙 그리고 집중 공략할 고객 세그먼트를 현재의 경영진이 정한 것이 없다. 어느 컨설팅사의 내부 연구에 따르면, 오늘날 기업의 성과는 성장하는 소분류 산업/나라로 40%, 설명할 수 없는 요인이 50%, 그리고 나머지 10%가 현 경영진이 노력한 결과로 분석되었다.

사실 우리(개인, 기업, 국가)가 가지고 있는 대부분은 우리가 내리지 않은 결정의 결과이다. 많은 것이 주어졌거나 선대의 경영진이 내린 의사결정의 결과이다. 내가 내린 결정은 극히 일부분에만 영향을 미친다. 기업의 경우 망가뜨리는 것은 크게 영향을 미칠 수 있으나 좋아지는 것은 한방의 의사결정이 아니라 꾸준히 누적된 결과일 가능성이 더 크다.

내가 태어난 나라, 연도, 가족, 사회계층, 태어난 장소 등등은 내가 정한 것이 아니지만 상당 부분 개개인의 삶에 영향을 미친다. 기업이 속한 나라, 산업 등도 대기업의 경우 내가 내린 결정이라기보다는 선대의 경영진이 내린 결정이 대부분이다. 기업이 속한 나라의 거시경제적 환경, 세계 경제의 상황, 중국의 정치 상황 변화에 따른 기업의 어려움, COVID-19와 같은 세계적인 사태 등등도 내가 내린 결정이 아니다.

우리는 잘될 때 나의 노력을 부각하고 싶고 안 될 때 외부 변수를 부각하고 싶어 한다. 잘될 때 과연 어디까지가 우리가 내린 결정의 결과인지를 잘 파악해야 한다. 지금 성과를 잘 내고 있는 지점장은 그 지점을 처음 설립하고 초기 고객을 모집하고 그 지점 주변에 고객층의 인구와 소득의 변화를 만들어 낸 장본인이 아닐 가능성이 크다. 잘하는 지점장, 못하는 지점장의 성과를 측정할 때 지점 환경의 변수를 통계적으로 분석하여 어떤 부분이 환경의 요인이고 어떤 부분이 지점장의 역량인지 분석해야 한다. 그래야 환경이 잘못된 곳에 있는 지점을 폐쇄 또는 이전할 수 있고 진정한 성과 기여자를 잘 찾아낼 수 있다. 이러한 분석이 미진하면 특정 지역에 지점장으로 가기 위한 정치적 압력과 내부 갈등이 심해질 수 있다.

우리는 새로운 기술이 가져올 단기 변화를
과대평가하고 장기 변화를 과소평가한다

디지털 기술은 기하급수적으로 발전한다. 이를 설명하기 위해 여기에 큰 방이 하나 있다고 가정해 보자. 이 방에 보이지 않을 정도로 아주 작은 물방울 하나가 떨어졌고, 이 물방울이 매일 두 배로 늘어난다고 상상해 보자. 처음 며칠간은 아무런 변화를 느낄 수 없을 것이다. 첫 물방울이 너무 작아서, 매일 두 배로 커진다고 해도 1~2주간은 눈에 띄는 변화가 없기 때문이다. 하지만 물이 방을 가득 채우는 날이 가까워질수록 상황은 급격히 달라진다. 물이 방을 완전히 채우기 하루 전날에는 방의 절반이 물로 가득 차 있을 것이고, 그 전날에는 1/4, 또 그 전날에는 1/8 정도가 채워졌을 것이다.

디지털 기술이 새로운 변화를 불러올 때, 우리는 처음에는 과대평가하는 경향이 있다. 새로운 기술이 등장하면 여러 가지 상상과 기대감 속에서 그 기술이 가져올 영향을 과장되게 생각하게 된다. 그러나 첫 몇

달, 몇 해 동안은 위에서 언급한 물방울이 떨어진 첫 몇 주처럼 눈에 띄는 변화가 나타나지 않아 실망하기 쉽다. 하지만 시간이 지나면서, 마치 방에 물이 점차 채워지는 것을 느끼듯 장기적으로는 큰 변화를 경험하게 된다.

인터넷이 처음 등장했을 때 많은 기대감이 있었다. 이를 통해 인터넷이 상용화되고 널리 보급된 1998년에 미국에서 닷컴 붐이 일어났다. 하지만 1999년 최고점을 찍고 2000년에는 폭락하며 닷컴 버블 붕괴라는 사태가 발생한다. 오늘날에는 이커머스가 없는 리테일 시장을 상상하기 어렵고, 인터넷 없이 정보를 찾거나 화상회의를 하는 것을 가정하지 않는다.

핸드폰이 처음 등장했을 때 우리는 통화만 이동 중에 가능하다고 생각했다. 2G가 나오면서 단문 문자 메시지를 전송할 수 있게 되었고, 3G가 나온 이후 위치 기반 서비스가 연결되기 시작했다. 특히 스마트폰이 등장하면서 그전에는 불가능했던 우버(Uber), 그랩(Grab), 에어비앤비(Airbnb) 등 새로운 유형의 사업 모델이 세상에 탄생했다.

1940년 앨런 튜링(Alan Turing)은 인간과 기계를 구분할 수 없는 상태를 기준으로 기계가 지능을 가졌다고 판단하는 '튜링 테스트(Turing Test)'를 만들었다. 그 후 1955년 다트머스대학교에서 인공지능 연구 회의가 개최되면서 인공지능이 처음으로 공식적으로 연구되기 시작했다. 그러나 당시에는 컴퓨터의 연산 능력, 데이터 저장 능력에 들어가는 비용이 너무 높아서 실질적인 인공지능의 현실화는 더디게 진행되었다. 그래도 그동안 수많은 연구는 계속 진행되고 있었다.

1960년대 기호주의 인공지능이 발전하여 자연어 처리에 발전이 있었고, 1970년대 전문가 시스템의 개발로 특정 분야에서 전문가 수준의 지식의 활용이 가능해지기 시작했다. 1980년대에는 인간의 죄를 모방하는 신경망 연구가 활발히 진행되었다. 1990년대에 들어 딥 러닝을 통한 이미지 및 음성 인식과 자연어 처리 분야에서 큰 진전을 이루기 시작했고, 2000년대의 인터넷과 빅데이터로 인공지능 발전에 큰 전기가 마련되었다. 2010년 딥러닝을 통해 인공지능의 급격한 발전이 이루어지고, 2020년대에는 2022년 챗GPT가 공개되면서 시작으로 더 다양한 분야 및 현실적인 업무에 적용되기 시작했다. 앞으로 인공지능의 발전은 더더욱 가속화될 전망이다.

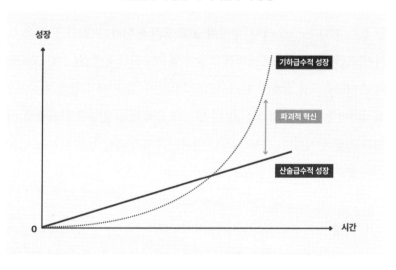

산술급수적 성장 대 기하급수적 성장

이처럼 우리는 새로운 기술이 가져올 단기적인 영향을 과대평가하고 장기적인 영향을 과소평가하는 경향이 있다.

경영전략팀을 운영하려면

다수의 대기업이 경영전략팀을 운영한다. 각 사의 상황에 따라 전략팀 또는 전략 본부가 해야 할 일과 운영 방식은 다를 수 있다. 다음은 필자가 스탠다드차타드 은행에서 그룹의 글로벌 전략 본부장(2007~2009)과 소매금융그룹 글로벌 전략/사업 개발(인수 합병 매각 합작 제휴)/리엔지니어링 본부장(2009~2011) 당시에 수립하고 운영에 적용했던 사명과 운영 원칙이다. 운영 원칙은 일부는 성문화되어 있고 일부는 업무상 관행으로 정해진 것을 정리했다.

1. 사명
1) 그룹 전체의 전략을 명확화하고 이사회와 그룹 경영진이 참여하는 토론의 장을 마련하여 그룹 전략에 대한 합의를 도출한다.
- 전략 품질의 관리
- 인수 합병 매각 전략 수립: 인수 합병 매각 전략은 그룹 사업 포트

답을 내야 진짜 리더다

폴리오 전략에 기반하여 적극적(외부에서 딜이 주어지기를 기다리는 소극적인 태도와 반대되는 태도)이어야 하고 시장에서 보는 시각(Outside-in)을 견지해야 한다.
- 중요 전략 어젠다의 선정과 관리
- 각 사업부와 국가가 이용할 수 있는 단순한 템플릿(template)의 개발과 공유를 통한 전략 언어의 일관성 구축
- 각 사업부와 국가의 세부 전략은 사업부와 국가가 주도하되 그룹 전략 본부가 품질 관리 차원과 일관성을 위해서 지원함
- 중장기 전략은 그룹 경제연구소와 면밀하게 협력함

2) 우선순위 전략 어젠다에 대해 가시적인 성과를 달성한다.
- 어젠다는 이사회 회장, 이사회 전략 담당 이사, 그룹 CEO와 그룹 전략 본부장의 논의로 정한다.
- 자잘하고 분열된 어젠다가 아니라 핵심적인 전략 어젠다 소수에 집중한다.

3) 대규모 딜의 듀 딜리전스(due diligence)를 이끈다.
- 그룹 전략 본부의 전략팀은 주어진 딜을 할지 안 할지를 정한다(전략적 듀 딜리전스).
- M&A 팀은 진행하기로 한 딜에 대해 문제를 해결하고 재무, 운영, 조직, 규제 관련 듀 딜리전스프로세스를 관리한다.
- 양 팀 간의 건전한 견제와 균형이 있어야 한다.

4) 우수 외부 인력을 채용하고 개발하는 외부 인력의 영입 창구로서의 역할을 하여야 한다.

- 컨설팅 회사, 외부 금융기관 등의 외부 인재를 그룹으로 영입하고 안착시키는 플랫폼으로서 역할을 하고 궁극적으로 이러한 인재가 사업부 라인 업무 또는 보다 특화된 전문 업무로 이전하는 기지로 작동한다.

2. 그룹 전략 본부의 운영 원칙

- 전략 본부는 지원 부문으로서 사업 부문이 빛이 나서 그 반사로서 빛이 나야지 스스로를 빛내는 조직이 되어서는 안 된다(We cannot shine ourselves, we get shine as a reflection of line businesses being shined).
- 사업 부문에 도움이 되어야 하며 스스로가 더 똑똑하다고 증명하는 것이 업무가 아니다. 사업부가 도움을 받았다고 느껴야 성공한 것이다.
- 숨어 있는 문제를 끄집어내고 건설적인 갈등과 토론을 위해 논쟁의 장을 만들어야 하지만 항상 사업부가 고객이라는 것을 명심해야 한다. 즉, 존중과 배려가 기초가 되어야 한다.
- 사실과 분석에 기초하여야 한다. 그러나 과도한 분석은 피해야 한다.
- 사업의 외부자로서의 객관적인 시각을 유지하고 올바른 시장과 경쟁자를 검토해야 한다.
- 자잘한 업무가 아니라 핵심적인 업무 소수에 집중해서 돌파하여야 한다.

- 현장의 목소리에 귀 기울여야 하고 실행에 참여해야 한다. 본인이 실행할 수 없는 전략을 사업부에 강요해서는 안 된다.
- 의사결정에 필요한 시간과 정보는 늘 부족하므로 꼭 필요한 정보를 중심으로 결정해야 한다. 단 사업부와의 협의는 인내심을 갖고 해야 한다.
- 사업부 인재를 통해서 일해야지 사업부 인재를 사용해 일하면 안 된다(You need to make things done through the line people, not by the line people).
- 사업부와의 업무 처리를 할 때는 사업부를 고객사로 대해야 한다. 예를 들어, 비서를 통하지 말고 담당 임원이 사업부의 임원에게 또는 그 임원의 비서에게 직접 연락해야 한다. 사업부의 문의 사항에는 가능한 한 즉시 답한다.
- 문제점은 누구나 찾아낼 수 있다. 대안을 제시할 수 없다면 사업부의 전략상 문제점을 지적하지 마라.
- 전략팀, 사업개발팀, 리엔지니어링팀 간에 원활한 의사소통을 해야 한다. 모든 문제점은 논의의 장으로 올려야 한다(월 단위 확대팀 회의에서 또는 필요시 수시로).
- 매달 업무 성과, 주요 문제점, 지원 요청 사항을 최대한 단순한 메모로 작성해 기록하는 습관을 유지한다.
- 미팅이 끝나는 즉시 미팅 기록이 참가한 팀원에게 공유되어야 한다.

제2장 변화 관리

인간의 본성은 변화를 거부한다
이성은 본인과의 전투이다

성공하는 변화 관리,
실패하는 변화 관리

이 장에서는 성공적인 변화 관리를 추진하기 위해 필요한 방법에 대해 알아본다. 성공적인 변화 관리를 추진하기 위해서는 다음과 같은 것들이 필요하다. 첫째, 현 상황과 문제점에 대해 전 조직원이 사실에 근거해서 공통적인 인식을 공유한다. 둘째, 변화의 필요성에 대한 공감대가 형성되어 있다. 셋째, 변화의 방향, 즉 변화된 이후의 모습인 '비전'에 대해 명확한 청사진이 제시되어 있고 조직원들이 그러한 비전을 달성하고자 하는 공유된 열망이 있다. 넷째, 각자가 무엇을 언제까지 어느 정도로 달성해야 할지가 명확하다. 다섯째, 끊임없는 의사소통과 경영진의 리더십이 출중해 직원들이 따르고 싶어 한다. 여섯째, 그 관리 과정에 철두철미한 규율과, 그 결과에 대한 명확한 보상 및 페널티가 있어 원하는 변화를 반드시 이룰 수밖에 없도록 관리해야 한다. 이것이 '변화 관리'다. 이제 이에 대해 구체적으로 살펴보자.

1. 전 조직원이 사실에 근거하여
현 상황과 문제점에 대해 공통적으로 알고 있는가

많은 기업이 현의 상황을 정확한 사실에 근거해 파악하지 못하고 있다. 여기에서 현재 상황이란 내 기업이 또는 나의 사업 부문이 속한 시장의 속성, 시장 규모의 향후 변화, 중요한 대추세의 변경, 중요한 외생변수, 즉 기술의 변경이나 규제의 변경, 고객 성향의 변화, 고객의 진정한 구매 요인, 고객이 바라는 바, 당사의 구체적인 경쟁력 상황, 경쟁사의 동향 등을 포함한다. 또한 내부 조직의 건전성, 공유가치, 조직 내의 역학관계, 애매한 상황에서의 판단 준거, 역량 등이 외부 환경 요인과 얼마나 잘 부합되는지 등이 현상 파악에 포함된다. 덧붙여 자본시장에서의 평가, 주가, 주가 수익률, 상대적인 주가의 변동, 수익성의 변화, 상품/지역/고객 세그먼트별 수익의 변화 추이 등이 사실에 근거해 이해되어야 한다.

예를 들어, 많은 기업이 당면하는 패러다임이 크게 변화하고 있다. 전산 기술의 혁신, 규제의 완화, 개방화 등의 영향으로 전 세계적으로 시장이 통합되어 가고 있으며 이에 따라 경쟁의 범위가 급속도로 늘어 가고 있다. 과거 고성장 시대, 즉 수요가 공급의 초과하던 시대의 성공 공식이었던 증설과 시장 점유율의 증대 및 매출의 증대는 공급초과 시장에서는 오히려 기업 가치 파괴를 가속화할 수도 있다. 급변하는 외부 환경 요인으로 인해 내부 원가 감축보다 외부 리스크 요인 관리가 오히려 기업 생존에 더 큰 영향을 줄 수도 있다. 공급 초과로 인해 고객의 영향력은 더욱 강화되고 있으며, 고객의 상품이나 서비스 선정 기준은 더 이상 밀어내기식 영업으로는 통하지 않는 경우도 많다.

그러나 매출 증대, 점유율 확대 등을 목표로 하는 기업이 아직도 많이 있으며, 정확한 고객 또는 상품별 손익을 이해하지 않고 전반적인 매출 증대를 노력하는 경우도 많다. 또한 자기의 사업부가 회계 기준의 부정확성으로 이익을 내는 것으로 알고 있지만 사실은 기업 가치를 파괴하고 있다는 사실을 모르는 경우도 많다. 더구나 자본시장의 영향력이 지극히 강화되는 현재 국제 금융시장의 논리에 의해 자본 투하의 증대보다는 브랜드력이나 지식을 통한 사업 산출의 경쟁력 강화가 더욱 중요한 경우가 많다.

더 큰 문제는 조직원이 이러한 당면 현실에 관해 공통적인 이해를 갖고 있지 않다는 데 있다. 여기서는 몇 가지 중요한 사항이 있다.

1) 무엇을 바꾸면 안 되는지를 알고 있는가

많은 조직이 변화 관리를 시작하면 바꾸는 데서 출발한다. 물론 많은 부분이 바뀌어야 한다. 유일하게 변화하지 않는 것은 기업을 둘러싼 환경이 항상 변화한다는 것이다. 그러나 바꾸기 전에 우리 조직이 어떠한 역사를 갖고 여기까지 왔으며, 여기까지 오는 데 작용했던 핵심 성공 요인이 무엇이었는지, 그중 특히 조직 문화적인 측면에서 우리 조직의 건전성을 유지 또는 발전시키는 핵심적인 요소들이 무엇인지를 파악해야 한다. 즉, 조직원이 모여서 우리 조직에서 무엇은 결코 바꾸어서는 안 되는지를 토의하고 합의해야 한다.

조심해야 할 것은 정말로 바꾸어서는 안 되는 문화적 핵심 성공 요인이 새로운 시대에 걸림돌이 될 것인지 아닌지를 잘 파악하는 것이다. 어느 한 조직에서 수많은 논의 끝에 찾아낸 요소들은 팀워크, 실행력, 투명성이라는 조직의 문화적 요인이었다. 이에 따라 성과 관리 부분을 설계할 때 개인 성과급보다는 팀별 성과급에 더 역점을 두었고, 조직 통제 시스템을 의심에 기반한 견제와 균형의 논리보다는 신뢰를 바탕으로 하는 현장 권한 위주로 설계했다. 또한 복잡한 전략적 논리보다는 현장에서 쉽게 적용할 수 있으나 근본적인 경쟁력을 향상시킬 수 있는 실행 위주의 대안 개발에 집중하게 되었다. 변화를 시작하기 전 가장 중요한 것은 무엇을 바꾸면 안 되는지를 정확히 이해하는 것이다.

2) 무엇이 가장 중요한 문제이고 무엇을 꼭 바꾸어야 하는지를 알고 있는가

역으로 우리 조직의 어떠한 부분을 꼭 바꾸어야 하는지를 알고 있어야 한다. 이를 위해서는 현상에 공감해야 한다. 즉, 우리가 처한 현실 중에서 우리에게 가장 중요한 당면 위협과 과제는 무엇인지, 그리고 중장기적인 생존을 위해 고민해야 할 가장 중요한 이슈가 무엇인지를 사실에 근거해 이해해야 한다. 많은 경우 우리 기업 또는 우리 사업부의 가장 중요한 3대 과제와 꼭 바꾸어야 하는 3대 조직 문화에 공감하지 않고 있었다.

3) 경영진과 현장 직원들이 공통의 이해를 갖고 있는가

기업의 상황에 따라서 경영진이 직원들에게 전부 다 공개하기 힘든 부분이 있다. 그렇다고 치더라도 기업의 근본적인 경쟁 상황에서 대외비가 아닌 경우를 제외하고는 가능한 한 많이 공유하는 것이 중요하다. 현상에 대한 이해가 정확히 공유되지 않은 상황에서 변화를 추진하면, 변화의 필요성에 대한 이해 부족으로 나중에 현장에서 실행에 옮길 때 공감대를 형성하기가 어려워진다. 즉, 변화 초기에 바뀌라고 강요하는 것이 아니라 왜 바뀌어야 하는가에 관해 철저히 소통하며 전 조직원이 함께 고민하고 풀어 나갈 수 있는 토양을 형성하는 것이 중요하다. 아무리 우수하고 강력한 변화 추진 지휘부라도 전 조직원이 합심해 고민하는 것보다 우수한 변화를 만들어 낼 수는 없을 것이다.

현재 상황에 대한 공통적 이해를 위해서는 다음을 고려해 볼 만하다.

> "환경에 대해 민감해야 한다. 위기는 내가 제일이라고 생각할 때 찾아온다. 발전이 없는 현재는 자만심이 찬 퇴보이기 때문이다."
>
> 이건희

타잔은 현재 잡고 있는 밧줄을 계속 붙잡고 있으면 앞으로 나아가지 못한다. 현재의 밧줄을 놓고, 떨어질지도 모르는 위험을 무릅쓰고 다음 밧줄을 잡아야 앞으로 나아갈 수 있다. 기업도 마찬가지다. 계속 생존하고 번영하는 기업은 한 가지 성공에 매달리지 않고 끊임없이 새로운 사업 모델을 찾아 위험을 감수하고 다음 단계로 나간다. 너무 오래 한 가지 성공 모델에 매달리면 언젠가는 퇴보하게 된다.

조직원들 그리고 임원진에게 현재 우리 기업의 가장 근본적인 문제점 세 가지를 적도록 한 뒤, 다음 두 가지 문제를 고민해 보아야 한다.

- 그것이 과연 일관성이 있을까?
- 그리고 그것이 정말 진정한 문제점인가?

현상에 대해 겸허하고 겸손하게 받아들이고 문제점을 있는 그대로 철저하게 직시하기 위해서는, 현재 상황의 문제뿐만이 아니라 거시적인 측면, 즉 경제 발전 단계 또는 1인당 국민 소득 수준에 따른 업계 전체의 성과 방향, 해외 사례, 규제/기술/고객 선호도의 변화 및 변화 가능성에 대한 통찰이 있어야 한다.

> "미래의 리더는 공부하는 시간을 많이 확보해야 한다. 불필요한 시간을 낭비해서는 안 된다. 시간 확보가 관건인데 회사에서 CEO가 굳이 챙기지 않아도 될 일을 챙기는 것만큼 어리석은 일은 없다. 24시간이라는 시간표 안에 미래가 들어올 수 있도록 시간을 비워 놓아야 한다."
>
> 황주홍, 건국대 교수

> "격변의 시대에 필요한 것은 예측 능력이다. 10분 뒤와 10년 뒤를 동시에 생각하라."
>
> 피터 드러커

문제점을 파악하는 것보다 더 중요한 것은, 이러한 문제점을 여과 없이, 그리고 불필요한 낙관 없이 조직과 공유하며 변화의 필요성에 대한 공감대를 형성하는 것이다. 대다수의 사람은 본능적으로 변화를 싫어한다. 하지만 위기는 변화를 위한 기회를 준다. 예를 들어, 대규모 합병을 하면 모든 조직원이 좋든 싫든 어쨌든 변화를 겪어야 한다. 이때 새로운 방향으로 발전할 방안을 명확히 제시하지 못하면 조직은 한 단계 도약할 기회를 놓치게 된다. 그 결과 조직은 내부의 적들, 즉 합병된 두 조직 간의 알력 다툼에 정열과 에너지를 낭비하고 서서히 소멸하는 방향으로 고착되기 쉽다.

마찬가지로 대규모 외부 변수에 의한 위기 상황, 예를 들면 금융위기, 9·11사태, 환율 급변, 유가 폭등에 의한 위기 상황은 대부분 갑작스러운 것이며, 모두에게 어려움으로 닥친 문제이기 때문에 잘만 활용한다면 충분히 도약의 기회로 삼을 수 있다. 그러나 위기를 잘못 활용하거나 단순히 위기 상황 대처에만 급급하다면, 혁신과 변화를 개척해 나가는 경쟁자에 비해 뒤처지는 최악의 상황에 이를 수도 있다.

갑작스러운 위기 상황이 발생하면 오히려 혁신이나 변화 관리가 더 수월하다. 가장 어려운 위기는 조직이 제대로 인식하지 못하는 상태에서 서서히 찾아오는 위기이다. 조직원들이 점진적으로 적응하며, 소소한 변화만으로도 대응할 수 있다고 착각하기 때문이다.

"결국 살아남는 종은 강인한 종도 아니고, 지적 능력이 뛰어난 종도 아니다. 종국에 살아남는 것은 변화에 가장 잘 대응하는 종이다."

윤종용, 전 삼성전자 부회장

"변화를 두려워하고 현재 상황을 유지하려는 사람들은 가장 위험한 내부의 적이다. 그리고 비즈니스 환경의 일시적인 개선은 가장 위험한 외부의 적이다. 경제가 조금 호전되고 주식시장이 가열되면 대부분의 사람은 긴장을 풀고 싶은 유혹을 느낀다."

마이클 해머

"계속적인 안정은 역사에서 예외적인 사건일 뿐이다."

피터 드러커

2. 변화의 필요성에 대한 공감대 형성

어떻게 변화의 공감대를 형성할 것인가? 여기에 묘수는 없다. 다만 몇 가지 중요한 원칙들은 있다.

1) 조직원 변화의 공감대는 경영진에 대한 신뢰도에 기초한다.

무엇인가 바뀌고자 할 때 조직원은 바꾸는 내용 그 자체보다 변화를 주도하는 자가 누구인가를 더 중요하게 생각한다. 경영진의 대부분이 조직원의 신뢰를 받고 있다면, 즉 대부분의 조직원이 현재 우리 경영진이 경영진이어야 한다고 느낀다면, 변화를 추진할 수 있는 최소의 공감대가 있다고 할 수 있다. 그러나 대부분의 조직원이 현재의 경영진을 못마땅하게 생각하거나 신뢰하지 못한다면 변화의 공감대 형성은 대단히 어렵다. 따라서 최고 경영자는 변화를 시작하기 전에 조직원으로부터 경영진의 신뢰도 수준을 알아야 하며 문제가 있을 때는 적절히 조처해야 한다. 또한 그동안 경영진이 잘못한 부분이 있다면, 이는 솔직하고 공개적으로 조직원에게 사과해야 한다. 예를 들어, 납품처 중에 특수관계인이 있고 이러한 특수관계인이 시장에서는 그다지 경쟁력이 없으나 경영진의 압력으로 납품 관계가 유지되고 있다면 이를 사과하고 정리해야 한다.

2) 경영진의 솔선수범이 있어야 변화를 추진할 만한 기초가 형성된다.

조직원의 변화 수준은 경영진의 변화 수준을 넘지 못하며, 조직원의 고객에 대한 서비스 수준은 조직원이 조직 내에서 받은 인정과 신뢰의 수준을 넘지 못한다. 경영진 본인도 자신에게 직접 보고하는 사람들에게서 무기명으로 "내게서 개선의 여지가 가장 큰 부분이 있다면 말해 달라. 어떻게 바꾸면 좋겠는가?"를 물어 이를 실천으로 옮겨 주어야 한다. 조직원이 바라는 경영진의 행동 변화가 가시적으로 보일 때 비로소 조직원들이 '이번에는 무언가 다르다.'는 생각을 갖게 된다. 여기에서 핵심은 강요하는 변화가 아니라 자발적으로 따라오는 변화다.

예를 들어, 어느 은행장이 조직원들이 고객들에게 친절하게 인사하지 않는다고 불평하면서 이를 개선할 수 있는 획기적인 프로그램을 원했다. 이에 대해 필자는 약 6개월 내지 1년 정도 매일 아침 전 임원진이 가장 먼저 출근해서 화장실을 청소하고 조직원들이 출근하는 입구에 서서 정말로 친절하고 활기차게 인사를 하면 아마도 전 직원의 고객 친절도가 급속도로 좋아질 것이라고 답했다. 친절해지라고 소리쳐 보아야 바뀌지 않는다. 고객 만족도를 CS(Customer Satisfaction) 지수로 측정하고 모니터 요원을 배치해 점수화한 뒤 인사고과에 포함시키는 것은 처벌에 의한 관리에 속한다. 이러한 방식은 그 처벌이 일상화되거나 예외가 생기면 다시 효력을 상실한다.

또 다른 예로 전국에 영업소를 갖춘 한 기업의 영업장이 깨끗이 관리되지 않으며 새로 도입된 CRM(Customer Relationship Management: 평생 고객 관리) 시스템이 잘 사용되지 않았던 경우가 있다. 이 경우에도 본부에서 공문을 띄워 영업장을 깨끗이 관리하고 CRM을 적극적으로 활용해야 하며 이를 점수화해 고과에 반영하는 것보다 영업장 관리 담당 임원이 전국의 영업소를 불시에 방문해 지저분한 유리창을 직접 걸레로 닦고 정리가 안 된 창고를 조용히 치우고 다니면 빠른 시간 내에 정리되고 깨끗해진다. 또한 영업 담당 임원 본인이 매일 CRM 시스템을 확인하고 현장에 나가 영업소장이 CRM 시스템을 얼마나 쓰고 있는지 보는 앞에서 시현하라고 하고 임원 스스로 시범을 보이면, 어떠한 고과 제도보다 빨리 현장이 변화한다. 이때 방문하는 임원이 좋은 곳에서 점심 대접을 받거나 영업소장을 영업소 직원 보는 앞에서 혼내는 것은 금물이다. 영업소 직원에게는 항상 노고에 감사한다고 말하고 노력을 치하해 주어야 현장 직원이 영업점 방문을 환영하게 된다.

3) 경영진의 일관된 자세가 중요하다.

이처럼 신뢰도의 기반을 형성하고 솔선수범하더라도 중간에 멈추면 안 하는 것만 못하다. 직원들은 이 경우 냉소적으로 '역시 이번에도 그럴 줄 알았어.'라고 생각하고 이번 변화의 파고가 지나갈 때까지 잘 엎드려 지내자고 결심하게 된다. 지독히 일관적으로 행동하면 조직원들이 '이번엔 정말 무언가 다르다. 이번에는 정말 무언가 바꾸려나 보다.' 하고 스스로 따라올 마음이 생기는 것이다. 일관된 행동이 중요하다. 변화 관리는 1~2년 이내에 끝나는 것이 아니라 사고방식, 행동 습관 등이 바뀌어 생활의 일부가 되어야만 완성되는 장기간의 노력이므로, 특히 이 기간 내내 경영진 또한 일관된 자세를 고수해 스스로 행동을 습관화하는 것이 중요하다.

4) 경영진의 일관된 커뮤니케이션이 중요하다.

변화의 과정에서는 다양한 커뮤니케이션이 필요하다. 특히 왜 바꾸어야 하는지, 무엇을 어떻게 바꾸어야 하는지, 바뀌고 나면 어떻게 되는지를 항상 전달하지 않으면 늘 조직 내에는 불안과 혼란이 온다. 모든 경영진이 나서서 커뮤니케이션해야 하며 간단하고 이해하기 쉬운 내용을 앵무새처럼 반복적으로 전달해야 한다. 그리고 공식적인 커뮤니케이션보다 비공식적 커뮤니케이션이 더 효과적인 경우가 많다. 특히 대면 접촉을 통한 논의가 중요하다. 덧붙여 일관성이 중요하다. 즉, '나는 이 변화를 반대했는데 위에서 시키니까 할 수 없이 한다.'는 식의 커뮤니케이션은 당장은 조직원의 인기를 받을 수 있지만 조직의 조화를 깨고 결국 변화를 실패로 이끄는 지름길이다. 이러한 커뮤니케이션을 하는 임원은 없는지 파악하는 것은 최고 경영자의 중요한 임무 중 하나이다.

5) 모든 경영진이 변화의 전도사가 되어야 한다.

신뢰도의 증진, 솔선수범, 지속적이고 일관된 커뮤니케이션의 요구는 결국 모든 경영진이 '변화에 미친 사람'처럼 전도사가 될 것을 요구한다. 개개의 경영진이 변화에 대한 확고한 신념으로 전 조직원을 설득하고 이끌어 갈 수 있는 변화의 전도사가 되지 않으면 변화가 어렵다. 임원진의 확신이 있어도 변화가 될까 말까인데 스스로 확신이 없다면 어떻게 조직원들에게 확신을 심어 줄 것인가?

여기서 중요한 원칙은 시간이 지나도 확신을 갖지 못하고 변화에 대한 부정적인 시각을 조직에 확대 재생산하는 임원진에 대해서는 조기에 강력히 대처해야 한다는 점이다. 이러한 저항 세력은 초기에는 가시적이지만 시간이 지남에 따라 지능화되어 숨어 버린다. 숨어 있는 적을 상대로 싸우는 것은 더더욱 어려운 일이다. 변화의 장애 요인은 조직에서 제거해야 한다. 다 큰 성인의 개념과 가치관은 쉽게 바뀌지 않기 때문이다. 물론 조기에는 성심을 다하는 설득이 필요하지만 시간이 아무리 지나도 바뀌지 않는 경우라면 변화의 물결에서 배제되어야 한다.

3. 명확한 청사진이 제시되어 있으며,
조직원들이 비전 달성에 대한 열망을 갖고 있는가

조직원이 왜 바뀌어야 하는지를 알았다면 이제는 어디로 바뀌어 갈 것인지를 알아야 한다. 변화된 이후의 모습, 즉, 변화 비전은 간단명료해야 한다. 조직원 누구나 우리가 바뀌고 나면 어떤 모습이 될지를 5분 안에 간단하고 명쾌하게 설명할 수 있을 만큼 비전이 잘 이해되고 전달되고 설득되어야 한다. 또한 변화의 비전은 임원진만이 만드는 것이 아니라, 조직원 전체가 함께 고민하고 참여하는 과정에서 만들어져야 한다. 변화 비전에는 전반적인 조직의 비전, 공유 가치, 그리고 전략적 요소가 포함되어야 한다. 예를 들어, 어떤 상품, 지역, 고객을 대상으로 사업을 전개할 것인지, 고객에게 어떤 가치를 제공할 것인지 등이 명확히 드러나야 한다. 또한, 재무적인 목표와 길러야 할 핵심 역량, 나아가 변화해야 할 부분과 변하지 말아야 할 부분까지도 충분히 반영되어야 한다.

기업의 진정한 가치는 그 기업이 사라졌을 때 사람들이 느끼는 고통의 정도에 달려 있다. 가치 없는 기업은 사라져도 아무도 애석해하지 않는다. 반대로 사람들이 애석하게 여기는 그 지점이 고객에 대한 소구점(value proposition)이고, 이를 달성해 고객들이 행복하게 되는 세상, 그것이 바로 비전이다.

직원들이 리더의 비전과 방향에 몰입하려면, 리더 본인의 열정과 영혼이 그 비전에 담겨 있어야 한다. 진정성이 없는 비전은 단순한 구호에 불과하며, 현실과 동떨어진 비전은 달성할 수 없는 꿈일 뿐이다. 누구나 변화된 후의 모습을 쉽게 그릴 수 있도록 비전은 간단하고 명료하며 생생하게 묘사되어야 한다.

변화에 대한 필요성과 변화의 공감대가 형성되어야 한다. 이를 위해 건전한 긴장감이 조성되어 있어야 하며, 리더는 대의명분과 열정적 확신을 조직원들에게 확산할 수 있어야 한다.

> "세계에서 가장 존경받는 기업의 가장 존경받는 경영자로 선정된 리더십의 비결은 딱 한 가지입니다. 나는 내가 어디로 가는지 알고 있고, GE의 전 구성원은 내가 어디로 가는지 알고 있습니다."
>
> 잭 웰치, 전 GE 회장

> "만일 당신이 배를 만들고 싶다면, 사람들을 불러 모아 목재를 가져오게 하고 일을 지시하고 일감을 나눠 주는 등의 일을 하지 마라! 대신 그들에게 저 넓고 끝없는 바다에 대한 동경심을 키워 줘라."
>
> 생텍쥐페리, 프랑스 소설가

> "위대한 기업을 세우고자 한다면 위대한 꿈을 가질 용기가 있어야 한다. 작은 꿈을 꾼다면, 어떤 작은 것을 이루는 데는 성공할 것이다. 손만 뻗으면 붙잡을 수 있는 꿈이 무슨 가치가 있겠는가? 나는 작은 꿈 대신 큰 꿈을 꾸었다."
>
> 하워드 슐츠, 전 스타벅스 회장

"꿈을 추구할 용기만 있으면 모든 꿈은 반드시 이루어진다"

월트 디즈니

"사람들은 감동적인 일을 성취하는 데 동참하는 것을 좋아한다."

제임스 쿠제스, 배리 포스너

"직원들은 보스를 따르는 것이 아니라 보스가 제시하는 대의명분을 따른다. 목적지에 도달하는 성공을 할 수 있다는 확신을 심어 주어야 한다."

신현만, 『보스가 된다는 것』

4. 개인이 무엇을 언제까지 어느 정도로 달성해야 하는지 명확히 알고 있는가

이것이 가장 어렵고 핵심적인 부분이다. 왜 바뀌어야 하는지에 대한 현상 분석과 공감대의 형성, 그리고 변화 이후의 비전 등은 사실 분석과 객관성, 그리고 조직의 체계적인 고민과 토론으로 끌어낼 수 있다. 하지만 바뀌고자 하는 모습에 필요한 구성 내용과 활동을 정의하고, 이를 구체적인 활동과 실행할 수 있는 내용으로 전환하는 작업은 상당한 지식과 경험을 요구한다.

일정 시기 이후에 어떠한 모습이 되고자 한다면, 이를 위해 어떠한 구체적인 활동들을 어떠한 순서로 실행할 것인지가 중요하다. 특히 조직이 감내할 수 있는 변화의 속도는 매우 어려운 문제다. 변화가 너무 느리면 습관적 관성을 타파하기 어렵고, 너무 빠르고 많은 변화는 조직을 지치게 한다. 속도는 경쟁 상황과 조직의 생존과 번영에 필요한 요건 등을 종합적으로 고려해야 한다. 또한 활동 자체의 정의도 어렵지만 활동 간의 연관 관계, 선후 관계 등 또한 어려운 부분이다. 따라서 개별적으로 어떠한 활동을 해야 하는지, 그리고 활동 간의 선후 연관 관계는 어떠한지, 그리고 이 모든 것을 적정한 속도로 어떻게 순차적으로 전개해야 하는지를 종합해 전체적으로 마스터 플랜화하는 것이 중요하다.

여기에 덧붙여 누가 해야 하는지를 명확히 해야 한다. 책임이 없는 과제는 진행될 수 없기 때문이다. 가장 어려운 부분은 언제까지 어느 정도로 달성해야 하는가의 문제이다. 측정되지 않는 것은 발전하지 않는다. 구체적이고 측정할 수 있고 비교할 수 있으며 행동할 수 있는 지표들이 잘 정의되어야 한다. 과제별로 주요 마일스톤을 정하고 도달해야 하는 수준을 일정 주기별로 구체화해야 한다. 이러한 작업은 그러한 과제를 실행해 본 경험이 없을 때는 구체화하기가 대단히 어렵다.

변화는 왜, 어떤 방향으로 바뀌어야 하며, 누가 무엇을 어느 정도로 해야 하는지만 명확하다고 해서 자동으로 일어나지는 않는다. 누군가가 이를 꾸준히 관리해 주어야 한다. 개인 경기 종목에 참가하는 운동선수가 아무리 자신이 무엇을 해야 하는지 잘 알고 있고 열심히 노력하더라도 나태해질 가능성이 있기 때문에 감독과 코치가 필요하다. 이와 마찬가지로 조직에도 대부분 변화의 과정에서 PMO(Project Management Office)란 것을 설치한다. 이는 감시자와 지원자의 역할을 동시에 수행하는 최고 경영자 직속 조직이다. PMO는 가장 능력 있고 인간관계가 훌륭하며 평판이 좋은 중간관리자로 구성되고, 가장 역량 있는 임원의 지도하에 운영된다.

이 조직은 모든 변화 관리 개개의 과제들이 마스터 플랜에 따라 제시간 내에 제대로 된 품질의 활동으로 진행되고 있는지 주기적으로(예를 들어, 1주 또는 2주 단위) 점검하고, 진척도는 어느 정도인지, 진행상의 문제가 무엇이며 어떻게 조처해 주어야 하는지, 추가적인 자원이나 노력이 필요하다면 어떻게 보완되어야 하는지, 과제 간 연관 관계나 상충 관계는 어떻게 조정해야 하는지를 관리한다.

또한 중간 과정상 조직원들이 가장 힘들어하는 부분을 적절히 조처하고, 중간중간 사기나 동기 유발을 위한 이벤트나 포상, 최고 경영진의 격려, 조직 내의 잡음 발생 시의 대처, 조직원의 이해도를 높이기 위한 종합적인 커뮤니케이션의 관리 등을 담당한다. 물론 조직원의 건의 사항이나 지적 사항 등도 이 조직을 통해 끊임없이 취합되고 반영되어야 한다.

문제에 대한 답은 내부 논쟁에서 나오는 것이 아니라 현장, 고객, 경쟁사로부터 나온다. 그리고 가장 나쁜 결정은 아무 결정도 내리지 않는 것이고, 그다음으로 나쁜 것은 결정을 느릿느릿 내리는 것이다.

현장을 잘 알고 문제를 정확히 이해하려면 대부분의 시간을 수익, 비용, 문제가 발생하는 곳에서 보내야 한다. 가끔 현장에 대한 이해를 세세한 정보를 많이 아는 것으로 착각하는 경우가 있다. 어떠한 리더도 조직 구성원이 알고 있는 모든 것을 다 알 수 없다. 설령 방대한 지식을 가지고 있더라도, 리더가 모든 것을 아는 척하면 직원들은 더 이상 배우고자 하거나 노력하려 하지 않는다. 리더가 가져야 할 것은 고공 3만 피트에서의 큰 그림과 필요한 경우 지상 3센티미터의 구체적 수준까지 빠르게 파고들 수 있는 유연성이다. 세밀함이 아니라 문제 해결에 필요한 깊이를 갖추어야 한다. 시시콜콜한 것을 알더라도 문제의 근본적인 원인을 파고들지 않으면 피상적인 세밀함만 알다가 끝난다.

답을 내야 진짜 리더다

문제의 근본 원인이 파악되고 미래에 대한 리더의 혜안이 합쳐지고 조직원들의 지혜가 모이면 실행해야 할 항목들이 모일 것이다. 꼭 해야 할 일과 반드시 하지 않아야 할 일, 지금 하는 일 중에 그만두어야 할 일, 앞으로 고려해야 할 일을 잘 구분해야 한다. 대부분의 실패는 너무 적은 항목을 실행해서라기보다 너무 많은 일을 한꺼번에 하려고 해서 발생한다. 많아야 3~5개의 굵직한 항목에만 집중해 철저히 실행될 때까지 전력을 분산해서는 안 된다.

또 다른 실패의 원인은 너무 적게 바꾸려는 태도다. 변화를 너무 천천히, 조심스럽게, 조금씩만 시도하다 보면 결국 아무것도 바뀌지 않는다. 변화는 과감하게, 속도는 빠르게 추진해야 한다. 다만, 변화의 대상은 동시다발적으로 너무 많은 것이 아니라, 일점 돌파가 가능한 항목으로 선정해야 한다는 점이 중요하다. 그러나 작은 성공 체험을 조기에 제공하는 것 또한 매우 중요하다. 성공이 너무 멀고 어렵게 느껴지거나, 비전이 현실과 너무 동떨어져 있을 때, 혁신은 저항에 부딪혀 좌초되는 경우가 많다.

> "속도를 숭배하라."
>
> 칭기즈 칸

빠른 의사결정은, 느리지만 정교한 의사결정보다 더 낫다.

> "겁쟁이들은 리더가 될 자격이 없다. 만약 어떤 리더가 결정을 최대한 늦추고 어려운 질문을 받기 싫어하는 겁쟁이라면 그를 리더의 자리에 두어서는 안 된다."
>
> 마이크 스타버, 스타버 그룹 CEO

"덩치가 큰 기업이 크다고 해서 항상 작은 기업을 이기는 것은 아니다. 하지만 빠른 기업은 느린 기업을 언제나 이긴다."

존 챔버스, 시스코 시스템즈 사장

"나는 방정식 'P=40-70'을 자주 사용한다. 맞을 가능성이 40~70% 사이에 들 정도로 정보가 모이면 직감적으로 추진하라."

콜린 파월, 전 미 국무장관

"우유부단이야말로 성공을 가로막는 최대의 적이다. 성공하는 사람들은 신속한 결단력의 소유자이며, 부를 축적하는 데 실패한 사람들은 예외 없이 결단이 매우 느리다."

나폴레온 힐

우수한 리더는 조직원들의 가능성을 보고 그 가능성을 펼칠 수 있는 장을 만들어 주는 사람이다.

"혁신은 리더와 추종자를 구분하는 잣대다."

스티브 잡스, 애플 전 CEO

리더가 진두지휘하고 총탄이 날아오는 전쟁터에 가장 먼저 앞서서 뛰어나가지 않으면 조직원들이 실행을 하지 못한다. 리더가 모든 것을 다 해야 한다는 뜻이 아니라 실행은 이메일, 회의, 지시로 일어나는 일이 아니라 리더가 직접 챙겨야 한다는 뜻이다.

고객이 소중하다면 리더 본인이 고객을 직접 만나서 고객을 이해해야 한다. 10대 고객을 개인적으로 알아야 한다. 지난 1년간 우리를 떠난 중요 고객이 왜 떠났는지 근본적인 원인부터 알아야 한다. 고객의 10대 불만 사항을 자세하게 이해하고 고객 콜 센터의 가장 중요한 통화 내역을 직접 들어야 한다. 이러한 일들은 전 조직원에게 멈출 수 없는 습관이 될 때까지 반복되어야 한다.

5. 끊임없는 의사소통과 출중한 리더십으로 조직원들이 경영진을 따르고 싶어 하는가

잘 나가는 조직은 외부의 적과 싸우는데, 안 되는 조직은 내부의 적끼리 싸우느라 많은 공력을 허비한다. 내부의 적끼리 싸우는 조직에서 경영 혁신을 추진하는 사람의 등판에는 무수히 많은 화살이 꽂히는 게 보통이다.

> "남들을 이해시키는 것을 우연에 맡겨서는 안 된다. 모든 것은 푸르기만 하면 성장한다. 그리고 익자마자 썩기 시작한다."
>
> 레이 크록, 맥도날드

가장 큰 리더의 목소리는 진정성 있는 조직원, 특히 현장의 문제에 대한 청취이다. 리더는 지친 표정이나 슬픈 표정을 지어서는 안 된다. 화를 내서도 안 된다. 필요에 따라 화난 척을 할 수는 있지만, 본인의 감정을 스스로 통제하는 범위 내에서만 해야 한다. 분노의 감정이 폭발하는 리더는 혁신에 실패한다.

강한 응집력은 강한 정체성에서 나온다. 방향에 대한 조직원의 일치는 끊임없는 의사소통의 결과이다.

"열정의 크기가 리더십의 그릇을 결정한다."

잭 웰치, 전 GE 회장

리더는 지도자로서, 조언자로서 그리고 문제해결자로서의 능력을 갖추어야 한다. 또한 학습, 열정, 단순함, 집중, 친밀감을 지녀야 한다.

"유능한 참모를 운용하려면 청빈해야 한다."

이시다 미쓰나리, 히데요시의 참모

"철저하게 백성을 사랑하는 리더는 백성이 스스로 따른다."

호조 노순

"상사는 뒷모습으로 말한다."

도쿠가타 히데디다

"의사소통에서 당신이 범할 수 있는 최대 실수는 당신의 견해와 감정 표현에 최우선순위를 두는 것이다. 사람들이 진정으로 원하는 것은 자기 말을 들어 주고 자기를 존중해 주며, 이해해 주는 것이다. 당신이 자기 말을 이해하고 있다고 느끼는 순간, 사람들은 당신의 견해를 이해하려는 동기를 부여받는다."

데이비드 D. 번스 , 정신의학 교수이자 펜실베이니아대학교 교수

　　　　　　　　　　　　　　답을 내야 진짜 리더다

6. 관리 과정에 철두철미한 규율과 결과에 대한 명확한 보상 및 페널티가 있는가

여기에서 인센티브란 단순한 보상이나 승진을 의미하지 않는다. 성공하고 자부심이 있는 조직의 일원이 된다는 점, 조직의 경쟁력이 높아진다는 점, 그리고 나 개개인에게는 바뀌지 않는 것에 대비해 어떠한 이득이 생기는지가 명확해야 한다. 물론 통상적인 성과 보상 체계에도 녹아들어야 하며 부차적인 과제가 아니라 일상 업무 중 일부로 녹여내야 한다.

페널티 또한 보상의 축소나 승진의 지연 또는 누락만을 의미하는 것은 아니다. 바뀌지 않으면 우리 기업이 어떤 상태에 도달할 것인지, 그리고 나 자신에게는 어떠한 불이익이 올 것인지를 잘 이해시켜야 한다. 여기에서 하나의 중요한 법칙이 있다. 인간은 본질적으로 친숙함에 대한 집착이 있으므로 변화할 때의 고통보다 최소 3배 이상의 인센티브와 페널티가 있어야만 변화에 착수하게 된다. 그리고 그러한 인센티브와 페널티는 나에게 현실적이어야 한다. 담배가 아무리 몸에 해롭더라도 실제로 건강에 이상이 생기기 전에 끊기란 어렵기 때문이다.

> "일류란 자신이나 일에 대해서 철저한 사람들이고 인간미가 넘치며 벌을 줄 때는 사정없이 벌을 주고 상을 줄 때는 깜짝 놀랄 정도로 준다."
>
> 이건희

성과 측정 지표와 변화의 방향이 잘 일치해야 한다. 그러나 성과 보상은 조직원들의 불만을 막는 요소이지 만족을 주는 요소는 아니다. 리더의 솔선수범에 따른 자발적 존경심으로 하는 업무의 열정을 단순한 성과 보상으로는 만들어 낼 수 없다.

변화 관리를 추진하면서 배운 점을 추가로 정리해 보았다.

- 조직의 성공은 작은 차이의 오랜 누적에 의해 만들어진다. 아무리 위대한 리더도 한 방에 조직의 성과를 급속도로 올릴 수는 없다. 그러나 나쁜 리더는 조직을 하루아침에 망하게 할 수 있다.
- 대부분의 해결책은 올바른 방향으로 꾸준히 피땀 흘려 이루어 내는 것이지 묘수 한방으로 해결되지 않는다. 그런 묘수가 있다면 모두 그 묘수를 베껴서 결국 원점으로 돌아온다. 세계 일류는 한두 가지 묘수로 이루어진 것이 아니라 작은 차이점을 오랫동안 누적해서 알면서도 베끼지 못하게 만들어서 이루어진 것이 대부분이다.
- 우수 사례는 참조할 수 있지만 베낄 수는 없다.
- 우리가 상상하는 대부분의 해결책은 누군가 다른 사람이 고민했고 시도해 보았다. 나만이 새로운 해결책을 찾았다고 생각하면 대부분 오산이다.
- 대부분 조직의 높은 자리에 올라오는 소식은 상당히 정제되어 있다. 리더가 현장에 가 보지 않으면 냉혹한 현실을 알 수 없다.
- 조직 구조를 바꾼다고 해도 조직의 문제는 해결되지 않는다. 구조가 자주 바뀌는 조직은 문제가 있는 조직이다.
- 고위직 한두 사람 바꾼다고 문제가 풀리지 않는다. 우리는 영웅을 기대하지만, 현실에서는 보통 사람들의 영웅적 노력과 협력으로 우수한 실행이 이루어진다.

답을 내야 진짜 리더다

망하는 기업들의
공통점

지난 30여 년간 각기 다른 나라에서 어려워진 기업에서 나타나는 공통점을 정리해 보았다. 물론 여러 가지 이유가 있겠지만 공통적으로 관찰된 부분은 다음과 같다.

첫째, 경영진이 겸손함을 상실한다. 회사가 잘될 때 사실 그 이유는 위대한 경영자의 놀라운 능력이라기보다는 환경적인 요인과 과거 경영진의 노력이 이제 결실을 보는 경우가 더 많다. 장기적인 분석에 따르면, 기업의 성과는 50%가량은 설명하기 힘들고(운), 40%가량은 그 기업이 속한 나라의 산업이 성장하는지 아니면 축소되는지로 결정되고 나머지 10% 정도가 우수한 경영 능력으로 볼 수 있다고 한다. 그러나 대부분의 경영진은 현재의 우수한 성과를 본인들 자신의 능력과 노력으로 이루어진 것으로 생각하고 싶어 한다. 우수한 경영 성과가 어느 정도 지속되면 경영진은 겸손함을 상실하고 바뀌는 시장 상황, 경쟁 상황 그리고 소비자의 변화, 대체재의 출현 등에 둔감해진다.

둘째, 전략이 부재하거나 핵심적인 전략에서 벗어난다. 전략이란 어디서 어떻게 싸울지 싸우지 않을지 무엇을 하고 무엇을 하지 않을 것인지에 대한 해답이고 조직의 미래 방향타다. 전략이 없이 단기적인 이익만 추구하다 보면 미래에 존속 가능성이 점차 사라지게 된다. 또는 좋은 전략이 있지만 하지 않기로 결정한 사업이나 내용을 이리저리 계획 없이 추진하다 보면 에너지가 분산되어 조직이 어려워진다.

셋째, 미래 존속성과 지속성에 투자하지 않는다. 사업은 결국 사람, 프로세스 그리고 인프라에 의해 움직인다. 당장의 이익 실현을 위해 사람, 프로세스 그리고 유무형의 인프라에 지속적이고 일관적인 투자를 하지 않으면 언젠가 오렌지에서는 더 이상 주스가 나오지 않는다.

넷째, 경영진이 조직의 존경과 신뢰를 상실한다. 땅콩 회항, 능력이 되지 않는 일가족의 급속한 승진 등 경영진이 조직의 존경과 신뢰를 상실하면 조직은 점점 취약해진다.

다섯째, 전략과 실행이 따로 논다. 전략이 복잡할수록 실행은 어려워진다. 전략이 명확하고 단순하고 현장에 의미 있는 내용이어야 한다.

여섯째, 현장의 목소리와 경영진이 동떨어져 있다. 경영진이 현장 영업, 생산직 사원과 직접적인 대화로 현장의 진정한 문제가 무엇인지 여과 없이 듣기보다는 회의나 위원회를 통해 잘 여과되고 정비되어 듣기 좋은 이야기만 수고로움 없이 듣는 경우가 많다. 고객의 불만과 요청 사항 역시 직접 듣고 견해를 형성하기보다는, 리서치 자료와 보고서를 통해 꾸며진 내용을 접하는 데 그치다 보니 현장의 진짜 문제를 파악하지 못하고, 스스로 잘하고 있다는 착각에 빠지기 쉽다. 그

답을 내야 진짜 리더다

결과, 경영진은 상아탑에 갇혀 논리적이고 이론적인 토론에만 몰두하게 된다.

대부분의 현장은 정비되지 않고 어렵다. 경영진이 잘하는 부분보다 못하는 부분이 더 드러나는 것이 현장의 현실이다. 또한, 직접 경청하지 않는 경영진에게는 정보 왜곡의 위험이 크다. 누구나 나쁜 소식을 싫어한다. 나쁜 소식을 전하는 사람을 미워하지 말라고 하지만, 경영진도 사람인지라 나쁜 소식만 계속 전하는 사람에게 반감을 품을 수 있다.

일곱째, 숨어 있는 영웅들(오랜 기간 자기 자리를 묵묵히 지켜온 사람들)보다는 경영진의 눈에 띄는, 발표 잘하는 사람들이 주로 먼저 승진한다. 현장직보다 본사 근무자들의 승진이 더 빠른 경향이 있다. 현장에서 존경받는 리더들이 누구인지 최고 경영진이 전혀 모르고 인사부가 주는 자료로만 또는 본인의 한정적인 관찰과 인상으로만 사람을 판단하기 시작한다.

여덟째, 대단히 성공적인 사업 부분의 장을 더 이상 균형 있게 관리하지 못하고 권한이 한없이 커진다. 그를 제지할 사람이 없다.

아홉째, 짧은 시간에 급속도로 성과를 개선하려는 욕심이 본인의 능력보다 너무 앞선다.

열째, 사람과 인재의 배치가 능력 위주가 아니라 특정인의 자리를 만들기 위해 이루어진다. 승진과 주요 인사 배치에 능력보다 충성심이 더 중요한 고려 사항이다.

열한째, 돈을 버는 부서보다 지원 부서의 힘이 필요 이상으로 더 강하다. 인사, 총무, 기획 부문이 현장을 잘 모르면서도 현장의 머리 위에 앉아 있다.

열두째, 조직 구조가 경영진의 능력 부족 문제를 해결하지 못한다. 너무 빈번한 조직 구조 개편은 눈에 보이지 않는 협력체계를 와해하고 안정성을 해쳐서 별다른 실익이 없다.

열셋째, 기업의 근본적인 가치관에 반대되는 경영진이 실적이 좋다는 이유로 계속 성공한다. 부하 직원에게 소리를 지르고 비리를 일삼아도 실적만 좋으면 또는 오너에게 충성만 하면 성공이 지속된다.

열넷째, 위원회에서 또는 회의에서 보내는 시간이 현장과 보내는 시간보다 더 많다.

열다섯째, 쓸데없이 바쁘다. 너무나 많은 과제와 프로젝트가 있지만 조직원들은 그것이 실질적으로 어떻게 기업에 도움이 되는지 알지 못한다. 많은 보고서가 작성되고 호기심 가득하고 똑똑해 보이는 질문들로 회의 시간이 길어지지만 왜 그러한 호기심을 충족시켜야 하는지 이해하지 못한다.

열여섯째, 성과 보상이 잘못되어 있다. 아무것도 하지 않는 것이 괜히 나서서 무엇을 하다가 약간의 문제라도 생기는 것보다는 낫다. 사람들은 묵묵히 성과를 내기보다는 왜 내가 그 성과에 기여했는지 왜 어떤 부분은 외부 요인으로 나빠졌는지 설명하는 데 시간을 더 쓴다. 직원들은 위에서 시킨 대로만 한다. 아무도 책임을 지려고 하지 않는다. 규정과 규제가 중요한 이유가 된다. 무엇이 올바른 일인지보다는 윗사람의 의중과 지시가 더 중요한 행동의 기준이 된다.

기업이 어려워지는 단계를 보면 회사마다 다른 점이 있지만 공통적인 부분을 추려 보면 대다수 다음의 단계를 거치는 듯하다.

1단계 실패의 서막

- 기업이 어려워지는 조짐이 보이지만 아직 그 신호의 강도가 높지 않아서 가능한 한 무시하려고 한다.
- 조직이 이상하게 활력이 떨어지고 있다. 조직원들이 조용해지고 열정이나 헌신도가 점차 떨어진다.
- 우수한 고위직 임원이 떠나기 시작한다.

2단계 악순환의 시작

- 기업의 성과가 조금씩 나빠지는 것이 보인다.
- 비용 절감 논의가 나온다. 그러나 굵직한 비용을 줄이기보다는 이면지 활용, 출장비 절감, 간식비 축소 등 자잘한 비용을 줄이는 것부터 시작한다. 고위 임원에 대한 다양한 경비는 크게 줄이지 않는다.
- 조직에 불안감이 증대된다. 근본적인 해결책은 나오지 않고 자잘하고 당장 조금이라도 개선될 수 있는 부분에 관심이 집중된다. 단기간에 결과가 나오는 부분을 주로 논의한다.
- 인원 감축에 대한 루머가 시작된다. 투명하거나 일관된 기준이 없이 직원들이 정리되기 시작한다.
- 조직의 불안정성에 대한 우려가 커지면서 우수한 고위직 임원의 이탈이 가속화된다.

3단계 악순환의 가속화

- 조직 개편이 발표된다. 조직은 여기저기 자리 이동과 보고 체계 변화로 바쁘다.
- 원칙 없는 인력 축소와 비용 절감이 가속화된다.
- 우수 임원진 대부분이 조직을 떠난다. 외부에서 직장을 구할 수 있는 우수 인재부터 조직 이탈이 가속화된다.
- 정치 잘하고 윗사람에게 잘 보인 사람들이 우수 임원진이 떠난 자리로 승진한다.
- 외부에서 새로운 경영진이 일부 들어온다. 과거에 한 것은 다 나쁜 것으로 치부된다.
- 조직 내에 큰 소리가 늘어난다.

4단계 돌이키기 힘든 악화

- 우수 인재가 떠난 이후 성과 악화가 가속화된다. 주가가 폭락한다.
- 일반 미디어에서도 이 기업의 상황을 인지하기 시작한다. 어려운 회사라고 뉴스에 오르내린다.
- 주주의 인내심이 끝나고 최고 경영진의 교체가 일어난다.

5단계 희망이 없는 상황으로 추락

- 새로운 경영진이 들어온다. 무언가 보여 주기 위한 실적 향상에 집중한다. 대다수 단기간에 성과를 낼 수 있는 꼼수가 많고 근본적 개선은 이루어지지 않는다. 주로 비용 절감, 조직 개편, 새로운 전략

중심으로 일이 이루어진다.

- 단기 성과가 조금씩 보인다.
- 그러나 이러한 단기적 성과 개선은 지속되지 못하고 결국 일시적 개선에 그치고 다시 성과는 악화된다.
- 새로운 경영진도 답을 내지 못하고 헤매는 모습을 보인다.

6단계 희망 아니면 절망

- 희망: 몇몇 의식 있는 직원들이 해결책을 제시하고 다행히도 경영진이 이 해결책을 경청하고 점진적으로 그리고 근본적으로 성과를 개선하기 시작한다.
- 절망: 우수한 인재가 떠나고 그들이 하던 일을 남아 있는 인재들이 하면서 업무가 가중되어 조직원의 이탈 속도가 가속화된다. 청산 또는 매각으로 마무리된다.

사례 8
은행의 지점마다 식당이 있는 이유

때는 1990년대 중반, 한국의 한 은행을 컨설팅할 때였다. 은행의 종합적 전략을 수립하고 성과 개선을 위한 다양한 분석을 실시했다. 어느 지역, 어떤 고객 세그먼트를 중심으로 어떠한 상품과 번들로, 어떠한 지점망 구조로 공략할 것인지에 대해 다양한 분석이 이루어졌다. 또한 해당 은행의 과거 성과를 재무적 분석, 경쟁사 대비 비교, 해외 우수 수준과의 비교 등을 통해 분석했다. 미래를 위한 성과 개선을 위해 수익성 증대 방안, 비용 절감 방안도 함께 도출되고 있었다.

여러 가지 분석을 하다가 한 가지 이해되지 않는 부분이 보였다. 그 많은 지점에 이상하게도 직원용 식당이 있는 것이다. 특히 지점은 임대료가 비싼 상권 또는 산업단지 중심지에 위치해 있고 그 주변에는 식당도 많아서 굳이 지점 내에 식당이 있을 필요가 없는데도 상당히 비싼 임대료를 내고 지점의 별도 공간 또는 위층을 빌려 하루 1~2시간 사용하는 직원용 식당이 있었다. 상식적으로 이해가 되지 않아서 왜 비싼 임대료를 내고 수많은 지점에 식당이 있는지 이유를 알아내려고 했다.

"주변 식당이 맛이 없어요."

"지점 직원들이 바빠서 밖에 나가서 식사할 시간이 없어요. 지점 안에 식당이 있으면 그 시간을 줄일 수 있어서 그렇습니다."

지점에 식당 공간의 임대료를 아끼면 충분히 바쁜 시간대에 추가로 필요한 인력을 파트타임으로 고용할 수도 있을 정도의 금액이다. 오히려 꽤 큰 돈을 절약할 수 있었다. 실제로 지점 주변에서 식사를 해 보면 지점 내 식당에서 식사하는 것에 비해 크게 시간 낭비도 발생하지 않는다.

나중에 알게 되었다. 이것은 일종의 관행이고 지점 식당 운영권은 지점장이 아는 사람에게 주어지는 것이었다. 일부는 특수관계인 경우도 있었다. 당연히 외국계 컨설팅사는 한국적 특수성을 이해하지 못한다는 반발이 들어왔다.

이 이후 어디 가든 이해되지 않는 논리로 좋은 개선안이 반발되는 경우 그 이면에 숨은 진짜 이유를 찾게 되었다. 그리고 변화를 실행하기 위해서는 명확히 보이는 경제적인 논리, 경영상의 이득뿐만 아니라 그 이

답을 내야 진짜 리더다

면에 숨은 진짜 이유를 알아야 설득과 공감대 형성으로 실행이 가능하다는 것을 배웠다.

여기에 관련된 몇 가지 사례를 들어 보겠다.

사례 8-1
클라우드 이전

2020년 현재 동남아 은행들 대부분 기업 내에 서버를 두고 있다. "새로운 클라우드 도입은 전산상 안전도가 떨어지고 대응력이 떨어집니다." 사실 2000년대 중반 이후 도입되기 시작한 클라우드 기반은 오히려 자체 서버 대비 안전도가 훨씬 높고 훨씬 더 비용 효율적이고 확장 가능성, 확대 가능성이 훨씬 더 우수하다. 새로운 혁신적인 도구들이나 다양한 스타트업이 개발하는 솔루션들은 모두 클라우드 기반이다. 진짜 이유는 기존의 전산부 직원들이 클라우드를 잘 모르고 클라우드 전환 이후 적응하기 어려워한다. 모두 본인의 직장을 걱정하는 것이다. 따라서 클라우드 이전에는 단순히 비용 효율성, 안전성만 고려할 것이 아니라 기존 직원들을 재교육하고 필요한 인력을 채울 방안도 같이 생각되어야 한다.

사례 8-2
특정 벤더에 의존

2020년대 베트남의 한 은행은 상당히 낙후된 고객 데이터베이스 기반과 마케팅 관리 솔루션을 쓰고 있었다. 빅데이터와 인공지능이 도입되기 시작하면서 이러한 낙후된 기반으로는 도저히 새로운 도구들이나 기법들을 쓰기 힘들어졌다. 새로운 클라우드 기반의 고객 데이터베이스와 디지털 마케팅 도구, 이를 잘 활용할 수 있는 데이터 엔지니어, 데이터 아키텍트, 데이터 분석가의 필요 수치, 배경, 역량을 제안하고 이를 잘 활용할 수 있는 사업부와 데이터 분석팀 간의 프로세스도 제안하게 되었다.

"새로운 도구들은 아직 입증되지 않았습니다. 입증되었다 하더라도 그건 미국이나 서유럽 등 선진 국가에서 입증된 것뿐입니다. 베트남의 역사와 문화는 대단히 독특해서 서구에서 입증된 도구를 가져오는 것은 상당히 위험합니다."

"새로운 도구를 가져오면 직원들이 익히는 데 시간과 노력이 들어갑니다. 그동안 발생하는 비효율, 놓쳐 버린 마케팅 기회에 대한 보상은 누가 어떻게 할 것입니까? 그리고 기존 도구들이 훨씬 더 쌉니다. 더 이상 추가 비용 없이 사용이 가능한데 새로운 도구는 새로운 투자와 개발 비용 그리고 개발 이후 사용 비용이 들어갑니다. 경제적으로 도저히 말이 안 되는 제안 사항입니다."

기존의 낙후된 데이터베이스와 마케팅 솔루션은 서구 선진국에서 개발된 내용을 베트남의 현지 벤더가 일부 커스텀하여 쓰고 있었다. 나중에 알고 보니 그 솔루션은 현지 벤더가 불법적으로 라이선스 없이 선진 도구를 빌려다가 일부 커스텀해 은행에 제공해 준 것이고 그 벤더 회사 사장과 전산 담당 임원은 오랜 친구였다.

답을 내야 진짜 리더다

한국적 특수성: 우리나라는 다르다

1997년 초부터 일부 기업들이 부도를 맞이했다. 1월 한보, 3월 한미, 4월 진로, 5월 대농, 6월 한신공영 등이 부도를 맞이했다. 일반적인 부도율을 벗어나는 범위의 부도가 연이어 발생한 것이다. 이에 깊이 있는 분석을 해 보았다. 분석이 이루어진 시기는 1997년대 2/4분기였다. 일부 사후적으로 알게 된 내용도 이해를 돕기 위해 정리했다.

1980년대 이래 금융위기로 분류된 사건은 전 세계적으로 크고 작은 것을 모두 합쳐 약 100건(1970년대 이래 150여 건) 정도로 보고, 대형 금융위기는 분석가마다 다르지만 대략 25건 내외로 보는 것으로 추정되었다.

1980년대 이후 발생한 금융위기 100건 내외를 분석해 본 결과, 금융위기는 대부분 오랜 기간 누적된 경제의 불균형이 임계점을 넘으면서 발생되어 불균형을 급속도로 조정하는 것이고 그 원인은 크게 6가지 요소로 분류되었다.

1. 대외 경상수지 적자의 누적
2. 정부 재정 적자의 누적
3. 정치적인 불안(1979년 이란 혁명, 2001년 9 · 11 사태)
4. 민간 부분에서 누적된 가치 파괴
5. 누적된 자산 가격 버블의 붕괴(1986~2003년 일본 부동산 가격 폭락, 2000년 미국 닷컴 버블 붕괴, 2008년 서브프라임 모기지 위기)

6. 전쟁 또는 급속한 주요 원자재 가격의 상승(제2차 세계대전, 1973년 오일쇼크)

현실적으로는 위의 6가지 요소가 여러 가지 섞여서 금융위기가 발생한다. 과거 남미의 경우 대외 적자 누적, 재정 적자 누적에 정치적 불안이 복합적인 원인으로 발생한 것으로 알려져 있다. 이 경우 자국 내 자금이 급속도로 해외에 유출되는 것을 막기 위해 IMF는 금리 인상을 중요한 대책 중 하나로 본다.

또한 금융위기의 극복 과정을 분석해 본 결과 일반적으로 초기 6개월은 유동성의 위기(예: 자금고갈, 외환 고갈)를 겪고, 2~3년간 부도의 위기를 거쳐(예: 연쇄 부도), 5~10년간 구조조정(예: 긴급 자금 수혈, 경쟁력 없는 기업의 퇴출, 업종 내 인수합병)을 통해 원상 복귀되거나 안정화되는 패턴을 보였다. 10년이 넘도록 안정화되지 않는 경우도 있었다.

1985년 미국은 대일 무역적자를 해소하기 위해 플라자 합의를 통해 엔화를 절상시키고 달러화를 절하시켰다. 10년이 지난 뒤 일본의 경제가 어려워지지 1995년 역플라자 합의를 통해 다시 달러화를 강세로 바꾸었다. 그동안 엔고에 근거해 수출 경기가 좋았던 한국은 엔화가 약세로 되자 수출에 타격을 입기 시작했다. 1996년 무역수지 적자가 203억 달러가 넘었다. 경상수지 적자는 230억 달러가 넘었다. 더군다나 그 당시 우리나라의 외채는 주로 단기 외채였다. 1996년 9월 우리나라의 단기 외채는 656억 달러였고 이는 전체 외채의 68%였다. 단기가 가용 외환 보유고의 223%인 상황에서, 경상 수지의 적자는 단기 외채를 갚기

답을 내야 진짜 리더다

위해 다시 단기 외채를 끌어와야 하는 악순환을 일으키는 상황이었다.

이처럼 불안정한 상황에서 국내 금융기관(특히 종금사들)이 외국에서(주로 달러화로) 장기로 돈을 빌려 다시 동남아에 단기로 대출한 돈이 동남아 국가에서의 대대적인 환율 평가 절하 및 기업체 부도로 인해 대출 상환을 요구받자 외환시장에서 원화가 급락의 조짐을 보이고 이를 방어하기 위해 한국은행이 외환시장에 개입하고 외환보유고가 줄어들면서 금융위기가 현상적으로 발생한 것으로 보인다. 1997년 12월 외환보유고가 88.7억 달러까지 줄어들었다.

아시아 전반적으로 역플라자 합의로 엔화가 약세가 되고 각국의 수출이 둔화되고 경상 수지 적자가 늘고 외환 보유고가 줄고 외국인들은 아시아 증시에서 급속히 빠져나가고, 외국의 금융기관은 대출을 상환받으려 하자 이 와중에 각국의 통화는 달러화 대비 폭락하게 된다. 1997년 7월 태국 바트화 54% 폭락을 시작으로 7월 필리핀, 8월 인도네시아, 9월 말레이시아, 10월 대만, 홍콩, 싱가포르로 위기가 확산되었다. 특히 인도네시아의 외환위기는 혹독했는데 외환 위기의 비용이 전체 GDP의 70% 선에 이르렀다.

그러나 이러한 동남아 국가의 단기 대출에 의한 외환보유고의 급속한 축소는 하나의 도화선이고, 금융위기의 근본적인 원인은 우리나라의 대기업이 지속적인 차입 경영(자본의 확충보다 부채를 통한 성장)으로 높은 부채 비율을 갖고 있는 데다가 투하자본 수익률이 가중평균 자본비용(부채 비용과 주주의 자본에 대한 기회비용을 가중평균한 수치)을 밑돌아 주주 가치를 오랜 기간 파괴하는 상황(과잉 투자)이 지속된 결과로 보인다. 당시 상장사 평균적으로 근 20년간(1976~1996) 투하자본 수익률이 가중평균 자본 비용보다 낮았다. 1997년 말 제조업체의 부채 비율 평균은 396%였고, 전체 기업 중에 부채 비율이 400%가 넘는 기업이 32.3%였다. 1985년 플라자 협의 이후 엔고로 우리나라의 수출이 호황을 맞자 기업들은 확장을 추진했다. 당시 중요 수출 산업이 장치 산업이다 보니 투자가 많이 필요한 산업이고 투자에 필요한 자금을 주로 차입에 의존했다. 금융권은 이러한 확장 투자에 엄격한 신용 심사 없이 신용을 제공했다. 은행을 감독하던 한국은행과 단자사, 종금사를 감독하던 재경부도 이 부분을 제대로 감독하지는 않은 것으로 보인다.

당시에 국내 대기업은 대마불사의 신화를 가지고 있었고 높은 수준의 부채 비율로 인해 상당수의 상장 기업의 이자보상배율(영업 이익으로 이자 비용을 지불할 수 있는지를 보는 배율, 영업이익/이자 비용)이 1이 안 되는 상황이었다. 급작스러운 금융시장의 변화가 발생하자 단기 차입금 위주의 대기업은 단기 대출 만기에 다시 대출을 받기 어려워져서 부도로 옮겨간 상황이었다. 물론 경상 수지 적자도 무시 못 할 부분이지만 금융위기의 가장 큰 원인은 아니라고 볼 수 있다. 그렇게 1997년 수출이 둔화되고 높은 부채 비율에 의존하던 한국 기업들이 1월부터 부도를 맞기 시작한 것이다. 앞서 언급한 1월 한보, 3월 한미, 4월 진로, 5월 대농, 6월 한신공영, 그리고 그 이후 10월 기아, 쌍방울, 11월 해태, 뉴코아, 12월 한라 등이 부도를 맞았다.

1997년 8월 100여 개의 금융위기에 대한 분석, 한국 상장기업의 이자보상 배율과 주주 가치 파괴에 대한 분석, 그리고 단기 차입금 위주의 자금 차입 현황 등을 기반으로 해 몇 가지 미팅이 진행되었다. 미팅의 주제는 "이대로 가다가는 다 망한다."였다.

미팅 이후에 참석한 고위직은 몇 가지 질문을 했다.

"너 몇 살이냐?"

"한국적 특수성을 아는가? 아무리 다른 나라가 그러한 경향을 보였어도 한국은 다르다."

"협박을 통해 장사하려 들지 마라."

더 이상 사실이나 분석에 근거한 논의는 불가능하다고 생각했다. 메시지가 싫을 때 메신저를 공격하는 것은 비논리적 논의의 대표적인 방법이다. 또한 '우리는 다르다.'라는 말은 어떠한 논리적 논의도 할 수 없도록 하는 무적의 방법이다. 우리도 다르지 않다는 것을 증명하기 위해서는 끝도 없이 많은 분석이 필요하기 때문이다. 한국적 특수성은 과연 무엇이고 그러한 특수성이 한국의 금융 산업이나 기업의 활동, 외국 금융기관이 한국 기업이나 금융기관을 대하는 방법의 차이는 객관적으로 어떻게 얼마나 다른지 검증하기 어려운 부분이기 때문이다.

이러한 논의를 통해 아무리 사실이 있고 분석이 있어도 사람을 설득하기 힘들다는 점을 배웠다. 필자 본인도 과연 금융위기가 올지 안 올지 확신이 없던 때였기에 더 이상 강력히 주장하기도 힘들었다. 또한 이미 상황은 어떠한 단기적 대응을 한다 해도 해결되기 힘든 수준이었기에 뾰족한 해결책이 있는 것도 아니었다.

이를 이해하는 친구들과 소주 한잔하면서 금융위기가 오지 않길 바라는 수밖에….

사례 10
마중물을 아끼면 우물이 작동하지 않는다

예전 시골에 우물물을 끌어 올리는 수동 펌프가 있었다.

이 펌프를 작동하기 위해서는 먼저 마중물을 넣어야 한다. 마중물이 들어가면 수동 펌프 위쪽의 고무판이 물의 무게 때문에 눌리고, 펌프를 누른 뒤 당겨 올릴 때 막힌 고무막이 압력을 만들어서 우물물이 끌어올려진다. 마중물을 조금씩 졸졸 흘려보내면 물의 양이 충분하지 않아 고무판이 닫히지 않고, 따라서 압력을 만들지 못해 수동 펌프 레버를 아무리 움직여도 우물물이 올라오지 않는다.

기업에서 하는 많은 일이 처음부터 대규모로 가는 것보다 소규모 테스트를 해 보고 진행하는 것이 더 좋은 경우가 많다. 그래야 실행상에 어떤 문제가 있는지 확인할 수 있고, 규모를 늘려 전면적으로 도입하기 전에 기획 단계에서 몰랐던 것을 알게 된다. 다만 지나치게 투자를 아끼기 위해 너무 실험을 너무 소규모로 하거나 최소한의 돌파력을 갖추지 못한 채 진행하는 경우도 많다.

기업이 전산상의 개선을 위해 투자를 할 때도 한꺼번에 모든 깃을 바꾸는 것보다는 모듈별로 필요한 기능을 중심으로 바꾸어 나가는 것이 더 효과적인 경우가 많다. 다만 모듈별로 바꿀 수 있도록 전사 아키텍처가 유연한 구조로 되어 있다는 전제하에서만 그러하다. 이러한 경우에도 지나치게 저렴한 것을 중심으로 한다든지, 최소한의 필요한 기능들이 서로 연결되어 있음에도 그 연결고리를 잘 이해하지 못하고 너무 협소한 기능만을 도입한다면 원하는 결과가 나오지 않는다.

답을 내야 진짜 리더다

새로운 실험을 하든, 어떠한 개선을 위해 투자를 하든, 돌파력을 갖춘 최소 규모를 잘 파악하고 마중물을 너무 아끼지 말고 초기에 힘을 실어 주는 것이 좋다.

사례 11
투자자는 바닥을 확인하고 싶어 한다

1998년 금융위기가 터진 지 얼마 되지 않았을 때 김정태 (전) 동원증권 사장이 새 은행장으로 취임했다. 주택은행은 주택금융을 주로 하는 은행으로 타 은행에 비해 주가도 낮았었다. 김정태 행장은 취임 이후

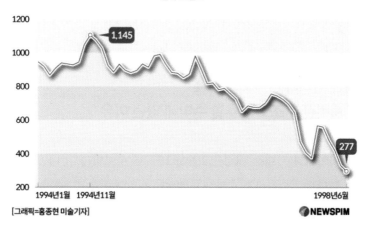

한국 코스피 지수 차트
(1994년 초~1998년 6월 말, 4년 6개월간)
단위: 포인트

출처:《뉴스핌》 2022년 12월 1일자,
https://www.newspim.com/news/view/20221125000743

135

1998년 연말 실적을 대손 충당금을 가능한 한 최대로 설정해 1998년 경영 실적을 적자로 발표했다.

내부에서는 한 번도 적자를 기록해 본 적이 없는 주택은행이 적자를 기록하게 되었다고, 쓸데없이 엄격하고 보수적인 기준으로 대손 충당금을 설정해서 조직의 역사에 오점을 남긴다고 반대가 많았다. 일부 자사주 소유 은행원들은 미리 팔아 버리기도 했다.

엄격한 회계기준으로 적자를 발표하자 오히려 외국인 투자자가 대량으로 투자하기 시작했다. 이와 동시에 김정태 행장은 실적에 따른 성과 보상 체계를 도입했고, 명확한 경영 전략을 제시했다.

김정태 행장 취임 초기의 내용은 중앙M&B에서 2002년에 발간한 『큰 장사꾼 김정태』에 상세히 소개되어 있다.

어렵고 혼탁한 시기에 신뢰의 기반이 된 것은 바로 투명성이었다. 투자자는 특히 시장이 어려울 때 그 바닥을 확인하고 싶어 한다.

사례 12
외환 위기가 다가오기 전에
무자비한 구조조정을 할 수밖에 없던 이유

이 이야기의 시대적 배경은 1996~1997년 사이이다. 국내 굴지의 화학기업 A사는 주로 범용 화학제품(톤당 1,000달러 이하. 예: PVC, ABS), 정밀화학제품과 범용화학제품의 후방 공정을 거친 건축 자재품 등을 생산하고 있었다.

답을 내야 진짜 리더다

당시 이 기업의 매출액 이익률이 세계 선도 업체의 6~8%(범용의 경우 6%, 정밀의 경우 8%)에 미치지 못하고 있었다. 또한 당시 이 기업의 부채 비율은 거의 500%에 육박했는데 선도 화학회사의 부채 비율 평균인 250%에서 크게 벗어나 있었다. 화학 산업은 수요 공급의 변화에 따라 가격 변동의 사이클이 심한 사업으로서 이러한 부채 비율은 상당히 위험한 수준으로 생각되었다.

1996년 말 아직 한국에서는 외환위기가 가시화되지 않았지만 몇몇 기업이 부도를 맞고 있었다. 이에 따라 회사의 사업 구조와 부채 비율 등을 종합해 본 결과 긴급하게 사업 구조를 조정하고 부채 비율을 낮추어야 한다고 결론을 내리고 사업 구조조정을 위한 프로젝트에 착수하게 된다.

전체 사업군을 화학을 범용화학, 정밀화학, 건축자재의 3대 전략 사업본부(Strategic Business Unit: SBU)로 나누고 그 아래에 각각의 상품군을 운영사업부(Operating Business Unit: OBU)로 나누었다. 전략사업본부는 전략적 방향성이 유사한 것들을 모은 것이었고 운영사업부는 제품별 손익을 의미 있게 추적할 수 있는 최소 단위였다.

각각의 사업 부문별로 세계 최고 수준을 정의하고(예: 범용화학은 톤당 생산비, 정밀은 포뮬라의 정밀성과 결과물의 순도, 건축자재 사업부는 동일 상품 내에서의 프리미엄 가격 수준), 각 전략사업본부가 주축이 되어 운영사업부별로 이 수준에 도달할 가능성이 있는지, 도달하는 데 어느 정도 시간이 필요한지를 분석하고 실행 계획을 세워 나갔다. 이 중에 어느 정도 가시적인 시간 내(예: 2~3년)에 도달 가능성이 없는 사업부는 매각 또는 분사를 하기로 했다.

이러한 전략사업본부 및 운영사업부 방식은 이 회사 역사상 최초로 도입한 독립 채산제였다. 매각 또는 분사를 하지 않았는데 나중에 이익을 내지 못하면 각 운영사업부장이 책임을 지도록 했고, 매각 또는 분사를 하는 경우 고용 승계를 중요한 조건으로 제시했다. 또한 매출채권, 매입채무의 관리를 바꾸어서(당시 영업 촉진을 위해 매출 채권을 크게 늘리는 관행이 있었음) 부채 비율을 250%로 만들기로 했다.

수많은 고통스러운 작업과 논의를 통해 향후 세계 수준 근처에의 도달이 도저히 불가능하거나 지속 가능한 이익을 내기 힘든 사업부를 매각 또는 분사했다. 매출채권, 매입채무의 집중적 관리를 통해 부채 비율이 250% 이하로 도달한 때가 1997년 8월경이었다. 회사 내외에서 너무 무자비한 분사 및 매각이 아니냐는 불만도 많이 나왔고 이런 식으로 매출채권 매입채무를 관리하면 공급업체 및 고객사와의 관계에 커다란 문제가 생긴다는 우려도 제기되었다.

금융시장 흐름의 이상함이 감지된 상황에서 느긋하게 여러 상황을 다 고려해서 일을 할 수는 없었다. 진행 과정에서 여러 가지 마찰을 최소화하려는 노력은 했지만, 실행은 시간과의 전쟁이었다.

1997년 밀 외환위기가 발생하자 이러한 불만과 우려는 사라지고 건전한 재무 상황과 경쟁력이 있는 사업만 들고 있던 이 기업에는 전에 없던 기회를 갖게 되어 더더욱 도약할 수 있었다. 이전부터 추진해 왔던 해외 진출, 경쟁력 있는 분야에서의 인수 합병, 미래 먹거리인 전기자동차용 2차 전지 등의 사업을 더욱 적극적으로 추진할 수 있게 되었다.

경영에 세계에서 어떨 때는 시간과의 전쟁이 내부적 외부적 합의를 이루고 순조롭게 끌어가는 것보다 더 급박한 경우가 있다. 모두 잘 조화

답을 내야 진짜 리더다

롭게 추진하는 것이 가장 좋은 방안이겠지만 그렇지 못한 상황에서 기업이 생존할 기반을 마련하는 것도 중요하다.

사례 13
은행 지점장은 더 이상 군주가 아니다

은행의 역사는 기원전 약 2000년경 메소포타미아와 이집트에서 곡물을 저장하고 대출하는 시스템이 등장한 시점으로 거슬러 올라간다. 근대적인 은행은 12세기 이탈리아의 피렌체와 베네치아에서 돈을 안전하게 보관하고 대출하기 위해 만들어진 것으로 본다.

미국에서 최초의 은행들은 각각 한 지점만 운영하는 형태였다. 대략 1860년대까지는 한 주에 한 은행이 존재했고, 각 은행은 하나의 지점만을 운영하는 경우가 대부분이었다. 그러다가 1863년 이후에는 한 은행이 여러 지점을 둘 수 있게 되었으며, 점차 전산 기술이 발달하면서 비용 효율성 증대를 위해 지점의 후선 업무가 통합되고 전산화되기 시작했다. 또한, 보다 효율적인 리스크 관리를 위해 각 지점에서 이루어지던 대출 심사와 승인 절차를 중앙 집중화하고, 여기에 통계적 기법과 신용 평점 제도를 적용했다.

한국에서는 1990년대 초중반까지 대부분의 은행 지점이 미니 은행처럼 운영되었다. 많은 후선 업무(예: 인사, 재무) 등이 지점별로 이루어졌고 대출 최종 승인자도 지점장이었다. 당시에는 반드시 계좌를 처음 개설한 지점에 가야만 계좌를 폐쇄할 수 있었다. 예를 들어, 서울에 살던 사람이 부산으로 이사한 뒤 서울의 은행 계좌를 폐쇄하려면 다시 서울로 가야 하는 불편함이 있었다.

한편, 동남아에서 상당수의 은행(예: 베트남 정부 소유 은행들)은 아직도 많은 후선 업무를 지점에서 처리하고 있다.

1990년대 중반에 들어서면서, 일부 시중은행들은 후선 업무를 집중화해 효율성을 높이고 신용 심사 기법을 고도화하기 위해, 모수가 많아 통계적 기법을 적용할 수 있는 개인 대출, 신용카드, 소기업 대출 등부터 신용 심사를 집중화하기 시작했다.

당시 지점장들은 강하게 반발했다. 자신의 통제하에 있던 인력 숫자가 줄어들고 지점장의 가장 강력한 권한 중 하나였던 신용 승인 권한을 빼앗기는 상황으로 받아들였기 때문으로 보인다. 한편, 세계적인 기구들이 점차 개인 및 소기업 대출에 대해 국제적 기준에 맞는, 통계적으로 유의미한 대출 승인 평점 모델을 요구하기 시작하면서, 대출 승인 절차의 집중화는 피할 수 없는 흐름이 되었다.

사례 14
좀비를 죽이는 방법: 십자가 또는 햇빛

한국이 외환위기로 한참 고생하던 1998년경, 어려움에 처한 기업들에 대한 금융 지원이 개시되었다. 겉보기에는 올바른 방법으로 보였지만, 여기에는 몇 가지 문제가 있었다.

어려움에 처한 산업 중에는 업계의 과잉 공급이 문제였던 산업도 있었다. 어려움에 처한 기업들은 해당 업종에서 비용이 가장 높거나 품질이 가장 낮은 제품을 만드는 기업들이었다. 이들에 대한 구제 금융으로 부채 일부를 탕감하거나 이자를 낮추다 보니 오히려 비용이 더 낮았던 회사들보다 비용이 가장 높았던 회사들의 경쟁력이 상대적으로 강화되는 기현상이 발생했다. 그러면서 업계 전반적인 수익률이 더 악화되는 결과를 초래했다.

문제를 해결할 때 전체적인 맥락을 보지 않고 일부만 보고 접근할 때 나타나는 전형적인 현상이다. 생산성이 가장 떨어지는 기업들은 구제 금융을 통해 '좀비 기업'이 되었다. 즉, 죽었는데 죽지 않은 상황이 된 것이다.

좀비를 처리하는 방법은 십자가로 죽이거나 햇빛을 비추는 것이다. 그게 순리에 맞는 방법이다. 그리고 이러한 '좀비 기업'을 처리하는 데는 직접적으로 그 기업을 청산하거나 아니면 회계의 투명성을 확보하고 업계 내에서의 위치를 고려해 업종 전체가 생존하기 위해 가장 한계에 있는 기업을 정리하는 가장 순리에 맞는 방법을 써야 한다.

결국 산업별 과잉 설비를 줄이고 규모를 키워 산업 전체의 효율성을 높이는 방법으로 빅딜이 추진되었다. 예를 들어, 예를 들어, [은행업에서는 상업은행과 한일은행이 합병해 한빛은행(이후 우리은행으로 개명)이 탄생했다]. 현대정공, 대우중공업, 한진중공업의 철도차량 생산 부문을 통합해 한국철도차량(주)(현 현대로템)이 설립되었다. IMF 당시 대기업들이 항상 적자에 시달리던 우주항공 부문은 1999년 삼성항공, 대우중공업, 현대우주항공의 통합을 통해 대한민국의 유일한 항공우주기업이자 방위산업체인 한국항공우주산업을 설립했다.

정부에서는 보다 경쟁력이 있다고 판단한 현대전자에 LG반도체를 합병시키기로 결정했다. LG는 거부했으나 정부에서 압력을 가해 매각을 유도했고, LG는 어쩔 수 없이 정부의 뜻에 따랐다. 그러나 현대전자는 2년 후인 2001년 경영 악화로 파산했고, 반도체 부문은 하이닉스로 독립했다. 하이닉스는 2000년대 중반까지 경영에 큰 어려움을 겪다 SK에 인수되었다.

사례 15
군의관이 장군이 되지 말라는 법은 없다

외환위기 당시 감사가 은행장이 될 수 있느냐 없느냐가 하나의 쟁점이었다. 일부 정치적 이유로 감사를 은행장으로 추대하는 경우가 있었다. 선진국의 사례를 조사해 본 결과 감사 출신이 은행장이 된 경우를 찾기 어려웠다. 궁금한 점은 이것을 법으로 금지하고 있는지였다. 그래서 선진국의 금융 규제 당국에 문의했다.

"당신 나라에서는 감사가 은행장이 될 수 없다는 법이나 규제가 명시되어 있는가?"

답은 이러했다.

"군의관이 장군이 될 수 없다는 법은 없지만, 우리나라 군대에서는 군의관이 장군이 된 사례가 없다. 법은 상식적인 것까지 일일이 다 규정할 필요가 없다."

사례 16
애플의 스마트폰이 가져온 충격

우리나라의 휴대폰 역사는 1988년에 시작되었다. 당시에는 모토로라 제품이 크기도 크고 무게도 무거워 '벽돌폰'으로 불렸다. 그 이후 손목시계형폰, 카메라 폰 등 세계 최초의 휴대폰들이 제조되었다. 정확한 수치는 찾기 어려우나 다수의 기업이 휴대폰을 제조했다. 2001년에는 삼성전자, LG전자, 세원텔콤, 텔슨전자, 현대전자, 한화/정보, SK 텔레텍(스카이 브랜드), 팬택 등이 휴대폰을 만들고 있었다. 필자의 친한 기업가도 휴대폰을 제조해서 납품했다.

그러다가 2007년에 애플이 세계 최초로 터치스크린 방식의 휴대폰을 내놓았다. 휴대폰으로 통화뿐만 아니라 음악 재생, 인터넷 사용이 가능하다는 것도 놀라웠지만, 가장 큰 충격은 입력 키보드를 없애고 터치스크린으로 바꾼 것과 앱 스토어를 통해 다수의 지혜를 이용하는 생태계를 만들었다는 점이었다. 한국 휴대폰 제조 업계에서 당시까지 제조에는 큰 장점이 있었으나 이러한 생태계를 조성하고 입력 키보드를 없애는 발상의 전환을 하기는 힘든 상황이었다.

이러한 큰 변화의 흐름을 읽었는지 아니면 운인지는 모르지만, SK는 2005년에 휴대폰 제조업체인 텔레텍을 팬택에 매각했다. 삐삐로 사업을 시작하고 휴대전화 제조업으로 확장하고 현대 큐리텔을 인수해 사업을 확장해 나가던 팬택은 2007년부터 어려움에 처하게 된다. 팬택이 중저가 중심의 제품을 제조했다면 스카이는 고가 제품을 위주로 제조했으니, 합병 이후 스카이 고객들이 떠나기 시작한 것으로 본다. 당시 해외 사업을 확장하던 팬택이 자사의 시가총액에 맞먹는 3,000억 원을 들여 스카이를 인수한 것이 자금 흐름에 큰 어려움을 준 것으로 본다.

역으로 SK 그룹 내부에서도 스카이 매각에는 반대가 있었던 것으로 알려져 있다. 자체 제조회사가 있어야 한국 시장을 선도하는 이동통신 회사로서 새로운 실험이 가능하고 통합적인 관리가 가능하다는 것이 그 논리였다.

운이었는지 시장의 흐름을 읽었는지는 알기 어렵다. 다만 물론 사후적이지만 여기서 몇 가지 교훈을 얻을 수 있다.

- 시장에서 가장 크게 바뀌고 있는 흐름은 무엇인가? 기술 발전에 따라 어떠한 변화가 예상되는가?
- 경쟁자 중에 특이한 행동을 하는 기업이 있는가? 우리는 그 이유를 아는가? 우리가 무엇을 모르고 있나? 아니면 경쟁사가 무엇을 모르고 하는 것으로 보이나? 우리가 놓치고 있는 것이 무엇인지 한 번쯤 겸손하게 반성해 본다면?
- 고객의 행동 또는 선호도에는 어떠한 변화가 보이는가? 참고로 기존 고객의 시베이는 입력 키보드가 계속 필요하다고 말하고 있었다. 고객의 서베이가 진정한 답을 주는가 아니면 고객이 모르는 숨은 필요까지 상정해야 하는가?
- 우리가 현재 사업을 잘하고는 있지만, 어떠한 가정이 지속되어야 이러한 사업의 호황이 지속 가능한가? 우리는 그 가정이 무엇인지 알고 있는가?
- 우리가 변화를 반대한다면 그 반대가 합당한 근거에 기반한 것인

가, 아니면 우리의 기득권이나 현재 상황을 그대로 유지하려는 정당화에 불과한 것인가?

• 우리는 승자의 저주에 빠지지 않고 있는가? 특히 사업이 잘될 때 우리는 대부분 장밋빛 미래를 꿈꾼다. 그러한 장밋빛 미래는 희망인가 아니면 차가운 이성에 근거한 현실적인 시나리오인가?

마지막 두 가지 질문은 특히 변화 관리에서 중요한 질문이다. 우리의 정신적 모델이 우리의 생각을 지배한다.

사례 17
우리 회사가 만드는 제품은 너무나도 다양하고 복잡하다

우리나라의 선도 식품 제조업체 F사는 다양한 가공식품을 제조하고 있다. 즉석밥, 냉동 만두, 다양한 조미료 등 상품군도 다양하고 상품 가지수도 많다. 그러나 몇몇 상품군에서 적자가 발생하고 있어서 경영진에서는 새로운 시각으로 제조 공정 전체를 다시 보고 비용을 절감하는 방안을 찾고자 했다. 내부에서는 다양한 저항이 있었다.

• 우리가 이미 국내에서 최고인데 어떻게 더 비용을 줄이라는 건가?
• 적자 상품은 다른 상품을 위한 구색용이다. 전체적이고 전략적 시각에서 보아야 한다. 영업 입장에서 보면 적자 상품을 없애면 판매처 확보에 어려움이 있다.

- 연구 개발 부서에서 이미 충분히 노력했고 충분히 연구했다. 이것이 최선이다. 억지로 더 쥐어짜려 하면 오히려 역효과를 초래할 수 있다.
- 비용 절감을 추진하는 책임 경영자는 영업도 생산도 해 보지 않은 기획자 출신이다. 역시 탁상공론을 하는구나.
- 우리 회사의 매출과 이익은 지금도 훌륭하고 잘 성장·발전하고 있다. 아무런 문제도 없는데 문제를 만들어서 우리를 괴롭히려 하는구나. 특히 새로 온 경영자가 자기 실적을 보이기 위해 너무 나서는 듯하다.

당시 경영진에서는 연구 개발, 생산, 영업 부분의 지혜를 모아서 다음 단계로의 도약을 모색하려 했으나 조직의 저항에 부딪혀서 자발적 참여를 끌어내기가 어려웠다. 이러한 상황에서 어떻게 문제를 풀어야 하나?

국내 동종 업종 또는 유사 업종에서는 다수의 부서가 받아들일 만한 사례를 찾기 어려웠다. 그래서 경영진은 타업종인 석유화학산업에서 사례를 찾아냈다(사례 19 참조). 거기에서 괄목할 만한 비용 절감을 이루어 낸 당시 프로젝드 총괄 책임 임원을 초대해 다양한 각도로 의구심을 가졌던 여러 부처의 책임 부서장과 토론회를 개최했다.

다음은 그 토론회에서 이루어진 주요 내용들이다.

- **질문**: 이미 잘하고 있는데 왜 그러한 비용 절감을 추진했는가?
- **답**: 세계 일류는 스스로를 가장 큰 적으로 보고 끊임없이 발전해야 한다고 배웠다. 잘나갈 때 어려움에 대비하지 않으면, 정작 어려움

이 닥쳤을 때는 손쓸 방법이 없다. 다음 도약을 위해서는 끊임없이 누적된 기반이 있어야 한다고 생각한다.

- **질문:** 우리 회사는 다양한 상품군을 가지고 있고 제조 품목이 너무나도 많고 복잡하다. 당신 회사는 간단하지 않은가?

- **답:** 우리 회사가 만드는 상품군과 제조 품목은 당신 회사보다 훨씬 많다. 특히 우리 회사는 원유의 종류별로 하방 제조 단계를 다시 최적화해야 하고 만들어지는 제품군의 배합도 달라진다. 우리는 연속 공정이어서 귀사보다 공정이 더 복잡하다. 우리 공장의 크기는 귀사의 공장보다 6배 이상 크다.

- **질문:** 연구 개발 부서에서 이미 충분히 연구를 진행했다. 이보다 더 좋은 해결책이 과연 있을까?

- **답:** 인류의 역사는 끊임없는 연구와 개발의 도전 과정이었다. 우리도 대단히 자만했던 기업이다. 하지만 금융위기 때 어려움을 겪고 나서 모든 것을 새로이 보아야 한다는 시각을 가지게 되었다. 엔지니어는 도전을 좋아해야 한다. 10년 뒤에 무엇이 가능할까? 지금 우리가 하고 있는 것 중에 10년 전에 가능하다고 알고 도전한 과제는 얼마나 있을까?

- **질문:** 우리 공정은 너무나도 복잡하다. 쉽게 이야기하지 말라.

- **답:** 우리 공정도 복잡하다. 최소한 귀사에서는 폭발 또는 사망사고는 없었지 않나. 난 내 손으로 부하 직원의 장례를 치러 본 사람이다. 복잡한지 아닌지는 상대적이다. 세계 최고라는 기업에 가 보니 우리 공장의 크기나 상품군은 그 회사의 사업부 한 개 규모도 안 되더라. 스스로 복잡하다고 생각하는 것 자체가 우리 스스로가 만

든 벽이 아닐까.

이 외에도 많은 논의가 이루어졌다. 이상의 타업종 사례 외에도 다수의 사례가 소개되었고 수많은 부처별 논의가 이루어졌다. 그런 뒤 변화를 갈망하고 더 좋은 회사를 만들고자 하는 변화 전도사들을 찾기 시작했다. 억지로 시작하는 것보다 조직이 스스로 참여하는 분위기를 만드는 것이 궁극적으로는 더 효과적이리라는 믿음하에 거의 1년여의 설득, 토론, 논의 과정을 거쳤다.

그렇게 그동안 불가능하다고 생각했던 적자 제품들이 하나둘 흑자로 전환되기 시작했다. 변화 관리에는 방법론도 중요하지만 참여하는 조직원이 자발적으로 의욕을 갖도록 충분한 시간을 갖고 설득하는 일 또한 중요하다.

사례 18
배를 갑자기 틀면 전복된다

한국의 제조업체 G사는 IMF 금융위기가 오기 전에 이미 수년간 적자가 누적되어 있었다. 게다가 금융위기를 맞아서 높은 부채 비율과 이자 비용으로 현금 흐름이 어려워지고 채권단 본인들도 어려워지자 더 이상 부채 연장이 되지 않아 부도 위기가 시각을 다투어 다가오고 있었다.

그동안 회사가 위기라고 부르짖던 인재들은 회사가 전혀 위기의식도 가지지 않고 아무런 대응을 하지 않자 금융위기가 오기 전에 상당수

답을 내야 진짜 리더다

회사를 떠났다. 이미 직원들이 오랜 기간 위기라는 이야기를 들었기 때문에 위기라는 상황에 대해 경각심이 줄어든 상황이었다. 금융위기라는 초유의 사태가 벌어지고 있는데도 일부 경영진을 제외하고는 위기의식 자체가 낮은 상황이었다. '설마 우리 회사가 망하려고!' 하는 생각이었다.

어디서 어떻게 출발해야 할까. 먼저 상황을 객관적이고 사실적으로 정리할 필요가 있었다.

- 우리가 속한 시장은 전반적인 과잉 설비 상황이다. 가장 낮은 비용으로 생산하는 몇몇 선도 업체 외에는 모두 출혈 경쟁을 하고 있고 대다수가 적자다.
- 사이클 변동이 심한 업종이어서 업계가 다시 호황을 맞으면 문제가 해결될 것이라는 믿음이 있었다. 하지만 과연 업계 호황이 되어도 그러할까? 또한 금융위기가 얼마나 지속될지, 지금처럼 높은 금리, 원화 평가 절하로 인한 원화 표시 원재료 비용의 상승이 얼마나 오래갈지 사실 아무도 모르는 상황이ㄴ지만, 아무리 좋은 시나리오가 있다 해도 우리 회사가 지속적으로 생존하기는 쉽지 않을 것이다.
- 가능한 모든 사내 개선 방안, 예를 들어 제품군 조정, 구매 비용 절감, 제조 생산성 향상, 물류 최적화, 영업 생산성 향상 등 모든 방안을 다 도출해도 쉽게 극복되기는 어렵다.
- 가까운 미래의 현금 흐름은 지금보다 어려워질 것으로 보인다. 대출 연장이나 새로운 채권 발행은 최소한 2~3년간은 어려울 것이다.

어떠한 객관적 사실로 보아도 회사가 위기라는 것, 회사가 부도 위기에 처했다는 상황은 바뀌지 않았다. 문제는 직원들이 포기했거나 사실 회피, 아니면 상황 거부 등 힘을 합쳐서 위기를 극복하겠다는 의지가 너무 없었다는 점이다. 상황을 거부하기 위한 다양한 궤변들이 나타났다.

- 원화 가치 하락으로 수출 단가가 낮아졌다. 지금이야말로 수출을 늘려 생존해야 할 때다. 실제로는 이 논리가 재고 부분에만 적용될 뿐이고, 수입해야 하는 원재료의 원화 표시 비용이 증가하면서 이러한 환율 이익은 극히 단기적인 현상에 불과했다.
- 모든 부문에서 각고의 노력을 하면 최소한 중간 수준의 경쟁사보다는 더 나은 위치에 도달할 수 있고 한계이익(한계 매출에서 한계 비용을 제외한 이익)도 흑자로 전환이 가능하다. 그러나 이를 위해서는 너무나 많은 것이 바뀌어야 한다. 우리 회사에는 도도히 흐르는 물결과 같은 문화가 있다. 우리 회사처럼 큰 배의 방향을 갑자기 바꾸거나 운영 방식을 급격히 바꾸면 오히려 배가 전복될 위험이 있다. 서서히 물결의 흐름을 따라 방향을 바꾸어야 한다.

상황이 상황이라 조직원을 설득해서 문제를 풀기에는 시간이 너무 없었다. 대단히 고민되는 일이었지만 의욕을 가진 경영진이 다음의 조처를 하게 되었다.

- 어떠한 경우에도 개선 후 이익이 나지 않을 사업 부문은 철수한다. 비록 상황이 어려워서 제값을 받기는 힘들지만, 공장 부지 등을 다

답을 내야 진짜 리더다

양한 방법으로 매각해 현찰을 마련한다.

- 개선이 가능한 사업 부문은 모든 분야에서 배수진을 치고 개선한다. 각 부문의 개선은 연공서열에 상관없이 변화를 해야 한다는 의지를 가진 자에게 전권을 주고 추진하도록 한다. 목표는 절대적이고 진행 상황은 자주 보고되도록 한다. 경영진이 지원해야 할 부분은 즉시 보고하도록 한 뒤 발로 뛰어 실행한다.
- 개선 방안을 보수적으로 잡고 누가 보아도 납득할 만한 객관적 자료를 가지고 채권단을 설득한다.
- 규모의 경제에 미치지 못한 부문은 분사해 업종 내 합병을 통해 규모의 경제를 달성한다.
- 미래의 먹거리는 포기하지 않는다. 연구 개발도 지속하지만 당분간 현금 창출이 가능한 항목에 집중한다.

이러한 개선 방안을 마련한 뒤 위기를 부르짖던 퇴사자들에게 연락해서 설득하기 시작했다. 모두 오랜 기간 이곳에서 일했던 베테랑들이어서 이들이 없이는 상황 타진이 어렵다는 것을 알았기 때문이다. 궤변을 늘어놓던 사람들에게는 설득을 해 보거나 퇴사를 제안했다. 이들이 만드는 부정적인 기운, 변화를 거부하는 저항이 생각보다 너무 컸다. 조기에 조처하지 않은 것이 큰 부담이 되었다.

수많은 우여곡절 뒤에 결국 회사는 회생에 성공한다. 위기 상황에서 변화가 더 쉬울 것이라는 보장은 없다. 상황이 너무 어려우면 사람들은 포기하거나 변화를 거부하기도 한다. 희망을 되살리되, 현실을 부정해서는 안 된다. 부정적인 여론을 만드는 사람들은 조기에 적절히 조처해야 한다. 위기 상황에서 회사를 극복하는 것은 여론이 아니라 실질적 행동과 실행뿐이다. 우왕좌왕하지 않고 명확한 목표를 세워, 반드시 해야 할 일에 집중하는 수밖에 없다. 위기를 극복하는 묘수는 없다. 우직한 실행이 필요하다.

답을 내야 진짜 리더다

변화 관리는
관리자의 변화로부터

변화를 만들기 위해서는 다양한 요인이 필요하다. 제2장 첫 글에서 필요한 요인들을 논의했었다. 물론 모든 요인이 잘 정비되어야 하겠지만 그중에 가장 중요한 것을 뽑으라고 하면 최고 경영진의 변화라고 할 수 있다.

어떤 디지털 플랫폼 기업이 있다. 이 기업은 초기부터 시장의 요구를 잘 파악해 시작을 성공적으로 이끌었으며, 투자자들의 전폭적인 지원 아래 초기 이익을 달성하고 높은 기업 가치 평가를 받았다. 시장에서는 새로운 혁신 기업이 나왔다고 좋아했다. 그런데 딱 거기까지였다. 어느 정도 이익이 나고 기업 가치가 나오니 경영진이 자기만족에 빠졌다. 그러는 와중에 경쟁사들이 더 개선된 내용, 보다 강화된 서비스, 추가적인 주변 서비스를 장착하고 시장을 야금야금 침입하기 시작했다. 그러다가 결국 이 기업은 가치가 떨어지고 이익을 겨우 내는 수준이 되었다. 그렇게

근 10년이 흘렀다.

초기 투자자들은 괜찮지만 다음 단계에 참여한 투자자들은 기업 가치가 원금에도 못 미치는 수준으로 떨어지는 상황을 겪었다. 그러나 아직 대부분의 지분을 가지고 있는 경영진과 투자자들은 그냥 지금 상황이 만족스럽다. 기업 브랜드는 실질적인 시장 점유율보다 과거의 명성으로 더 좋게 평가되어 있다. 모두 좋은 명함, 차량, 예쁜 사무실, 각종 협회의 상장에 만족하는 분위기이다.

후기 투자자들은 답답하다. 이 플랫폼으로 할 수 있는 추가 상승 여력이 큰데 기업이 스스로 만족하는 상황이 이해하기 어렵다. 초기 투자자들과 경영진은 회사 기업 가치 향상보다 자리가 주는 이익, 명성 등에 더 관심이 많은 듯하다. 대표는 방송에 출연하고 대외 강의를 나가느라 바쁘다. 경치 좋은 리조트에서 이사회를 열고, 회의는 친목 단체 모임처럼 화기애애하다.

최고 경영진이 이렇게 행동하니 실무자 중에 세상을 바꿀 좋은 제품과 서비스를 만들고자 입사했던 사람들은 하나둘 빠져나가기 시작했다. 그저 안정적인 봉급을 주는 것으로 만족하는 대다수 직원은 현상이 잘 유지되고 인젠가 상장하면 챙길 돈을 보고 당분간은 있기로 한다.

아무도 변화를 추진하고자 하지 않는다. 그러던 중, 초기 투자자가 참여한 다른 투자가 어려움에 빠지면서, 초기 투자자는 보유 지분을 매각할 수밖에 없는 상황에 처했다. 회사 기업 가치 평가를 위해 작업이 시작된다. 초기 지분을 매각하기 위해 새로운 투자자 및 초기 투자자 이후에 들어온 투자자의 투자 의향을 묻는 과정이 시작되었다. 기업 가치를 최대화하기 위해 미래에 가능한 사업 아이디어를 발굴해 사업 계획서에 반영하고자 했다. 그러나 지난 10년 동안 기존 사업 모델만 고수해 온 경영진에게 새로운 아이디어를 찾는 일은 쉽지 않았다. 그 결과 새로운 사업 계획서도 결국 현재의 사업을 더 많이, 더 잘하는 방안에 초점이 맞춰졌다.

후기 투자자가 지배 주주가 되었다. 맨 처음 한 일은 기존 경영진을 교체하는 것이었다. 아직은 배고픈, 이 시장에서 진정 고객이 원하는 서비스를 제공해 세상을 바꾸고 경쟁사보다 훨씬 앞서가는 기업을 만들고자 하는 사람들로 경영진이 구성되었다. 직원 중에 미래를 위해 더 좋은 회사를 만들고자 열망했으나 기존 경영진에게 밉보였던 사람들이 중책을 맡게 된다.

이들은 새로운 도전 정신으로 회사의 플랫폼을 활용해 경쟁사와 다른 새로운 서비스를 장착하기 시작한다. 기업 가치가 눈에 띄게 올라간다. 조직에는 새로운 열기가 가득하다.

변화 관리는 관리자의 변화에서 시작된다. 경영진이 꼭 바뀔 필요는 없다. 바뀌고자 하는 의지와 열정, 바뀌고자 하는 이유, 방향, 그리고 행동이 필요하다.

Change Management begins with
Change the Management.

상황판 설치하면
상황이 좋아지나

기업의 상황판에서 측정해야 할 것은 전략적인 부분, 운명적인 부분, 재무적인 부분, 그리고 조직상의 건전도다. 또한 미래의 상황에 영향을 미치는 선행 지표와 사후 결과로 나오는 후행 지표를 균형적으로 보아야 한다.

예를 들어, 은행의 경우 무자비하게 조직을 밀어붙이고 위험을 무시하며(노는 신용 허가가 나는 범위에서) 과도하게 대출 영업을 하는 지점장이 새로운 지점에 부임하면 초기 1~2년에는 회계상의 재무 성과가 개선된다. 그러나 몇 년이 지나고 나면 대출 부실률이 늘어나고 우수한 직원이 떠나거나 직원의 동기 부여가 떨어지고 조직의 피로로 인해 점점 더 지점의 성과가 나빠지게 된다. 따라서 어떻게 다양한 성과 지표들을 균형 있게 보느냐가 중요하다.

시장의 변곡점이 오는 경우에도 상황판은 다른 정보와 함께 신중하

답을 내야 진짜 리더다

게 사용되어야 한다. 앞서 사례를 통해 보았듯이 노래를 저장하는 매체가 카세트테이프에서 CD로 다시 휴대용 전화기로 옮겨갈 때 단순히 카세트테이프의 비용을 절감하고 매출 장려금을 늘려서 매월 매출액에 매달리는 것은 장기적으로는 가라앉는 배에서 이층으로 올라가는 것과 같다. 새로운 배를 만들어서 옮겨 타는 데 노력을 집중해야 할 때 당장 눈앞에 닥친 문제만 푸는 셈이 되는 것이다.

무엇을 측정할지가 중요하다. 예를 들어, 은행 지점이 잘못된 장소에 있을 때, 또는 전에는 지점 주변에 많았던 기업이나 부유층 고객이 빠져나갔을 경우를 보자. 그런 이유로 지점의 성과가 나빠졌을 때 그냥 다그친다고 해서 지점의 성과가 좋아질까? 지점 주변의 여건을 분석하지 않고 단순히 결과적으로 나온 성과만 본다면 원인을 모른 채 현상 대응만하게 되는 오류에 빠진다.

상황판의 내용은 대다수가 결과적인 수치다. 결과만 보면 원인을 알기 힘들어서 잘못된 대응을 하기 쉽다. 예를 들어, 어떤 지역의 제품 판매가 줄어들었다고 해 보자. 근본 원인은 재고 부족인데, 재고에 대한 분석이 없으면 단순히 영업을 못하는 것으로 판단해 오히려 상품 공급을 줄일 수도 있다.

어떤 경우에는 재고 부족으로 잘 팔리지만 영업을 못해 매출액이 줄어들고 있는 제품의 공급을 오히려 줄여 성과를 더 악화시킬 수도 있다. 그 이후 제품 공급을 늘린다고 해서 다시 영업 성과가 금방 좋아지는 것도 아니다. 이미 고객들은 부족한 물량 때문에 고생하다가 경쟁사로 공급원을 바꾼 뒤라서 다시 단순히 제품 공급을 늘린다고 해서 영업이 다시 살아나지도 않는다.

영업 성과가 나빠질 때 그 원인을 파악하지 못하면 단순히 상황에만 대응하게 된다. 만약 영업사원을 다그쳐서 영업 성과가 좋아질 수 있다면, 누구나 영업 실적을 늘릴 수 있을 것이다. 영업 성과가 나빠지는 데는 많은 요인이 있기 때문에 근본적인 원인을 파악해야 한다.

상황판이 예쁘게 잘 만들어지고 잘 돌아가면 경영진은 마치 자기가 모든 것을 알고 있다고 오판할 수 있다. 상황판을 보는 시간이 늘어날수록 현장에 가서 직접 피부로 느끼는 시간이 줄어드는 문제가 발생할 수 있다. 그렇다고 상황판이 필요 없다는 것은 아니다.

조직의 장기적인 성과는 수치화하기 어려운 것에서 비롯되는 경우가 많다. 여기에는 경영진에 대한 조직원의 존중, 조직원 개개인의 경력 개발에 대한 비전, 교육과 훈련, 코칭, 상사가 부하를 대하는 방식, 조직원의 자율과 권한 부여, 전반적인 문화 등이 있다. 상황판에는 매일매일 또는 자주 바뀌는 수치가 올라온다. 오랜 기간 바뀌지 않는 정보는 사람들에게 지루하게 느껴지며 더 이상 상황판에 올릴 필요가 없다고 판단되기 때문이다.

상황판은 경영에 도움이 될 수 있는 다양한 도구 중 하나이다. 그러나 그 도구가 자체 논리에 빠져 들어가면 그리고 현상에 대해 깊이 있는 분석과 고민이 없이 그때그때 바뀌는 수치에 대한 논의로 변질되면 오히려 경영에 악영향을 미칠 수도 있다. 어떤 하나의 도구에 대한 과신보다는 다양한 견해, 현장 조직원의 목소리, 시장에서의 목소리, 고객의 반응 등을 피부로 느끼고 생생한 현장의 느낌을 상황판의 내용과 연계해서 보아야 근본적인 원인에 대한 적절한 조처를 할 수 있게 된다.

답을 내야 진짜 리더다

보수적이고 관료적인 조직에서의
변화 관리

조직과 사람이 보수화되는 데는 다양한 이유가 존재한다. 먼저 그 조직 또는 사람이 왜 보수화되었는지를 이해해야 한다. 조직은 과거의 기억에서 자유롭지 못하다. 경영진이 처벌받았거나 감사에서 실패했거나 해고당한 경우에 조직원들은 가슴 깊이 이를 새기게 된다.

불이 난 집에서 아기가 울고 있다면, 소방관은 우선 아기를 구하는 데 집중한다. 이후 사후적으로 도면을 분석해 보면, 뒷문이 있었다는 사실을 알게 될 수 있다. 만약 앞문을 부수지 않고 뒷문으로 들어갔더라면, 앞문을 부수는 행동은 필요하지 않았을 것이다. 하지만 그렇다고 해서 소방관이 앞문을 부쉈던 행동을 비난할 수는 없다. 이론적으로 도면을 구하는 시간, 뒷문의 존재 여부, 뒷문이 열렸을 가능성, 뒷문을 확인하고 만약 잠겼을 경우 다시 앞문으로 걸리는 데 드는 시간 등등을 사후적으로 구할 수 있지만 사전적으로 정황상 다 고려하기는 어렵다. 비난이 심해지면 진짜 중요한 목적인 아기를 구하는 것보다 앞으로 앞문, 뒷문을 조사하는 데 더 신경을 쓸 것이다.

지금까지 일해 본 조직 중에 조직이 변화 없이 현상을 유지해 지나치게 보수적이 된 이유를 열거해 보면 다음과 같다. 각 항목은 상호 배타적이지 않으며, 여러 가지 이유가 혼재되어 나타난다.

- **직업 상실에 대한 두려움**: '비용 절감', '효율성 향상'이라는 단어가 나오면 그 이후에 발생할 수 있는 직업 상실에 대한 두려움이 있다. 변화 관리에서 이러한 단어를 내세울 때 결과적으로 인력 구조에는 어떠한 영향이 미칠 것인지, 만약 인력을 줄여야 한다면 어떠한 기준으로 할 것인지를 미리 투명하게 제시하지 않으면 조직은 변화에 저항하게 된다.
- **규제 당국의 조치**: 특히 규제 당국에서 해당 기업이 규제를 어겼다고 하고 이에 따른 상응 조치로 임원진에게 큰 악영향을 미쳤다면 조직은 이 부분에 대해 민감하게 반응한다. 물론 규제가 필요하고 규제를 어긴 기업에는 그에 상응하는 조치가 취해져야 한다. 문제는 많은 나라의 규제 당국, 특히 후진국의 규제 당국은 전문성이 떨어지다 보니 내용상의 문제가 아니라 과정상의 문제를 제기하는 경우가 많다. 경영상의 판단은 그 당시 상황으로 보아서 의도적으로 문제를 만들거나 규제를 어기기 위한 것이 아니라 그 당시에 적합한 의사결정이지만 사후에 손실이 발생할 수도 있다. 모든 신규 사업이 항상 수익을 보장하는 것은 아니다. 따라서 특히 후진국의 규제 당국은 내용을 판단하기 어려우므로 과정상의 문제에 집

답을 내야 진짜 리더다

중한다. 어떤 순서로 누가 어떤 의사결정을 했으며 이에 상응하는 회의가 있었고 누가 참석했는가? 이러한 회의가 공식적으로 의사결정 기구로, 회사 내에 규정이 있으며 이러한 규정은 규제에서 정한 방식을 잘 따르고 있는가? 이러한 상황이 반복되면 회사는 규제 내용을 해석하고 이를 회사 규정에 반영하고 그 규정에 따라 순차적으로 일을 처리하는 것을 실질적인 업무보다 더 신경 쓰는 상황이 발생하게 된다. 이러한 규정을 만들고 규정을 따르는지 확인하는 부서의 인원수가 계속 늘어나고 의사결정의 속도는 계속 떨어진다.

- **사소한 실수, 좋은 의도로 도전한 과제의 실패를 처벌함:** 사소한 실수나 좋은 의도로 도전한 과제가 실패했을 때 이를 처벌하면 조직원들은 이미 검증된 방식대로 하던 일만 하게 된다. 시도했다 실패하면 처벌을 받지만 시킨 일만 시킨 방식대로 하면 문제가 없다. 권한 이양이 아니라 사소한 일까지 경영진에게 보고가 올라가고 승인을 받고자 한다. 권한이 상향으로 이양된다. '내 잘못이 아니야. 난 시킨 대로 했어. 살아남으려면 검증된 방법으로 시킨 일만 해야 해. 괜히 나서지 마.'라는 생각이 강해진다.

- **주주 가치, 고객 가치, 기업 가치가 아니라 정치판:** 어떤 나라에서는 어떤 기업에서의 지위가 다음 단계로 가기 위한 중간 과정인 경우가 있다. 은행장이 나중에 규제 당국의 수장이 되거나 재무 부처의 장관이 되는 중간 과정으로 인식되는 나라도 있다. 이 경우 은행장은 자신이 은행장으로 재직하는 동안 가능한 한 별 무리 없이 하던 대로 잘하려고 한다. 괜히 뭔가 했다가 실패하면 낙인이 찍힌

다. 변화를 추구하면 잡음이 나온다. 다음번 높은 자리의 후보자가 되었을 때 자꾸 잡음이 들린다. 우리나라에서는 경영진도 대부분 봉급쟁이이다. 회사에 있는 동안 너무 무리해서 매몰차게 일을 추진하면 은퇴 후 외롭다. 회사의 이익이 아니라 내 사람들을 잘 챙겨 주어야 은퇴 후 명절 때 선물이 들어오고 같이 밥 먹자고 연락도 온다.

- **순리대로 하자 문화**: 모든 중요한 변화에는 잡음이 있다. 변화를 하는 순간 각자의 권한과 책임이 조금이라도 바뀐다. 내가 할 일이 늘어나고 아무리 공정하려고 해도 자로 잰 듯 모두의 기여를 책정해 정확히 보상하기가 어렵다. 논공행상을 하다 보면 주관적으로 불만이 있는 사람이 나온다. 아무것도 하지 않고 있는 그대로만 하면 이러한 잡음이 없다. 잡음이 나올 때 진짜 원인이 무엇인지 확인하지 않고 무턱대고 잡음을 문제로 보고 처벌하면 모두 있는 그대로 하는 사람들이 된다.

- **건방짐**: 우리 회사의 실적이 좋고 당장 눈에 보이는 위협이 없다. 따라서 지금 하던 대로만 하면 잘 굴러갈 것이라 생각한다. '내가 있는 동안 문제 없이 잘 지내면 되지 후임자의 문제까지 내가 걱정할 필요는 없다. 지금 내가 힘들여서 무언가 시작하면 결국 내가 그 자리에 없을 때 그 성과가 나타날 것이며 이건 내 후임자에게 좋은 일만 하는 거다.'라는 생각이다.

- **누적된 규정집**: 기업의 하루하루는 사건과 사고의 연속이다. 어디선가 무언가가 잘못된다. 이러한 잘못이 일어나면 근본적인 원인을 따지기보다는 새로운 규정을 만든다. 물론 그러한 규정이 처음

답을 내야 진짜 리더다

만들어질 때의 의도는 좋다. 하지만 오랜 기간 그러한 규정들이 늘어나면 점점 더 운신의 폭이 줄어든다. 수많은 규정 중에는 서로 상충하는 부분도 생긴다. 새로운 프로젝트나 새로운 방식을 도입할 때 모든 규정을 검토하고 조금의 문제도 없도록 하려면 대단히 힘들다. 그냥 가만히 있는 것이 더 좋다.

이처럼 조직이 관료화되고 보수적이 되는 데는 다양한 원인이 있다. 이러한 어려움 속에서 더 유연하게 변화에 적극적으로 적응하며 선제적으로 변화를 이끄는 조직을 만들기 위해서는 다양한 노력을 해야 한다. 어떤 경우에는 속 시원한 해결 방안이 없을 수도 있다. 업계 관행, 업계가 처한 상황, 진출해 있는 나라의 규제의 내용, 규제가 실행되는 상황 등 다양한 외생변수에서 자유롭지 못하기 때문이다. 뾰족한 묘수는 없지만 다음의 방안들을 고려해 볼 수 있다.

- 모든 변화를 추진할 때 필요한 원칙을 정하고 이를 잘 따른다. 변화 추진에 따른 결과를 어떻게 적용하고 이해득실을 어떻게 조정할지 설명해서 조직에 신뢰를 주어야 한다.
- 감사의 허상을 파헤친다. 과거 규제 위반 사례를 실제로 살펴보면 원인을 잘못 알고 있거나 처벌에 대해 잘못 알려진 경우가 많다. 정확한 원인 분석과 처벌의 이유를 알려 주지 않으면 조직은 최악의 상황을 가정하고 실제보다 부풀려서 처벌을 기억한다.
- 어떤 실수가 허용되는지 알려 준다. 좋은 의도를 가지고 미리 위험을 고려하다 실수하거나 실패한 경우 조직이 보호해 주어야 한다.

- 아무것도 하지 않는 것에 대해 문제 삼아야 한다.
- 규정집은 주기적으로 정돈한다. 우리는 매일 일어나서 세수를 하고 이를 닦고 화장실에 간다. 가만히 놔두면 어디엔가 노폐물이 쌓이기 때문이다. 조직에도 노폐물이 발생한다. 규정집은 주기적으로 재검토하고 정돈해야 한다. 계속 새로운 규정만 더하다 보면 조직이 운신할 수 있는 폭이 계속 줄어든다. 모든 규정은 처음 만들 때 재검토 주기를 정하고 그 시기가 되면 재검토해야 한다.
- 어려운 과제를 풀기 위한 전담팀을 만들고 권한을 준다.

조직은 자연스럽게 보수화되고 관료화된다. 마치 흐르는 강물에서 역방향으로 노를 젓듯이 우리는 항상 보수화와 관료화를 막기 위한 노력을 쉼 없이 해야 한다.

답을 내야 진짜 리더다

타임머신 타고 과거로 가서
설득할 자신이 있는가

1997년 금융위기가 왜 어떻게 발생했는지 어느 정도 알고 있는 지금 1996년으로 타임머신을 타고 가서 지금은 부도로 없어진 기업의 경영진에게 선제적 조처를 하도록 설득할 수 있을까? 2008년 세계 금융위기의 원인을 어느 정도 알고 있는 지금, 2006년 또는 2007년 초로 타임머신을 타고 가서 지금은 수많은 주주에게 손해를 미치고 없어졌거나 합병당한 금융기관의 경영진 또는 이사회를 설득할 수 있을까?

당시에 많은 금융기관이 서브프라임 모기지를 늘리고 주택담보증권 등 복잡한 금융상품과 신용파생상품(CDS)으로 (이론적으로는 위험을 분산하면서) 막대한 수익을 올렸다. 2007년 당시 씨티은행 은행장이었던 찰스 척 프린스는《파이낸셜 타임즈》와의 인터뷰에서 다음과 같이 말했다.

"국제 금융에서 유동성은 엄청나며 중대한 파괴적 상황이 발생하지 않는 한 차입매수(Leverage Buy-Out: LBO) 시장에서의 문제는 발생하지 않을 것이다. 음악이 흐르는 한 당신은 일어나서 춤을 추어야 한다(As long as the music is playing, you've got to get up and dance)."

이 말은 향후 금융위기의 원인과 금융인의 마음가짐을 비판하는 인용구로 자주 사용하게 되었다. 남들이 다 돈을 버는데 혼자서만 아직 알려지지 않은 위험에 대해 보수적으로 생각하며 그 돈을 벌지 않고 있다면 무능한 경영자라 지적받고 그 자리를 보존하기도 힘들 것이다.

우리는 사후적으로 더 많은 정보를 갖게 되고 더 객관적으로 문제를 볼 수 있게 된다. 사후적으로 우리는 모두 뛰어난 전략가이자 뛰어난 위기 관리자이다. 문제는 그 당시에 그러한 목소리를 들을 용기가 있냐는 것이다.

2015년에 나온 영화 〈빅쇼트〉는 이러한 문제를 잘 보여 준다. 2005년부터 시작된 서브프라임 대출의 증가 등 모든 사람이 시장을 긍정적으로 보고 있을 때, 일부 사람들만이 시장의 위험성을 간파하고 공매도를 한다. 당시에 소수였던 이들은 시장에서 비웃음의 대상이었다. 냉철하게 시장을 보고 비난과 비웃음을 버티며 결국 성공했지만 그 과정은 상당히 어려웠다.

답을 내야 진짜 리더다

진짜가 나타나면
가짜가 횡포를 부린다

모 금융기관을 컨설팅할 때였다. 미국의 우수한 기업에서 데이터 분석 전문가라고 하는 재미 교포를 만나게 되었다. 미팅을 할수록 이분의 전문성에 점점 더 의심이 갔다. 가장 기초적인 통계 방법에도 맞지 않는 방식으로 모델을 만들고 검증하는 것이었다. 보통 모집단의 데이터를 실험 집단과 통제 집단으로 나누고 실험 집단에서 만든 모델이 통제 집단에서도 통하는지를 검증해야 하는데, 실험 집단을 전체 데이터를 대상으로(하나만 빼고) 모델을 만든 뒤 다시 통제 집단을 전체 모은 데이터(실험 집단에서 뺀 데이터와는 다른 하나만 빼고) 모델을 검증하는 것이었다.

이분은 자기가 그 기업에서 데이터 분석 부문의 대표였으며 본인이 하는 방식이 더 발전된 방식이라고 주장했다. 이해가 잘 되지 않아서 아는 분들을 통해 그 기업의 데이터 분석 부문 대표를 찾아 한국에 모셔왔다. 직접 대면을 해 보니 그 교포분은 데이터 분석 부문의 대표가 아니라 그 부문 팀의 팀원이었다. 그때부터 이분은 우리를 공격하기 시작했다. 모든 대화를 녹음하고 앞으로 하나라도 틀린 것이 있으면 고소해서 잘잘못을 가리겠다고 나오기 시작했다.

경영진에게는 우리에 대한 험담, 유언비어 등을 퍼트리고 있었다. 결국 경영진이 보는 앞에서 그 기업의 데이터 부문 대표와 대질을 해서 이분이 그 부문 대표가 아님을 증명하는 방법밖에 없었다. 그때만 해도 이메일이나 구글 등이 잘 발달되지 않아서 이러한 확인이 쉽지 않던 시절이었다.

진짜가 나타나면 가짜가 횡포를 부린다.

답을 내야 진짜 리더다

1997년 외환위기로부터 배운 변화 관리의 교훈들

IMF는 한국 금융위기의 원인과 상황을 고려하지 않고 초기에는 남미와 유사한 급격한 이자율 인상과 재정 긴축이라는 잘못된 처방을 사용했다. 이에 따라 부도는 더욱 가속화되었다.

우리나라의 금융위기를 치유하기 위해서 당시에 올바른 처방은 첫째, 유동성 공급을 통해 금리를 저금리로 유지하고, 둘째, 장기적인 경쟁력은 있으나 일시적으로 어려운 기업에 구제 금융을 하고, 셋째, 근본적인 경쟁력이 없던 기업은 구조조정으로 산업의 경쟁력을 확보하고, 넷째, 정부는 재정 지출을 통해 어려워진 경기를 부양하는 대책이었다.

그러나 IMF는 남미의 금융위기에 적합한 대응 방안을 우리나라에도 적용했다. 그 때문에 오히려 우리나라의 금융위기는 필요 이상으로 더 큰 고통을 초래했고, 그 후유증도 더 커졌다.

종금사들이 위험한 대출을 한 데는 금융기관 간 감독체계의 일관성 부족도 일부 원인이었다. 당시 은행은 한국은행 산하 은행감독원이 감독했으나 단자사는 재무부의 감독을 받는 구조로 인해 금융기관 전반에 걸친 통합적 감독이 이루어지지 못했다. 또한 은행들은 꺾기(예: 대출금의 일부를 다시 은행의 예금으로 유치해 실질적인 대출 금리를 높이는 관행)와 투명하게 별도 관리되지 않는 신탁, 자기자본에 비해 과도한 자기자본 투자(예: 주식 및 채권투자) 등 자본 건전성에 악영향을 미치고 투명성을 저해하는 관행을 가지고 있었다.

가장 큰 문제는 은행들이 대기업에 지나치게 편중된 대출을 하고 있었다는 것이다. 대기업에 미래의 신용 상황에 대한 분석보다는 단순히 망하지 않을 것이라는 '대마불사'의 믿음과 정부의 창구지도(법률이나 규정에 의한 것이 아니라 비공식적으로 요청하는 방식)에 따라 대출을 해서, 대출 상환 능력에 비해 과도하게 대출이 나갔다. 따라서 기업이 부실화되자 은행도 동반적으로 부실화된 것이다. 처음에는 은행을 정상화하는 자본 확충에 167조 원 정도가 사용되었고, 나중에 추가로 20조 원 이상이 투입되었다. 초기에 충분한 자본금을 투입하지 않았던 한빛은행(현 우리은행)에는 추가 자본 투입이 일어났다.

정부는 금융위기를 처음 겪었기 때문에 사전에 잘 준비된 대응책이 부족했던 것으로 보인다. 또한 금융위기의 원인과 대처 방안에 대해 준비가 부족해 IMF의 잘못된 처방을 받아들인 것에 대해서도 반성할 부분이 있다.

다만, 외환위기 직후 빠른 속도로 은행에 자본금을 투입해 은행권을 안정화시켰으며, 구조적으로 어려움을 겪던 지방 은행들을 견실한 은행에 자산·부채 이전 방식으로 합병(P&A) 했다. 이러한 조치는 어려운 상황에서 빠른 시간 안에 가장 중요한 시스템 리스크가 있는 은행권을 안정화하는 데 기여했다.

한일은행과 상업은행의 합병 후 구조조정으로 비용을 줄이고 정부가 자본금을 투입해 안정화한 사례는, IMF 등이 "부실은행 간의 합병은 실패한다."는 경고를 했음에도 시스템에 미치는 영향을 고려해 내린 결단 중 하나였다.

하지만 이제 와서 잘잘못을 따지기보다 어떤 교훈을 얻었고, 앞으로 어떻게 대처해야 하는지를 고민해 보는 것이 좋을 듯하다.

정부 부문

- 회계의 투명성이 대단히 중요하다. 회계 감독 기업의 독립성을 유지하기 위한 다양한 대책이 필요하다.
- 금융기관, 특히 은행에 대한 감독이 대단히 중요하다. 은행의 자본 건전성이 잘 유지되어야 한다. 대출 위험, 유동성 위험, 시장 위험 등이 복합적으로 고려되어야 한다. 은행의 지배구조와 거버넌스의 독립성이 중요하다.
- 유동성이 크고 깊이가 있는 자본시장, 외환시장이 위기 상황에 완충제 역할을 한다.
- 중앙은행의 독립성, 특히 인플레이션의 관리, 통화량의 관리, 금리의 관리가 중요하다.
- 정부가 장기 재정 건전성을 유지하는 것이 중요하다. 단기적으로 부양책을 쓸 수 있으나 지속적인 재정 적자를 누적하는 것은 위험하다. 기업 입장에서 적정 수준의 현금 확보는 위기 상황에서 가장

중요한 생존 조건이다.

- 노동시장의 유연화를 위해서는 기업의 고용/해고의 자유와, 사회 복지 제도상의 안전망을 조화시켜야 한다. 은행은 자본 부족보다 현금 부족으로 위기를 맞는 경우가 더 많다. 은행의 유동성도 중요한 문제이다. 보통예금/저축예금의 규모, 예금 대비 대출 비율, 장기 모기지 대출 대비 보통예금/저축예금의 비율 등이 중요한 유동성 관련 지표이다.

금융기관 부문

- 조기 경보 시스템을 갖추는 것이 중요하다. 시스템적인 부분을 갖추어야 하지만 현장의 목소리가 경영진에게 여과 없이 빨리 전달될 수 있는 내부 신뢰도 구축이 더 중요하다.
- 은행이나 금융기관이 어려워지면 내부 조직 통제가 어렵다. 숨어 있던 많은 도덕적 해이들이 더 커지기 시작한다.
- 위기가 생긴 직후 금융기관은 장기적인 건전성을 악화시키는 무리한 비용 절감과 인원 감축을 추구한다. 지나고 보면 장기적 건전성과 조직의 안정성이 망가져서 수습 비용이 더 커진다.

기업 부문

- 기업의 성장도 중요하지만 주주 가치를 창출하면서 동시에 건전한 재무 구조를 유지하면서 성장해야 한다. 기업의 매출 규모의 성장보다 장기적인 주주 가치 창출이 중요하다.
- 불가피한 상황에서 구조조정을 하면 상당히 고통스럽다. 평상시

답을 내야 진짜 리더다

에 꾸준히 경쟁력이 없어진 사업, 개선하기 힘든 사업을 정리하고 신규 사업을 발굴해 나가야 한다.

• 급매물이 나오는 순간, 준비되었던 금융 전문가들에게는 엄청난 기회를 준다.

제3장 실행

뭘 알아야 제대로 실행한다
식당 주인이 조리를 모르면 주방장 관리가 안 된다

실행이란

전략이 수립되면 이를 실행에 옮겨야 한다. 실행 과정에서 발생하는 일반적인 인식의 문제는 다음과 같다.

1. 실행의 결과는 복합적 요인의 산물이다.

실행의 결과는 잘 수립된 계획, 적정한 자원, 필요 역량, 관련 부서의 협조, 경영진의 의지와 지원 등 여러 요인에 기인한다. 계획을 얼마나 구체적으로 얼마나 정교하게 만드느냐에는 상당한 노력이 들어가지만 그 외의 요인에 관해서는 상대적으로 덜 노력을 기울인다. 특히 인공지능, 빅데이터, 디지털 기술 등 새로운 영역에 필요한 인재와 역량을 확보하기보다는 있는 자원만을 가지고 시도하는 경우가 많은데 이 경우에는 계획은 구체적이지만 어떻게 하는 줄 몰라 현실적인 결과물이 나오기 어렵다. 가장 큰 어려움은 무엇을 모르는지 모를 때 찾아온다.

2. 잘 모르면 어려운 정도를 과소평가한다.

구체적인 내용을 이해할 만큼 잘 아는 분야는 실행할 때 필요한 자원이나 시간을 적정선에서 가늠하는 것이 가능하다. 하지만 잘 모르는 부분에서는 필요한 시간과 노력을 대부분 과소평가하기 마련이다. 해 보지 않은 일은 구체적 내용을 모르기 때문에 왠지 쉬워 보인다. 많이 해 본 일은 그 이면에 얼마나 복잡하고 어려운 일들이 있는지 알기 때문에 보다 현실적으로 계획하게 된다.

3. 사업의 세계에는 예상치 못한 나쁜 뉴스가 더 많다.

투자자의 세계에 '지난 1,000일'이라는 경구가 있다. 2024년 현재 지난 1,000일은 대략 지난 3년이다. 누가 COVID-19를 예상했고 러시아 전쟁을 미리 고려했으며 이러한 상황을 극복하기 위한 재정 투입과 전쟁의 여파에 따른 인플레이션을 고려했겠는가. 정교한 계획을 짜는 데 너무 큰 노력을 들여서 새로운 정보나 상황과 마주했을 때 오히려 그 계획을 수정하고 탄력적으로 대응하는 데 방해가 되는 경우가 많다.

4. 우리는 상당수의 경우 통제에 대한 환상을 가지고 있다.

멋지게 잘 만들어진 계획과 정교하게 만든 미래의 현금 흐름 또는 사업의 향후 손익 계산서가 있으면 실행이 될 것으로 착각하기도 한다. 그러나 미래는 대부분 우리가 완벽하게 통제하기 어렵다. 우리가 할 수 있는 일을 하고 새로운 상황에 끊임없이 조정하고 대처하는 유연함을 가져야 한다. 정해진 방향을 큰 그림으로 잡고 유연하게 대처하되, 상황이 크게 변해 방향을 바꾸어야 하는 경우 주저 없이 바꾸어야 한다. 대부분의 조직은 내부 관료주의로 인해 경영진과 이사회에 보고되고 승인받은 계획을 바꾸기보다는 따로 위에서 지시 사항이 없는 한 지금까지의 추진력에 따라 지속적으로 진행되는 경향을 보인다.

5. 내로남불, 우수사례에 대한 환상을 갖는다.

남이 하는 것은 쉬워 보이지만 막상 내가 해 보면 어렵다. 우리는 우수 사례의 수집과 베스트 프랙티스를 좋아한다. 하지만 타이거 우즈의 우승만 보고 그가 지닌 타고난 육체의 우수함과 보이지 않는 엄청난 노력을 간과하기 쉽다. 우수 사례는 참조는 되지만 각 기업이 처한 상황과 여건이 다르기 때문에 그냥 복사해서 쓸 수 있는 것은 아니다. 또한 우수 사례는 결과만 보여 줄 뿐 과정이 상세하게 드러나지 않았기 때문에 어떻게 해야 하는지는 알 수 없다.

6. 지나고 나면 모두 우수한 전략가이다.

남이 해 놓은 일을 비판하는 것은 누구나 할 수 있다. 지나고 보면 실행 초기에 몰랐던 수많은 정보와 피드백이 쌓이기 때문이다. 과거에 대한 논평은 누구나 할 수 있다. 그럼 지나고 나서가 아니라 사업 계획을 논의했던 그때 그 문제를 제기해야 했다. 그러나 막상 내가 직접 하는 것은 정말 어렵다.

7. 도구가 목적이 되면 실행에 실패한다.

경영의 세계에는 새로운 도구가 늘 등장한다. 린 경영(Lean management) 방식, 리엔지니어링, 애자일(Agile) 방식, 새로운 디지털 도구, 인공지능 등 우리는 새로운 도구가 계속 발생하는 환경에 있다. 문제는 도구가 목적이 되면 실행에 실패한다는 것이다. 어떠한 경영상의 문제를 풀 것인지, 고객의 어떠한 불만을 해소하고 욕구를 충족시킬 것인지가 먼저 명확해야 하고, 그 문제를 풀기에 그 도구가 가장 적합한지를 객관적으로 고려해야 한다.

인공지능이 나오자 대부분의 기업은 문제가 무엇인지 정의하기 전에 마구잡이로 도입하려고 하고 있다. 수천 개의 PoC(Proof of Concept, 대규모 실행 전에 그러한 개념이 현실성과 실효성이 있는지 소규모로 실험해 보는 것)이 진행된다. 모두 망치를 들고 못을 찾아다닌다. 못이 아닌 것도 망치로 내리치려 한다. 최고 경영자가 인공지능을 도입하라고 지시하니 무언가 보여 주어야 한다. 대부분 실효성이 과대 포장된다. 이러한 과대 포장과 마구잡이식 도입은 조직에 피로감만 주고 진짜 인공지능이 필요한 문제가 있어 도입하려 할 때 조직의 저항감만 키우게 된다.

8. 지나치게 많은 일을 한꺼번에 하려고 한다.

전략 기획이 수립되면 현상(as-is), 미래의 도달점(to-be)이 정의되고 현상에서 미래의 도달점에 빨리 가기 위해 수많은 과제가 도출된다. 미래의 도달점은 더욱 이상적으로 세계 최고를 지향한다. 도전적이 되기 위해 세계 최고만이 목표점이다. 이를 달성하기 위해서는 해야 할 일들이 태산이다. 많은 과제가 도출되고 멋진 계획이 수립된다. 조직의 수용 가능성, 집중을 통한 실행력의 확보보다는 경영진의 기대치에 부응하기 위해 활동주의(activism, 실제로 무엇을 하는지가 중요하지 않고 바쁘고 하는 일이 많아 보이게 함으로써 정서적 안정감을 느끼는 상황)이 지배하게 된다. 실행을 위해서는 몇 가지를 집중적으로 하는 것, 즉 집중을 통한 돌파(concentrated penetration)가 필요하다.

9. 세계 일류는 마법의 한 방으로 이루어진 것이 아니다.

많은 기업이 세계 일류로 가기 위해 노력한다. 그러나 세계 일류는 하루아침에 이루어진 것이 아니라 많은 부분에서 사소한 차이들이 끊임없이 누적되어 어느 수준을 지났을 때 이루어진다. 그러나 어떤 기업들은 무엇인가 마법의 한 방을 찾는다. 그러한 마법이 있다면 세계 모든 기업이 그 마법을 배워서 모두 한 방에 세계 일류가 되었어야 한다. 그러면 모든 기업이 세계 일류이므로 세계 일류가 따로 존재하지 않는다. 마치 아무런 위험도 없고 확실하게 단번에 대박이 나는 투자 방법을 찾는 것과 같다. 쉽게 대박 나는 방법이 있다면 일단 의심해야 한다. 물론 그러한 사소한 차이를 꾸준히 만들어 가는 데 조금 더 효과적인 방법이 있을 수는 있다. 골프를 혼자 독학하기보다 프로에게 지도를 받는다든지, 운동을 할 때 피트니스 전문가에게 지도받는 것이 아무것도 모르고 운동만 많이 하는 것보다는 더 효과적인 것처럼 말이다. 그러나 운동하지 않고 갑자기 복근이 생길 리 없고, 세계 최고의 격투기 무대에서 이기기는 더 힘들다.

실행에 대해 잘못된 인식에 대해 논의해 보았다. 재미있는 것은 후진국으로 갈수록, 기업의 업력이 짧을수록, 기업의 수준이 낮을수록 앞에서 논의된 잘못된 인식이 일반적으로 더 많다는 것이다. 인식이 개선되는 것 또한 조직의 성숙도와 비례하는 것 같다.

사례 19
마른 수건에서 물 짜기: 4,000억 원의 절약

국내 유수의 제조업체 D사는 해당 업종에서 선두를 달리고 있고 운영 효율성이 우수한 업체로 정평이 나 있었다. 그러나 중국 제조업체가 낮은 가격으로 시장을 공격해 오자 품질 차이 대비 가격 차이가 커서 상당한 수준의 비용을 절감해야 하는 상황에 처하게 되었다.

문제는 대다수의 사람, 특히 공장에서 근무하는 생산 부서, 공무 부서 직원들이 더 이상 비용을 절감할 내용이 없으며 추가 비용 절감은 마른 수건에서 물 짜기이고 대대적인 비용 절감은 불가능하다고 믿고 있었다는 점이다.

먼저 기회 포착을 위해 다음을 분석해 보기로 했다. 생산 부문에서는 다음을 추진했다.

- 가장 작은 단위로 공정을 나누어 본다.
- 각 최소 단위 공정별로 이론 한계치를 계산해 본다. 예를 들어, 스팀이 40킬로그램 압력으로 120도의 온도를 유지하며 그 공정에 투

입되었다면, 이론 한계치에 따르면 그 공정을 통과한 후에도 동일한 압력과 온도를 유지해야 한다. 원재료의 효율성이 최고 수준이라면, 부산물이 발생하지 않고 낭비되는 물량도 없어야 한다. 또한, 원래 공정에서 설정된 방정식대로 배합되어야 하며, 화학적 반응을 통해 정확한 결과물이 나와야 한다.

- 그러한 이론 한계치와 현재의 수치의 차이는 얼마인가? 그 차이가 크다면 원인을 파악하기 위해 어떻게 가설을 세울 수 있는가? 만약 현재 수치를 알 수 없다면, 그 수치를 측정하기 위해 어떤 작업을 수행해야 하나? 연속 공정의 경우 콘트롤 밸브를 설치해야 알 수 있는데, 그렇다면 얼마나 많이 설치해야 하나? 모든 소규모 공정에 콘트롤 밸브를 설치하려면 비용이 발생하는데, 어떤 공정에 먼저 설치해야 하는가?

- 가설을 수립하기 위해서는 생산 부문, 공무 부문, 물류 부문 등이 모두 참여해야 한다.

- 이론 한계치와 현재 값의 차이를 40% 줄여야 한다면, 그 목표는 어떻게 될 것인가? 예를 들어, 스팀 온도가 120도로 투입되었는데 110도로 통과했다면, 차이값은 10도이고 그중 40%를 줄인다면 최소한 114도로까지 올라가야 한다. 어디에서 열 손실이 발생하는가?

- 생산 부문과 공무 부문이 같이 일해야 했고 이를 위한 태스크 포스 팀이 구성되었다. 어려운 점은 가장 우수한 직원들이 이 팀에 전업으로 매달리게 하는 것이었고 현재 생산이나 공무에 지장을 주는 어려운 상황이었지만 직원들이 모두 경쟁에서 이기고 살아남기 위해 의견을 모으고 희생할 용의가 있었다.

- 이러한 접근법으로 총생산 원가의 4~5%를 절감할 방안을 찾아내고 추진하게 되었다.
- 전 공장에서 가장 존경받는 부서장이 이 팀을 총괄했다.

구매 부문에서는 다음을 추진했다.

- 현재 우리가 구매하는 모든 항목을 다 나열해 보면 어느 항목의 구매 금액이 가장 큰가? 주요 원자재(예: 원유, 철광석 등)를 제외한 항목 중에 가장 큰 항목은 무엇인가?
- 우리가 구매하는 물품의 총 생애 비용(total cost of ownership)을 아는가? 총 생애 비용은 구매 비용, 설치 비용, 공무 비용, 고장 시에 발생하는 기회비용, 전기료, 수도세 등등 해당 항목을 구매하고 사용하는 데 들어가는 총비용을 의미한다. 이러한 분석을 해 보니 값이 상대적으로 저렴한 모터나 펌프의 경우 구매 비용이 더 높은 제품 대비 총 생애 비용이 더 높은 것으로 나타났다. 그동안 구매 부서는 주어진 스펙에 맞는 가장 싼 제품을 구매하는 데만 집중하고 있었다.
- 분석상에 가장 큰 어려움은 구매 비용과 각 해당 항목 제품의 공무 비용, 전기/수도 사용료, 교체 기간과 이에 따른 기회비용을 전 생애 주기로 총합산하는 것이었다. ERP에 그러한 자료가 없어서 초기에는 수작업으로 자료를 모으고 다음에는 전산 시스템을 보완해 전산상으로 계산이 되도록 했다.
- 이러한 분석을 통해 단순 제품(예: 파이프, 밸브, 피팅 등)은 5% 내

외, 복잡한 제품(예: 모터, 펌프)은 10~20%의 총 생애 비용을 절감할 수 있었다.
- 구매 비용을 줄이는 것이 아니라 총 생애 비용을 줄여야 하므로 구매 부서, 생산 부서, 공무 부서, 물류 부서, 재고관리 부서 등이 협업하는 태스크 포스 팀을 만들고 각 팀에게 권한을 주어야 했다.

판매 부문에서는 다음을 추진했다.

- 현재 우리의 SKU(Stock Keeping Unit)별로 각 상품의 수익과 비용은 얼마인가? 여기서 비용은 단순 제조 원가뿐만이 아니라 저장 비용, 물류 비용 등을 모두 포함해야 하고 여러 제품을 생산하기 위한 제조 설비 교체나 제조 설비 조정 등의 비용도 모두 고려해야 한다.
- 이러한 분석을 통해 보니 제조되는 모든 제품 중에 실질적인 이익이 나지 않는 제품군이 상당수 있었다. 한편 영업의 의견을 들어서 손해가 나더라도 반드시 구색을 갖추어야 하는 제품들은 생산을 지속하고 구색상 필요 없는 제품들은 생산을 중단하기로 했다. 여기에서 대략 10% 내외의 제품군을 줄일 수 있었고 이에 따라 실질적 이익이 5~7% 정도 상승할 수 있었다.

이상의 모든 활동을 추진하고 실행하는 데는 약 2년이 걸렸고 전체 제조 원가의 4,000억 원 정도를 줄일 수 있었다. 이 일을 총괄한 부서장은 이후에 공장장이 되었고 이 이후에는 사장으로 승진했다.

사례 20
모든 고객은 가격에 민감하다?

우리는 고객이 가격에 민감하다고 생각한다. 아마 대부분은 맞을 것이다. 그러나 어떤 가격에는 고객이 민감하게 반응하지 않는다. 가격이 유일한 구매의 고려 사항이라면 고급 양복도 고급 차량도 팔리지 않을 것이다.

이번 이야기는 국내 우수의 은행 E의 사례다. 수수료 수익이 점차 하락해 전반적으로 점검할 필요가 있고 수수료 수익 증대 방안을 찾아야 하는 상황에 처하게 되었다.

다음의 분석을 진행했다.

가계 금융 부문

- 현재 발생하는 모든 수수료에는 어떠한 종류가 있는가? 실제 회계상 100여 가지 이상의 수수료(fees and charges)가 있었다.
- 각 수수료의 부과 기준이 무엇이고 어디에서 예외적인 면제가 발생하는가? 이러한 예외적 면제는 어떠한 과정을 거쳐 승인되는가? 대다수의 면제는 담당 영업사원 또는 지점장의 권한으로 면제되고 있었다. 아직 우수고객이 아니어도 우수고객에 준하는 수수료 면제가 특정 지점에서 평균보다 훨씬 높게 발생하는 점을 발견했다. 수수료 부과 기준과 면제 기준을 더 구체화하고 예외적 승인을 적절하게 할 수 있는 원칙을 만들었다. 현장 영업사원의 목소리도 경청해서 단순히 승인을 어렵게 만드는 것이 아니라 체계적으

로 수수료를 부과하는 방안을 찾도록 노력했다.

- 수수료별로 고객의 민감도와 경쟁사 대비 수준은 어떻게 되는가? 예를 들어, 가격 탄력성이 1이 넘고 경쟁사보다 높다면 수수료를 낮추어서 그 서비스를 더 사용하게 하는 것이 더 이득이고, 가격 탄력성이 대단히 낮은데 경쟁사보다 낮다면 그 수수료를 높이는 것이 더 이득이다. 가장 큰 수익원이 되는 주요 수수료의 가격 탄력성이 한 번도 측정된 적이 없었었기에, 이를 컨조인트 분석(Conjoint Analysis)을 통해 분석하기로 했다. 분석 결과, 상당수의 가격 탄력성이 낮은 수수료가 경쟁사보다 낮은 수준이었으며, 따라서 수수료를 인상하더라도 고객 이탈이나 판매 부진으로 이어지지는 않을 것으로 판단되었다. 특히 환경에도 도움이 되는 경우(예: 전자문서 대신 종이 문서를 발급하는 경우) 또는 고객의 잘못으로 부과되는 수수료의 경우(예: 분실된 통장이나 직불카드의 재발급) 고객이 추가되는 수수료에 대한 저항도가 낮은 것으로 분석되었다.

기업 금융 부문

- 가계 금융 부문과 마찬가지로 모든 수수료의 종류를 분석하고 어떠한 기준으로 부과되고 면제되는지 분석했다.
- 영업사원별로 분석해 본 결과 성과가 우수한 영업사원은 매출도 높고 수수료 면제도 적으며 매출액 대비 이익률이 높은 것으로 나타났다. 이처럼 성과가 우수한 영업사원이 고객에게 상품과 서비스를 어떻게 제안하는지, 왜 고객이 수수료의 면제 또는 인하를 요구하지 않는지, 또는 요구하더라도 영업사원이 어떻게 그 수수료

수준을 유지하는지 깊이 있는 관찰과 인터뷰를 통해 우수 사례와 접근 방안을 분석·정리했다. 이를 기반으로 전체 영업사원을 위한 교육 자료를 제작했다. 또한 일관되게 적용할 수 있는 내용은 표준화해서 모든 영업사원이 활용할 수 있는 자료로 만들었다.

이상의 방안을 적용한 결과, 총 136억 원의 추가 수수료를 전반적인 영업에 지장을 주지 않고 고객의 만족도에 크게 영향을 미치지 않으면서 창출할 수 있었다. 또한 체계적인 수수료 관리 방안을 지속적으로 적용할 수 있게 되었다.

사례 21
무시무시한 부처 간의 장벽

우리는 경쟁사에 지는 것보다 같은 회사 내의 다른 부서에 기싸움에서 밀리거나 경쟁적으로 지는 것에 더 크게 감정적으로 반응하는 것 같다. 모두 같이 노력해서 회사를 더 발전시키고 많은 수익을 창출하기보다는 이러한 일이 이루어졌을 때 누가 더 빛나는지 파악하고, 내가 아닌 다른 부서가 빛나는 상황이면 수동적 비협조(대놓고 방해하거나 거부하는 것은 아니지만 은근히 협조하지 않아서 성공하지 못하게 하는 것)를 하는 데 능숙하다.

부유층 고객군 중에 숨어 있는 최부유층 고객을 프라이빗 뱅킹으로 옮기면 은행 전체적으로는 이익이 늘어날 가능성이 더 커진다. 부유층 담당 방식보다 최부유층을 대하는 방식으로 보다 많은 고객의 자산을 유치할 가능성이 높기 때문이다. 영업사원 또는 지점장이 한 지역에서 다른 곳으로 발령이 나면 고객을 데리고 가는 것보다 다음 후임자가 잘 관리하도록 도와주는 것이 고객 입장에서도 편리하고 은행 입장에서도 도움이 된다. 하지만 '내 고객'은 내가 관리할 권리가 있다고 생각하는지 고객들을 독려해서 담당 지점을 바꾸도록 한다.

고객 담당 부서, 후선 업무 담당 부서, 리스크 부서, 전산 부서 등등이 모두 협조해서 고객의 애로 사항을 이해하고 전반적이고 총체적으로 풀어야만 실질적인 결과물이 나오는 데도 서로 다른 부서의 문제를 드러내고 내 부서에는 문제가 없고 타 부서에 문제가 많다는 내용을 잘 발표하고 공유하는 사람이 그 부서에서 영웅이 된다.

중국에서 소매금융 부문을 대표할 때였다. 현장 영업 부문에서는 상품의 경쟁력 문제로 영업이 안 된다고 하면서 새로운 상품이 필요하고 그렇게 하기 위한 요청 사항을 조목조목 가져왔다. 상품 부서에서는 현장 영업이 우수한 상품을 팔지 못하고 있으므로 영업이 개선해야 하는 내용을 조목조목 가져왔다. 두 부처의 부서장들은 서로 원수지간처럼 회의 때마다 다른 부서의 문제를 드러내고 공격했다. 내가 이를 달성하기 위해서 다른 부처가 언제까지 무엇을 해내야 하는지 조건을 계속 제시하고 논쟁을 벌였다.

나는 각 부처 대표에게 다른 부처에서 해내야 할 일, 과제, 언제까지, 어느 정도로 해야 하는지를 공식 문서화해 오라고 했다. 발표를 시키니 신나서 발표했다. 나는 그 두 부처의 장에게 그러한 요청 사항이 합리적인지, 현실적인지, 요청한 시일 내에 실행 가능한지 물어보았다. 다들 자신 있게 그렇다고 답했다.

나는 그날 오후 두 부처의 장에게 서로 바꾸어 인사 발령을 내기로 했다. 그런 뒤 두 부처장을 불러서 내 인사 발령의 의사를 이야기하고, 내 요청 사항이 현실적이고 합리적이고 주어진 시간 내에 가능한 일이라 이야기했으므로, 그 요청 사항을 각자의 핵심 성과 지표로 하겠다고 말했다. 그런 뒤 두 사람이 다시 한번 협의할 기회를 준다고 했다.

다음 날 그 두 부처의 장은 인사 발령을 하지 않아 주기를 바랐다. 그러고는 서로 상대 부처에 요구한 내용을 상당히 수정해서 가져왔다. 역지사지다. 내가 그 일을 할 수 없을 것으로 생각되면 다른 사람에게도 요청하면 안 된다.

부처 간의 장벽이나 경쟁 또는 견제 심리는 진짜 경쟁사와 싸워 이기는 것보다 더 가시적이고 감정적인 문제인 듯하다. 조직의 장은 부처 간의 장벽을 무너뜨리기 위해 끊임없이 노력해야 한다. 노력이 없으면 부처 간 장벽과 감정은 자연적으로 더 높아지고 나빠진다.

사례 22
고객의 욕구와 고통을 알고 있는가, 그렇다면 직원들의 고통은?

대다수의 경영진은 자신이 고객의 요구사항, 고통, 직원의 어려움을 잘 안다고 생각한다. 많은 기업은 대규모 고객 서베이를 진행하고 이 결과를 예쁘게 정리하고 경영진 회의에서 발표하고 토론한다. 이러한 대규모 서베이는 주기적으로 진행하므로 경영진은 고객에 대해서 잘 안다고 생각한다. 인사부에서는 직원 서베이를 주기적으로 진행하고 이 결과를 예쁜 도표와 수치로 정리해서 경영진에게 보고한다. 이상하게도 매번 고객 서베이 결과와 직원 서베이 결과 항상 개선된 수치가 나온다.

그런데 현실이 과연 그럴까? 고객 서베이는 긍정적으로 나오도록 질문을 유도하기 쉽다. 매년 같은 것을 물어보더라도 고객군을 어떻게 선정하는지에 따라서 긍정적으로 답이 나올 수도 있다. 고객들도 이왕이면 좋게 답변하려고 한다. 또한 고객들은 한 번도 써 보지 못한 서비스나 상품은 상상하지 못하므로 늘 쓰던 것을 준거로 생각해서 답변한다. 블랙베리가 고객 서베이를 했을 때, 애플의 스마트폰을 보기 전까지 대다수 고객은 플라스틱 키보드가 핸드폰에 있는 것을 원한다고 했다. 고객에게 지금 상품과 서비스에 만족하냐고 물어보면 크게 실망하지 않은 한 대다수 만족한다고 답한다. 그러나 내가 상상하지도 못했던 새로운 제품과 서비스가 나오면 고객은 서베이가 아니라 구매를 바꾸어서 옮겨 간다. 백화점 서비스가 맘에 드는지 물어보면 대부분 그렇다고 한다. 그런데 이커머스가 나오자 백화점 매출액이 줄어든다.

고객 대부분은 현실에 적응해서 살고 있기 때문에 자신에게 채워지지 못한 욕구가 무엇인지 잘 모른다. LG가 스타일러를 내놓기 전까지 집에서 스팀으로 냄새를 제거하고 주름을 펴 주는 기기를 상상하거나 원하지는 않았다. 길을 안내하는 앱이 나오기 전까지 지도를 보고 길을 찾아가거나 자주 다니는 길은 외워서 다녔다. 라디오 교통 방송을 들으면서 막히는 곳을 피해 갔다. 스마트폰으로 실시간 교통 상황에 맞는 길 안내가 필요하다고 상상하기 힘들기 때문이다. 고속도로 진입로라 헛갈리지만 지금처럼 녹색, 하늘색, 핑크색으로 길 안내 앱과 연동한 그림을 그려 달라고 서베이에서 말하지 않는다.

직원 서베이도 마찬가지이다. 매일 서로 다른 페이지를 열어서 서로 다른 아이디와 비밀번호 10가지를 집어넣고 3개월마다 갱신하고 여기저기에 널려 있는 자료를 모으고 고객을 응대하는 고객센터 직원은 고객 데이터베이스를 통합하고 후선에서 전산을 연결하고 한 번에 로그인이 가능하고 인공지능으로 필요한 정보를 알아서 추려 주는 기능을 경영진에게 서베이를 통해 요구하지 않는다. 그냥 가능한 한 빨리 그 서베이를 형식적으로 끝내는 경우가 대부분이다.

고객의 진정한 목소리, 직원의 진정한 목소리는 차분한 관찰과 인류학적 리서치(ethnographic research) 기법으로 접근하면 숨겨진 고통, 숨어 있는 욕구를 찾아내기 쉽다. 인류학적 리서치는 문화인류학에서 기인한 것으로 서로 다른 문화의 사람들이 편견을 가지지 않고 있는 그대로 이해하고 그 문화의 생성 원인과 해석을 위해 만든 기법인데 이것이 오늘날 고객과 직원의 숨어 있는 고통과 요구 사항을 파악하는 데 큰 도움이 된다. 여기에 관심 있는 분들은 인류학적 리서치 기법을 조회해 보기를 권장한다.

그러나 이 모든 것을 넘어서 현장에 가 보고 현장을 이해하고 직원들과 격의 없는 토론을 하고 경청하며 고객을 직접 만나 보는 경험이 없이는 진정한 이해는 어려울 것이다.

'불닭볶음면'의 탄생 비화에 이러한 흐름이 있다. 어려워진 삼양사를 살리기 위해 최고 경영진이 현장에 나가 보니 맵다고 소문난 음식점에 줄이 길게 늘어선 것을 보고 매운맛에 대한 수요가 있다는 것을 알아차리고 이를 위해 전국의 유명 매운맛 음식집의 매운맛을 연구해서 라면에 적용한 것이 오늘날 세계적으로 성공한 불닭볶음면이 된 것이다.

답은 현장에 있다.

사례 23
자동화에 대한 맹신

국내 굴지의 화학회사 B사의 변화 관리 및 운영 담당 부사장이 이렇게 말해 주었다.

"고생스럽게 왜 구매, 생산, 영업, 물류, 재고 관리를 해야 하나. 그냥 세계 일류 기업의 전산 시스템을 깔면 자연스럽게 직원들이 세계 최고의 프로세스를 따르게 되고 그러면 우리 회사도 세계 일류가 될 것이 아닌가."

한편으로 맞는 이야기 같지만 여기에는 여러 가지 문제가 있다.

- 남들이 다 쓸 수 있는 시스템을 사용해서 세계 일류가 될 수만 있다면 모든 회사가 다 세계 일류가 될 수 있다. 그 시스템을 사용할 수 있는 돈만 있다면. 그러나 사실은 그렇지 않다.
- 각 사의 상황은 다 다르다. 따라서 다른 나라, 다른 상황에서 개발된 시스템을 가졌다고 해서 우리 회사의 문제가 풀리는 것이 아니라 오히려 더 악화될 수도 있다.
- 시스템을 깔았다고 해서 조직원들의 행동이 자연스럽게 바뀌는 것

이 아니다. 행동 따로 시스템 따로 놀 경우 더 복잡한 문제가 생긴다.

- 세계 일류로 가는 길은 한 방의 해결책이 아니라 소소한 개선들과 큰 개선들이 꾸준히 누적된 결과이다. 근본적인 직원들의 개선 의지, 참여, 정서적 유대감, 자부심 등이 결집되어야만 자발적인 혁신과 개선이 나온다.

중국의 신생 자동차 회사가 페라리의 시스템을 깔아도 최소한 중단기 이내 아니면 상당 기간 안에 페라리를 만들 수는 없다. 엔진을 하나하나 만드는 과정에 오랜 기간 축적된 노하우, 말이나 글로는 전달이 되지 않는 기술과 현장 경험이 녹아 있기 때문이다.

마찬가지로 자동적인 해결책에 대한 맹신도 위험하다. 후선 업무를 자동화하면 비용 절감 효과가 크다. 다만 자동화 이전에 프로세스가 충분히 집중화되고, 개선되고, 인간의 판단력이 필요한 분야인지 아니면 정형화된 원칙에 따라 처리하면 되는지 구분해야 한다.

또한 각자 프로세스가 다르고 처한 현실이 다르기 때문에 다른 회사에서 사용하던 도구들을 그냥 가져다 쓰는 것은 문제가 많다. 지금까지 프로세스상에는 보이지 않았던 사람의 숨어 있던 판단력, 상황에 대한 인지는 면밀하게 관찰하고 정리하지 않으면 놓칠 수 있는 부분이다.

자동화하는 과정에서 발생하는 위험들도 잘 정리해서 관리해야 한다. 이전 과정에서 여러 가지 문제가 발생할 수 있기 때문에 어떤 문제가 발생할지, 문제 발생 여부를 어떻게 파악할지, 무엇을 측정할지 등을 고민해야 한다. 자동화 이전과 이후의 업무가 달라지기 때문에 관련 부서의 이해가 필요하고, 이전 과정에서 여러 사람의 지혜를 모으는 것도 중요하다. 또한 자동화 이후의 지배구조, 조직 구조, 역할과 책임도 달라지기 때문에 이에 대한 연구와 준비도 되어야 한다.

모든 프로세스를 동시에 자동화할 수 없으므로 상호 연관 관계를 이해하고 투자 대비 효과가 좋은 곳부터 차근차근 진행해야 한다. 일반적으로 비용 효과 분석은 비용은 실제보다 과소평가하고 효과는 과대평가하는 경향이 있으므로 더 보수적인 견지를 가져야 한다. 마지막으로 이러한 과정에서 향후 지속적인 개선이 가능하도록 조직원의 역량을 축적하는 것도 중요하다.

"뭐 그리 복잡합니까? 그냥 자동화 시스템 깔면 되는 것이지. 요즘에는 자동화할 수 있는 분야를 자동으로 분석하는 시스템이 있다고 하던데요?"

물론 요즘에는 자동화에 로보틱 프로세스 자동화(Robotic process automation)라는 인공지능 로봇을 통한 프로세스 자동화 시스템이 도입되고 있다. 하지만 힘들이지 않고 그냥 자동으로 되는 것은 아니다. 결국 인간이 어떤 분야를 어떠한 속도로 어떻게 자동화해야 할지, 경쟁자와의 차별성은 어떻게 유지·강화 할지, 조직원의 숨은 지혜는 어떻게 모을지를 고민해야 한다.

조직원의 땀과 눈물과 노력 없이 저절로 좋아지는 회사가 있으면 참 좋겠다. 조금 더 효과적으로 노력을 관리할 수는 있어도 땀과 노력이 없이 그냥 저절로 좋아지는 경우는 없다. 자동화에 대한 맹신, 어떻게 바꿀지 아직도 고민 중이다.

요즘에는 인공지능까지 이러한 논의에 복잡함을 더하고 있다. '인공지능으로 가계 또는 중소기업 대출 전 과정을 그냥 자동화하면 되는 거 아닌가?' 하고 묻는다. 언뜻 그럴듯해 보인다. 하지만 가계 대출 문제만 하더라도 다음이 선행되어야 한다.

- 개개인에 대한 신용 심사를 위해서는 충분한 분량과 품질의 데이터가 필요하다. 신용 심사를 통계적으로 유의하게 모델화하는 것은 충분히 기술적으로 가능하지만 필요한 데이터를 모으고 분석에 맞도록 가공 처리하는 일은 간단하지 않다. 신생 기술 기업의 경우 이러한 데이터를 모으기가 쉽지 않다.
- 가계 대출이 나간 이후 행동모델을 통해 부도가 일어나기 전에 이를 예측하는 모델 또한 필요하다. 여기에도 데이터가 중요하다.
- 일단 부도가 난 뒤에 누구를 언제 어떠한 방법으로 연락하고 어느 정도로 협상(전액 추심, 일부 추심)하는 것이 가장 비용 대비 효과가 좋은지를 예측하는 모델도 필요하다.
- 신용 문제뿐만 아니라 운영상의 리스크, 거짓된 정보나 조작된 서류를 구분해 내는 일도 중요하다.
- 중소기업 대출의 경우 재무 정보에 대한 신뢰성이 떨어지는 것이 사실이다. 혹자는 세금을 줄이기 위해 매출액을 줄여서 잡고 혹자는 대출을 받기 유리하도록 매출액을 부풀리기도 한다. 이 경우 그 업종에 관한 깊이 있는 지식이 있어야 한다. 예를 들어, 플라스틱 파이프를 만드는 작은 공장의 경우 전기세, 수도세, 공정의 특징, 만드는 제품의 수준, 일하는 직원의 수 등을 알면 매출액을 역으로 추정해 볼 수 있다. 업종별로 오랜 기간 심사 업무를 해 본 사람만의 업종별 노하우가 없으면 단순히 데이터를 수집하는 것만으로

답을 내야 진짜 리더다

는 부족하다. 아직은 인공지능이 이러한 요소들까지 고려해 모델을 만드는 단계에는 이르지 못한다.

- 모든 신용 모델의 가장 큰 문제는 외부에서 오는 충격이다. 금융위기를 두 번 이상 경험하지 않은 심사역은 아직 진정한 심사역이 아니라는 말이 있다. 당장의 단기적 시각으로 데이터를 모으고 모델을 만들면 중장기적으로 발생하는 금융위기에는 취약한 모델이 된다.
- 이 외에도 대출 포트폴리오의 편중 현상을 막는 한도 관리, 대출된 산업과 일반 경제와의 상관관계(주식시장에서는 베타라고 불리는 변동성 상관관계)를 고려한 대출 포트폴리오의 관리 등도 필요하다.

연산 처리 능력과 데이터의 폭발적인 증가, 클라우드의 보편화를 통한 인프라 투자 비용의 감소 등은 앞으로 인공지능을 기반으로 한 다양한 새로운 기법의 도입을 가속화할 것이다. 그러나 이 모든 것이 단순히 도구를 도입했다고 해서 풀리는 문제가 아니라는 것을 이해하고 현장과 우리 회사의 상황에 맞는 도입으로 실질적인 효과를 볼 수 있으면 좋겠다.

경영의 세계에 깜짝 놀랄 만한
좋은 소식은 거의 없다

경영의 세계에는 늘 새로운 소식이 있다. 분석을 해 보면 대부분 악영향을 미치는 소식이지 좋은 영향을 미치는 소식은 상대적으로 적다. 우리가 관리하지 못하는 외생변수 대부분은 깜짝 놀랄 긍정적인 것보다는 깜짝 놀랄 부정적인 것이 더 많다.

2024년 초를 기준으로 지난 3년간의 주요 사태를 보면 COVID-19, 러시아-우크라이나 선쟁, 기후 변화 심화와 극단적 기상 상황의 발생, 중국 경제 성장 둔화, 미국 금리 인상, 소셜미디어의 영향력 확대 등 주로 부정적인 사건들이 대부분이다. 이 외에도 인공지능의 적용에 따른 기회와 이에 따른 사회적 문제점, 가상화폐 시장의 발전과 이에 따른 문제점 등 보다 긍정적인 뉴스들도 부정적인 측면을 함께 수반한다.

우리가 평소에 경영에서 미래를 바라볼 때 우리는 최악의 상황을 가정하기보다 좀 더 희망적으로 미래를 보는 듯하다. 사람들은 미래를 조

답을 내야 진짜 리더다

금 더 밝게 보고 도전하고자 하는 경향이 있다. 이러한 성향 덕분에 인류는 희망을 품고 발전해 온 것인지도 모른다. 그렇지만 한편으로는 예상치 못한 부정적 소식이 전해졌을 때 대비책이 부족해지는 원인이 되기도 한다.

잠수함을 설계할 때 어뢰 몇 개짜리인지(수성성)가 중요하다고 한다. 물론 수성성 외에도 잠수함의 임무, 임무 수행하는 장소의 특성, 운영 해역에서의 주요 위협 요인(예: 적군의 잠수함, 항공기, 수상 함정 등), 기동성, 탐지 방지(스텔스 기능), 무장의 정도, 용도(예: 대잠, 대공, 대지), 승무원의 수, 건조 비용 등 다양한 요인이 고려되어야 하지만 위협 요인에 대응하는 수성성은 최악의 상황을 상정하고 다른 고려 요인과 조화속에 심각하게 고려해야 할 요소라고 한다.

수성성은 잠수함의 전투에서의 생존에 중요한 요인이다. 또한 우수한 수성성은 잠수함 승무원들에게 중요한 사기 유지 요인이 된다. 물론 기동성을 높여서 자신을 취약하게 할 경우도 있다. 비용이 무한대가 아니므로 수성성에도 최적 수준이 있을 것이다.

이러한 상황을 기업에도 적용해 보면 우리 기업이 잠수함인 경우, 우리 기업의 임무는 무엇이고 최악의 상황은 어디에서 발생할 가능성이 높고 이러한 최악의 상황이 발생했을 때(어뢰를 맞았을 경우), 어느 정도의 수성성이 있는지 수성성을 높이기 위해서는 무엇을 해야 하는지를 전략 기획 업무에 필수적으로 포함할 필요가 있다. 기업이 생존해 있어야 전략의 실행도 가능하다.

통제에 대한 환상

우리는 대부분 통제에 대한 환상을 가지고 있다.

은행에서 근무할 때 일이다. 보통 다음 해의 예산과 재무 기획을 8월 경부터 시작한다. 그룹의 방침이 정해지고 국가별로 다음 해의 재무 기획을 시작한다. 각 국가는 다음 해의 목표치를 그룹의 방침에 따라 만들고 상세한 상품별, 고객 세그먼트별, 채널별 수치를 만들어 다음 해의 자산 부채와 수익 비용 및 이익 예측치를 만든다.

국가별 새무 기획을 다시 지역별로 통합하면서 지역의 장들이 본인의 의지를 담아서 수치를 상향 조정한다. 지역별 조정이 끝나면 그룹으로 와서 그룹의 고객 세그먼트 담당 부서, 상품 담당 부서, 채널 담당 부서, 재무 부서, 리스크 부서에서 본인의 의지들을 담아서 다시 조정한다.

엑셀 자료의 규모는 점점 더 커지고 분기별, 월별 구체적 수치에 관해 토론이 벌어진다. 다시 더 상향 조정된 목표치가 지역별로 떨어지고 각 지역은 국가별로 다시 분배해 내려간다.

답을 내야 진짜 리더다

이러한 의지들이 위아래로 여러 차례 조정되고 여러 측면에서 다시 맞추어지고 다시 토론하고 논의하고 계속 조정된다. 보통의 경우 처음 제안된 수치보다 올라간다. 그러다가 막상 해당 연도에 들어가면 다시 또 상향 조정이 일어나고 수익을 더 높게 잡아야 하고 비용은 더 적게 들어야 한다.

이러한 재무 기획에 많은 자원과 시간이 동원된다. 그러다가 예상치 못한 외부 변수가 발생하고 빠른 시간 내에 늘리기 힘든 수익보다 빠른 시간 내에 줄일 수 있는 비용 축소를 위한 다양한 전략 과제가 생긴다. 이러한 과제들로 인해 부처별로 더 많은 성과를 내기 위해 경쟁적으로 수치를 부풀리는 결과가 초래된다.

이러한 일이 매년 반복되기 때문에 각 국가의 실무자들은 처음부터 가능한 한 수치를 제시하지 않는다. 어차피 상향 조정될 것이 예상되는 상황이기 때문이다. 비용 절감 가능한 모든 부분을 다 솔직하고 투명하게 보고한 나라의 사업 부문장들은 막상 다음 해가 막상 되었을 때 추가로 제시할 수치가 없다는 이유로 비협조적이고 새로운 아이디어가 없는 사람으로 평가받게 된다.

더욱 영악한 사람들은 뒷주머니에 추가 비용 절감 방안과 추가 수익 창출 방안을 숨기고 있다가 위와 같은 수많은 조정 과정에 조금씩 꺼내 놓는다. 본인의 성과급이 목표 달성치에 비례해서 주어지므로 초기에 도달할 수 있는 최선의 안을 내놓은 사람은 나중에 추가로 주어진 목표치를 달성하지 못해서 성과급을 적게 받게 된다.

각 국가, 각 부처, 지역, 그룹에 있는 사람 중에 그 자리에 오래 있었던 사람들은 이러한 일이 반복되기에 이에 맞추어서 속고 속이고 감추고 드러내는 과정을 잘 이해하고 이용하는 사람들이다.

한바탕 어마어마한 노력과 시간이 정교한 엑셀 작업과 부처 간 협상으로 완성되면 드디어 최종 재무 기획 목표치가 정해진다. 그 목표치의 수명은 3개월도 안 되지만. 자산 항목별, 부채 항목별, 수익 항목별, 비용 항목별 그럴듯한 가정과 논리, 수치가 제시되고 상세화 작업이 쉬지 않고 일어난다.

그러나 이상의 모든 노력은 외부 변수에 의해 물거품이 된다. 2007년 8월에서 연말까지 수많은 노력은 2008년 국제 금융위기로 의미 없는 숫자가 된다. 또다시 외생변수에 대한 수많은 분석이 이루어진다. 똑같은 과정이 진행된다. 규제가 크게 바뀌어서 필요 자본금 액수가 증액된다. 예상치 않았던 부도가 늘어난다. 누구도 한 치 앞을 보지 못하는 상황이 된다. 우리는 또다시 의지를 담아 또 엑셀 작업을 한다. 정교한 고객 예상 수치, 기존 고객에 대한 교차판매, 중간이윤에 대한 예측이 이루어진다. 한 분기 뒤에 모든 예측치가 또 틀린다. 이 작업은 도돌이표처럼 또 반복된다.

컨설팅할 때도 비슷한 상황이 벌어진다. 향후 3년 또는 5년간의 미래 전략 기획이 이루어진다. 큰 줄기를 잡고 방향성을 잡는 것이 아니라 항목 하나하나 정교한 가정과 예측, 논리, 논쟁을 거쳐 상세한 재무 기획과 예측이 일어난다.

우리는 왜 이러한 미래 재무 예측에 이렇게 필요 이상의 정교성을 갖기 위해 노력하는 것일까? 대규모 투자도 비슷한 과정을 거친다. 투자를 정당화하기 위해 우리는 조금씩 수익 예측치를 늘리고 비용 예측치를 줄인다. 프로젝트에 필요한 시간을 정교하게 작성한다. 의지를 담아서 최소한으로 줄인다. 처음에 필요했던 자원, 인력, 투자비용은 점점 더 정

답을 내야 진짜 리더다

교해지면서 점점 더 줄어들어 간다. 지나고 보면 어떠한 투자건, 프로젝트들이 예상된 시간 내에 예측된 비용으로 끝나고 예상했던 기대치를 만들어 내지 못한다. 이러한 과정이 계속된다.

우리는 왜 지속적으로 이런 일들을 할까? 이건 우리가 통제에 대한 환상을 가지고 있기 때문이다. 미래에 모든 일들이 우리가 기대한 대로 아무런 문제가 없이 그대로 진행되기는 대단히 힘들다. 고객의 취향이 바뀌고 경쟁사도 바뀌고 예측하지 못했던 거시 경제적 사건이 터지고 규제가 바뀌고 자연재해가 생기고 예상치 못했던 전쟁도 발생한다. 우리는 이러한 모든 발생 가능한 사건들을 다 예측하고 미리 예방하고 고려해서 계획할 수가 없다.

엑셀로 아주 정교하게 계획을 짰다 해서 세상이 그렇게 흘러가지 않는다. 상세한 재무 예측이 아니라 우리가 통제할 수 있는 활동을 정하고 우리가 관리할 수 있는 선행 지수(예: 고객 응대 시간, Turnaround time, first time right)를 관리하고 실행하는 것이 결과물을 정교하게 예측하는 데 힘과 노력을 쏟는 것보다 좋다. 그러나 우리는 이상하게도 결과물을 예측하려는 습성이 있는 것 같다. 결과물을 통제할 수 있다는 환상에서 벗어나서 우리가 정말 관리할 수 있는 일에 집중하는 것이 더 좋다고 생각한다.

사례 24
망해 가는 패밀리 레스토랑, 어떻게 살리나

2000년대 초반의 일이다. 이 회사는 에피타이저를 뷔페로 하고 서양식 주요리를 파는 패밀리 레스토랑이다. 고객들이 와서 훌륭한 에피타이저 뷔페만 먹고 주요리를 시키지 않아 객단가가 낮아서 적자를 보고 있다. 또한 뷔페이기 때문에 손님들이 이것저것 맛만 보는 경우가 많아 버려지는 음식물 쓰레기가 너무 많다. 그래서 에피타이저 뷔페 코너를 조금 줄였더니(특히 비싼 식재료의 메뉴들) 고객 불만이 늘어나고 오히려 이미지만 더 나빠져서 적자가 가속화되고 있다. 이 문제를 어떻게 해결해야 할까?

문제의 본질을 풀기 위한 질문을 정리해 보자.

1. 현재 알려진 상황은 무엇인가?

- 뷔페 에피타이저를 많이 먹고 많은 음식 쓰레기가 나오면서 비용이 많이 들고 주요리 판매가 일어나지 않는다.
- 고객이 주요리를 먹는 경우에도 추가 판매(예: 와인)가 거의 없고 단품 중에 가장 싼 것만 팔려서 객단가가 너무 낮다.

2. 적자의 근본 원인은 무엇인가?

- 비용의 문제인가, 아니면 매출의 문제인가? 이를 알기 위해서는 무엇을 알아야 하나?
- 매출액을 늘리기 위해서는 고객 추가 확보가 더 중요한가 아니면 고객당 객단가를 높여야 하나?
- 어떤 고객들이 와서 가장 많은 객단가를 일으키는가? 얼마나 많은 고객이 높은 객단가 고객이며 비중이 어느 정도 되는가?
- 메뉴 중에 가장 잘 팔리는 것은 무엇이고 가장 안 팔리는 것은 무

엇인가? 어떠한 변화가 있었나? 왜 그러한가?

- 메뉴 중에 가장 수익성이 높은 품목은 무엇인가?
- 비용 중에 가장 큰 부분은 무엇이며 어떠한 비용 절감이 가능한가?
- 유사한 경쟁사는 어떠한 상황인가? 가장 수익성이 높은 경쟁사는 누구이고 어떠한 점이 다른가?

3. 패밀리 레스토랑의 중장기 전망은 무엇인가?

- 패밀리 레스토랑의 기원, 역사는 어떻게 되고 패밀리 레스토랑이 가장 발달한 나라는 어디인가?
- 그러한 나라에서 패밀리 레스토랑의 전성기는 언제이고 현재는 어떤 모습을 보이고 있는가?

이상의 질문을 중심으로 자료 수집, 분석, 해외 사례 분석, 고객과의 논의, 현장 사원과의 논의, 가장 객단가와 이익률이 높은 점포의 점포장과의 논의 등을 통해 다음을 발견했다.

- 뷔페 에피타이저 문제를 풀지 않으면 구조적으로 적자 문제는 풀리지 않는다. 높은 비용, 주요리를 주문하지 않는 가장 큰 이유이다.
- 그러나 에피타이저 음식 쓰레기 처리 비용 외에도 주방 배치의 비효율성, 조리 과정의 비효율성, 원재료(가공 처리되어 공급되는 식재료)의 비용에도 상당한 절감 가능성이 있다.
- 특정 이벤트로 온 고객의 객단가가 가장 높다(예: 생일잔치).
- 메뉴가 너무 많고 구색 갖추기 위주이며 잘 안 팔리는 메뉴는 없애

는 것이 전체 이익 개선에 도움이 된다.

- 현장 매니저가 현장에서 큰 경우 객장 관리를 훨씬 더 잘한다. 현장 경험이 없는 매니저와는 확연한 성과 차이가 있다.
- 고객의 주문을 받는 직원이 직접 그 음식을 먹어 보지 않았고 마셔 본 와인이 없어서 자신 있게 고객의 취향에 맞는 메뉴나 와인을 권하지 못한다.

따라서 다음을 몇 개의 객장에서 실험해 보았다.

- 주방 배치, 조리 과정 등을 린 방식을 도입해 최적화한다.
- 특정 지역 내 객장을 대상으로 원재료 공급 방식과 루트를 최적화한다.
- 구색 갖추기 메뉴를 없애고 인기 있는 메뉴 중심으로 개편한다.
- 객장 주변의 상황에 맞추어 메뉴를 조정한다. 기업 상업 지구는 간단한 점심과 저녁 회식 메뉴로, 주거 지역에는 그 지역 특성에 맞는 메뉴(예: 어린이가 많은 동네는 어린이 중심의 메뉴)로 조정해 몇 가지 지역 특성별 메뉴로 조정한다. 객장별 메뉴는 단순화되었지만 각 지역에 잘 맞는 메뉴 수는 오히려 늘었다.
- 현장 매니저 중에 현장 경험이 없는 사람의 경우 현장 경험이 많은 사람으로 교체해 본다.
- 전 직원에게 매주 목요일 객장을 닫은 뒤에 메뉴 시식회와 와인 시음회를 실시해 우리 직원이 자신 있게 메뉴와 와인을 추천할 수 있도록 한다. 직원의 평가를 객단가와 매출액이 아닌 고객 만족도 하

답을 내야 진짜 리더다

나로 통일한다.

- 고객 관리 시스템을 만들어서 한 번 온 고객에게 다시 올 이유와 다시 올 만한 상황에 맞추어 할인 쿠폰과 서비스 메뉴를 개발한다.
- 에피타이저는 고객이 좋아하는 메뉴 중심으로 더욱 강화하고 의미 없는 메뉴는 줄인다. 고객이 에피타이저 뷔페를 시작하기 전에 모든 고객의 식탁 위에 예쁜 지구본을 두고 뷔페 음식을 남기지 않는 경우 가져갈 수 있도록 하는 너지(nudge)를 실행한다. 이유는 고객의 음식 낭비를 줄이도록 강요하는 것이 아니라 지구 환경을 지키기 위한 환경 운동의 일부에 동참해 줄 것을 유도한다.

이상의 내용을 실험해 보고 성과가 난 부분, 그렇지 않은 부분을 다시 분석해서 전국 모든 점포에 적용할 수 있는 부분, 객장 주변에 따라 획일적이 아닌 조정되어 적용될 부분 등을 정리해 다른 몇 지역에 적용해 보았다. 그 결과를 보고 다시 조정해 전국에 적용하면서 주기적으로 계속 개선할 수 있는 운영 방식을 안착시켰다. 결국 이 체인점은 흑자로 돌아섰다.

왜 전략과 현장이
따로 노는가

많은 기업이 장기 전략, 중기 전략, 단기 전략을 짜는 데 상당한 자원을 투입한다. 막대한 분량의 시장 자료를 수집한다. 시장의 규모, 앞으로의 성장성, 수익성, 기술의 변화, 미래 트렌드 등 다양한 시장 상황 파악을 한다. 종종 고객 리서치도 진행된다. 경쟁사를 분석하고 많은 사람들이 사용하는 SWOT(Strength, Weakness, Opportunity, Threat) 분석이 진행된다.

방대한 분량의 전략 기획 보고서가 나오고 미래의 재무 기획이 이루어진다. 가깝게는 3년 멀면 5~10년 뒤의 재무 예측치가 나온다. 이에 따라 해야 할 일이 마스터 플랜이라는 이름하에 구축이 된다. 이는 각 사업 부문별로 하향 전달되고 다시 사업부는 이를 실행하기 위한 기획서를 작성한다.

30여 년간 다수의 기업을 상대로 전략 수립 컨설팅 작업도 해 보고 전략기획본부장으로서 기업 내에서도 전략 수립을 해 본 입장에서 대다수의 이러한 노력이 헛수고라고 생각된다. 엄청난 분량의 분석, 서류 작업, 보고서, 발표회 등등이 일어나지만 정작 진정으로 바뀌는 것은 거의 없고 생산, 구매, 영업, 물류 현장은 이러한 전략이 무엇이었는지 무엇인지 관심도 없고 상관도 없다. 그냥 하루하루 주어진 목표치를 맞추기 위해 힘닿는 범위 내에서 열심히 할 뿐이다.

왜 대다수가 헛수고라는 걸까? 그리고 어떻게 해야 도움이 되는 전략 기획이 가능한가?

1. 시장 규모는 대략 파악하자.

시장의 규모와 성장성, 수익성은 대략 시장이 얼마나 큰지, 어디에서 대다수의 성장이 일어나는지만 알면 되지 정교한 수치로 알 필요까지는 없다. 태국의 미래 자동차 시장이 10억대 인지, 1조 단위인 줄만 알면 되지, 1조 2,345억 6,000만 원이라고 알 필요는 없다는 것이다. 또한 이렇게 정교하게 조사된 시장의 규모는 외부의 몇 가지 충격에 의해 바뀌게 된다.

특히 일본 기업들이 시장을 정교하게 파악하려고 엄청난 노력을 들이는 것을 보았다. 문제는 사실을 수집하는 데 공은 엄청나게 들이는데 그에 비해 전략적인 시사점에 대한 노력은 상대적으로 훨씬 적게 들이고 있었다. "봐라, 우리는 이렇게 엄청난 분량의 자료를 수집했다. 대단하지?"라고 자랑하는 것 같았다. 분석은 많아도 진짜 필요한 직관은 부족하다.

2. 새로운 상품과 서비스는 덩어리 시나리오를 짜자.

시장 규모를 예측하는 것은, 특히 새로운 상품이나 서비스의 경우에는 현실적으로 대단히 어렵다. 스마트 폰이 처음 나왔을 때, 개인용 컴퓨터가 처음 나왔을 때, 전함이 처음 개발되었을 때도 마찬가지였다. 대다수의 예측치는 틀리기 마련이다. 기업은 깔끔하게 포장된 자료에 대한 열망으로 예측의 논리적 정교성을 주로 찾지, 우리가 모르는 미래에 대해 열린 마음으로 큰 그림을 보는 데 집중하지 않는 경우가 많다.

대략적인 규모를 예측하고 큰 덩어리의 시나리오를 짜고 각각의 시나리오에 따른 대응 방안을 고민해야 한다. 그러나 방법론의 정교성에 매몰되어 시나리오를 구체화하고 상세하게 만드는 데 노력이 대부분 더 들어가고 큰 그림에서 시나리오와 미래의 치명적인 문제를 보는 것을 간과한다.

3. 국가 간 비교는 도움이 된다.

시장 규모를 볼 때 특히 선진국이 아닌 경우에는 국가 간 비교가 크게 도움이 된다(L, S, 뒤집어진 U자 커브 섹션 참조). 1인당 국민 소득과 그 산업이 전체 경제에서 차지하는 비중(산업의 GDP/전체 GDP)은 많은 산업에서 패턴을 보여 준다. 예를 들어, 건설업은 1인당 국민소득이 1만 달러 전후에서 전체 산업에서 차지하는 비중이 정점에 도달하고 그 이후에는 줄어든다. 1인당 국민소득이 x축, 건설 산업이 전체 산업에서 차지하는 비중이 y축이면 그래프는 뒤집어 놓은 U모양을 한다.

금융업의 경우 1인당 국민소득이 x축, 국민소득 대비 금융자산이 y축

답을 내야 진짜 리더다

이면 S자 형태의 그래프가 된다. 국민소득이 낮으면 금융 산업의 국내총 생산보다 빠르게 늘어나고 어느 정도 소득이 수준에 도달하면 더 느리 게 성장한다. 다만 국제 금융 허브를 가진 미국, 영국, 싱가포르, 홍콩은 예외적인 자리에 놓인다.

4. 큰 추세를 보자. 그러나 결국 우리는 미래에 대해 다 알 수는 없다.

기술의 변화와 미래 트렌드는 이미 알고 있는 과거의 자료를 다시 꺼 내 쓰기보다는 외부의 자료를 넓게 보아야 한다. UN, World Bank, IBRD, IMF 등 국제기구, 다수의 연구소, 컨설팅 회사들이 다양한 유형의 미래 흐름에 대한 보고서를 내놓는다. 다만 그러한 추세 중에는 잘 바뀌지 않 는 대추세(Mega Trend)와 그때그때 바뀔 수 있는 추세라고 믿어지는 현 상들이 섞여 있다. 물론 이걸 잘 구분할 수 있다면 미래를 예측할 수 있 는 수준이기 때문에 어려울 것이다. 인구적인 부분(예: 고령화)과 이에 따른 사회적인 문제는 쉽게 바뀌지 않고 비교적 예상하기 쉽다. 기술적 발전에 의해 언젠가 대략 어떤 일이 일어날 것인지는 알 수 있지만 어느 정도의 충격을 언제 줄지는 알기 어렵다. 우리는 어떤 사안의 충격을 단 기적으로 과대평가하고 장기적으로는 과소평가하는 경향이 있다.

치명적인 실수는 비즈니스를 전체적인 시각에서 보는 안목이 부족해 서 일어난다. 대부분의 경영자는 한 분야에서 베테랑인 경우가 많다. 따 라서 그 분야의 문제가 가장 중요한 문제로 보인다. 아는 만큼만 보이기 마련이다.

5. 고객 리서치는 필요하다. 하지만 직접 고객을 만나 이야기 듣고 느껴 본 부분을 대체할 수는 없다.

기업이 전략 수립을 할 때 자주 사용하는 것이 고객 리서치이다. 많은 경우 고객 리서치는 경영진의 입맛에 맞게 잘 꾸며진다. 사실, 관계보다 중요한 것이 시사점인데 그 시사점을 있는 그대로 받아들이기보다는 윗 사람의 의중에 맞추어 어떻게 편집하느냐가 더 중요하다.

6. 경쟁사 분석: 지금 눈에 보이는 경쟁사는 그다지 무서운 존재가 아니다. 전혀 고려하지 않았던 잠재적 경쟁자가 당신을 정말 어렵게 만들 수 있다.

기업들이 경쟁사를 분석하는 것은 당연히 해야 할 일이다. 경영은 틀에 맞추어 분석이 깔끔하게 잘되지 않는다. 어떤 기업의 시장 경쟁력과 점유율이 계속 떨어지고 있었다. 많은 노력 끝에 정교한 분석으로 경쟁력의 저하가 상품 때문인지, 시스템과 전산 문제인지, 브랜드 문제인지, 영업의 문제인지 등등을 분석해 상세한 벤치마킹과 고객 서베이를 통해 자료를 만들었다. 문제는 각각의 문제가 서로 완전히 독립적이지 않다는 데 있다.

"우리 회사는 영업이 문제야. 따라서 영업사원을 바꾸면 돼."라고 고객의 서베이 결과는 알려 주지만, 사실 근본적인 원인은 영업사원들의 역량 문제가 아니라 조금씩 부족한 상품력, 고객이 사용하는 전산 시스템의 부족함, 고객 요청에 반응하는 데 오래 걸리는 본사 및 지원 부서 등에 있었다. 고객 서베이는 이러한 문제를 잡지 못하고 그냥 경쟁사 대비 영업사원의 역량이 떨어진다고 답을 한 것이다. 경쟁사에 대한 분석은 틀에 맞추어서 깔끔하게 되는 것이 아니라 스스로에 대한 겸손한 성찰이 더 중요한 것이다.

특히 불연속성이 일상적이 된 현재로서는 직접적으로 눈에 보이는 경쟁사보다 고려하지 않았던 경쟁사가 더 무섭다. 대체적인 기술의 진보(예: 비디오카세트 테이프가 CD/DVD로 대체되고 다시 MP3로 대체되었다가 지금은 아이폰이나 안드로이드폰과 디지털 음원으로 바뀜) 또는 새로운 사업 모델의 출현(예: 우버로 인한 택시업계의 타격, 에어비앤비로 인한 기존 관광호텔업계의 충격, 아마존과 알리바바로 인한 기존 쇼핑몰이나 백화점의 충격 등)은 전혀 예상치 못한 순간 경쟁 상황을 만들어 내기도 한다.

따라서 기존 고객이 고통받는 부분, 충족되지 않은 니즈, 기술적인 진보, 타 산업에서 발생하고 있는 다양한 새로운 사업 모델 등 다각적인 고민이 필요하다.

7. 전략 기획 과정을 재무 기획 과정과 완전히 분리하라.
제발 숫자 장난 그만하자.

전략 수립 과정과 재무 기획 과정이 맞물리면 엄청난 괴물이 탄생한다. 5년 뒤의 재무 목표를 만들기 위한 무한 반복 재작업이 시작되는 것이다. 누가 5년 뒤의 시장 규모, 당사의 점유율, 상품 이익률 등을 정확히 알 수 있겠는가? 그런데도 5년 뒤의 재무 목표치를 만들기 위한 엄청난 노력이 투입된다. 다국적 기업의 경우 국가별 수치, 사업별 수치가 취합되었다가 최고 경영진이 흡족하지 않은 경우 다시 도전적인 목표

(stretch target)를 내려보내고, 이것이 불가능한 수치인 것을 알면서도 현장 실무진에서 다시 포장해서 그럴듯하게 만드는 일련의 과정이 반복된다. 적게는 버전 70~100 정도의 아주 정교한 엑셀 파일이 여기저기 손을 거치면서 계속 수정된다.

또한 이러한 장기 재무 목표는 현실적으로 가능한 것보다 훨씬 높게 잡힌다. 경영진은 목표 수치를 높게 잡으면 본인의 자존심이 높아진다고 생각하는 것 같다. 예를 들어, 5년 뒤 매출 10조 원 달성(다만 현재 매출이 5조라는 것이 함정)이라는 재무 목표는 현실성이 너무 떨어지는 경우 도움이 되기보다 오히려 조직에 손해를 끼친다.

이러한 재무 기획이 실질적인 내년도 예산이 되기도 한다. 이 경우 사업 현장에서는 나중에 매출 증대 방안이나 비용 절감 방안이 추가로 요청될 것에 대비해 모든 가능한 매출이나 비용을 드러내지 않는다. 이러한 내용을 알고 있는 본사에서는 숨겨 놓은 수치를 탈탈 털기 위해 노력한다.

예산이 확정되자마자 다시 본사에서는 각 사업 부문 또는 영업 센터, 생산 부문에 추가로 획기적인 매출 증대 또는 비용 절감 방안을 요청한다. 솔직하게 모든 가능한 개선을 이미 예산안에 반영한 사업부는 지금부터 무능해 보이고 여기저기 잘 숨겨 놓았던 부문은 추가적인 방안을 가져간다. 분부 경영진은 본사 방침에 충실히 따라 주고 늘 새로운 방안이 있는 사업부가 더 믿음직해진다. 조직이 조직적으로 거짓말하는 것을 장려하는 모양새다.

더구나 새로운 사업 모델의 경우, 이러한 재무 기획을 하기가 대단히 어렵다. 신규 스타트 업의 경우 재무 기획보다 무엇이 우리의 성공 실패

답을 내야 진짜 리더다

를 가를 것이며 어디에 집중해야 하는지만 명확하면 되지 상세한 재무 기획은 만드는 즉시 이미 시장과 괴리가 생긴 쓸모없는 물건이 되고 만다. 예산 과정은 가능한 한 짧게, 단순하게 하고 시간 낭비를 줄이는 것이 좋다.

8. 마스터 플랜은 탁상공론이 아니라 현장 실행이 중요하다.

마지막 단계에 전략은 마스터 플랜 형태로 바뀐다. 대대적인 전략 선포식이 있고 각 부서에 지침으로 전략이 배달되고 새로운 서류 작업이 시작된다. 일본계 은행들이 아시아 지역에 진출한 지는 제법 되었다. 대부분의 일본계 은행들은 본국의 저금리를 무기로 일본계 기업과 현지 로컬 기업들에게 대출을 늘리는 것을 중심으로 영업을 확장해 왔다. 그러나 이 경우 자금 조달 원천이 없어서 미국 달러화와 일본 엔화를 스와프해 미국 달러화를 조달하고 있다. 현지에서 기업 또는 가계로부터 자금 조달을 위한 저금리 예금을 늘리는 것은 시간도 오래 걸리고 대규모 투자(예: 지점망, Transaction banking을 위한 시스템과 전산 투자 등)가 필요한 것이어서 선뜻 손대기 쉽지 않다. 마스터 플랜상으로는 아시아 선도 지역 은행이라는 비전을 달성하기 위한 다양한 방안이 담겨 있다. 그러나 정작 중요한 전산과 시스템 투자는 빠져 있다. 결국 당장 눈앞의 영업 수익과 이익을 추구하다가 중장기적으로 필요한 근본적인 인프라 구축은 미루어지는 것이다. 이 경우 마스터 플랜은 현장 실행이 불가능해진다.

전략 수립 초기에 현장의 가장 큰 애로점, 현장에서 영업을 늘리는 데 가장 필요한 사항, 고객의 불만 사항, 생산 현장에서 생산성을 높이는 데 가장 필요한 사항 등을 최우선으로 반영해야 한다. 일단 전략이 수립되면 이 전략이 실행되기 위한 각 현장에서의 시사점이 나와야 한다. 또한 현장에서 필요한 지원과 인프라가 무엇인지 확인하고 그 또한 전략에 반영되어야 한다.

이와 함께 필요한 경우 조직 보고 체계를 바꾸어야 하고, 필요한 역량이나 인재를 찾아야 하는 경우도 있을 것이다. 예쁘게 파워포인트 위에 그려진 전략은 그 자체로는 아무 의미가 없다. 현장에서 무엇이 바뀌어야 하고 그러한 변화가 일어나기 위해 지원이 있고 인프라가 갖추어져야 하며 동시에 필요한 조직 역량이 같이 보조를 맞추어 주어야 한다.

9. 내용보다는 포장이 중요하다?

유럽계 다국적 기업과 일할 때였다. 아시아 확장 전략 수립 중이었는데 매번 컨퍼런스 콜을 하고 난 직후 그날의 토론 내용을 전략 초안에 반영해서 토론 참가자에게 나주어 주는 것이었다. 복잡한 매트릭스 조직이라 이러한 컨퍼런스 콜은 다양한 이해관계자와 이루어져야 했고 바뀌는 초안 버전은 나중에 세기 힘들 정도로 많아졌다. 문제는 어느 쪽의 이야기를 듣고 보완하면 다른 쪽에서 또 다른 보완을 요청하는 것이었다. 사실 큰 보완이나 수정은 없었다. 전략 방향이 바뀌는 것은 아니니까. 모두 자기 부서의 입장에 따른 상세한 문구 수정, 그래프의 위치, 비교 대상이나 시기 또는 포함되는 상품 품목을 바꾸어서 자기 나라 또는 사업부가 더 좋아 보이도록 하기 위한 것이었다(이것을 Number massaging 이라고 부르고 있었음).

전략 수립 과정을 보면 기업의 미래를 위한 고민보다 자기 부서의 표현에 대한 고민이 더 많았다. 고객 문제보다 회사 내부 문제에 시간을 더 쓰는 조직은 점진적으로 악화되기 시작한다.

"이익을 중시하면 싸움이 위험하다(擧軍而爭利 則不及)."

『손자병법』

전략 수립 과정에 다양한 부문의 의견이 포함되는 것은 중요하다. 그러나 전략 수립 과정이 지나치게 다수의 입장을 대변하거나 너무 많은 이해관계자가 참여하는 복잡한 과정이 되어서는 안 된다. 현실과 현장의 문제는 잘 듣되 수립의 과정은 최고 경영진이 직접 이끌어 가야 한다.

전략 수립 초기에 집중해야 하는 문제, 고민되는 추세들, 경쟁자에 대한 겸허한 성찰을 공유해 주어야 한다. 그리고 보고서보다는 깊이 있는 고민과 논의가 더 중요하다. 최고 경영진이 파워포인트 자료 문구를 지적하면 모든 노력이 문구 수정과 다듬기로 간다. 경영진이 통찰력이 있어야 통찰력 있는 질문을 하고 실무진이 진정 고민해야 할 문제를 던져 줄 수 있다.

10. 끝으로 전략이 잘 만들어졌는지를 점검하자.

전략이 잘 만들어졌는지 다음의 목록을 통해 확인해 보자.

- 개발 과정에서 많은 분석과 사례를 보더라도 전략의 결과물은 지극히 단순해야 한다. 전략이 단순하고 평이해야 현장의 실행력이

높아진다.

- 전략을 이해하고 있다면, 평이한 용어로 쉽게 설명할 수 있어야 한다.
- 전략으로써 우리가 무엇을 할 것인지, 그리고 무엇을 하지 않을 것인지를 명쾌하게 구분할 수 있어야 한다.
- 명확성과 단순성이 복잡한 전략보다 훨씬 더 강력하다. 3페이지 이내로 정리할 수 없는 전략은 아직 완성된 전략이 아니다.
- 만약 경쟁사에 주어졌을 때 유사하게 실행할 수 있는 전략이라면 우리 회사의 특수성에 아직 충분히 잘 맞는 전략이 아니다.
- 전략이 수립된 후 현장에 가서 누구에게든 "우리 회사 전략이 무엇인가요? 당신은 전략 실행을 위해 무엇을 하고 있나요?"라고 물어도 답이 명쾌히 나온다면 이 전력은 살아 있는 것이다.
- 우리가 바꿀 수 있는 것과 바꿀 수 없는 것, 그리고 바꾸어서는 안 되는 것을 먼저 잘 정해야 한다. 우리가 바꿀 수 있는 것에만 집중해야 한다.
- 무엇을 하지 않을 것인지를 정하는 것이 무엇을 할 것인지를 정하는 것보다 중요하다.
- "모든 곳을 지키면 모든 곳이 약해진다(無所不備 則無所不寡)."
  -『손자병법』
- 방향과 목적이 명확하고 일관성이 있어야 한다. 그 방향으로 가는 실제 길은 중간중간 바뀔 수 있다.
- "최고 경지의 전법은 형태가 없다(形兵之極 至於無形). 전술이란 물과 같다(形兵象水)." -『손자병법』
- 너무 많은 것을 한꺼번에 바꾸려 하면 아무것도 바꾸지 못하는 결

과를 가져온다. 성숙도가 떨어지는 기업일수록 한 방에 초일류 기업이 되는 법을 찾는다. 하지만 그러한 비법은 없다.

- 새로운 실행 내용이 생겼으므로 무엇을 그만둘지도 같이 고려되어야 한다.
- 현장에서 무엇이 바뀔 것이고 왜 바뀔 것이고 어떻게 바뀔 것인지 명확하게 정의될 수 없다면 이 모든 노력은 근사한 보고서 작성으로 끝난다. 보고서 작성은 전략의 시작이지 끝이 아니다.
- 사업은 진출하고 확장하기는 쉬워도 제 시기에 버리거나 빠져나오기 힘들다.

11. 전략이 수립된 이후

끊임없는 커뮤니케이션과 함께 전략을 지속적으로 보완해야 한다.

- 전략은 폐쇄된 체계 내에 있는 것이 아니라 개방계에 속해 있다. 따라서 끊임없는 적응이 필요하고 어느 순간에도 완벽하게 완성될 수 없는 것이다. 전략은 진화해야 한다. 그리고 이 진화에는 리더십과 열정이 필요하다.
- 전략은 중단 없이 경쟁상의 우위를 찾아가는 여행이다.
- 사람을 줄이는 비용 절감 방법은 가장 쉽고도 나쁜 방법이다. 한 번 신뢰도가 상실된 조직을 다시 신뢰받게 만드는 데까지는 많은 시간과 노력이 필요하다. 조직을 더 효율화시키고 효과적인 조직으로 만드는 것이 중장기적으로 지속 가능한 비용 절감 방안이다.
- 혁신이 일어나면 창조적인 파괴로 업계 평균 이상의 이익을 얻을

수 있지만, 곧 경쟁사들이 따라 하거나 더 많은 기업이 참여해서 다시 이익률이 저하된다. 여기에는 다음의 혁신 사이클이 필요하다. 이 사이클은 계속 반복된다.

- 겸손하게 경청하는 귀야말로 최고 경영자의 전략 실행의 가장 중심에 서야 한다.
- 실패하는 것이 시도조차 하지 않는 것보다 더 좋다. 실패로부터의 학습이 다음번 성공 가능성을 높여 주기 때문이다. 실패를 용납하지 않는 조직은 시도조차 없어져 결국 심한 어려움에 처하게 된다.
- 우수한 기업은 평균 또는 약간 평균 이상의 인재를 가지고 조직 역량을 통해 우수한 성과를 내는 조직이다.
- 혁신은 사소하지만 '작은 차이'가 많이 누적되고 처음 시도해 보는 수많은 시도 끝에 일어나는 경우가 더 많다.
- 돈 내고 사는 것은 아무나 한다. 인수 합병 자체가 우수한 전략이 아니다. 남들보다 싸게 사고 어떻게 남들보다 더 가치를 창출하느냐가 더 중요하다.
- 어떤 도구를 썼느냐는 중요하지 않다. 다만 최신 도구가 무엇이 있는지는 알아야 한다(예: 인공지능을 활용한 로보틱 프로세스 자동화).

여기에 한 상황을 공유해 본다. 2005년 10대 재벌 기업의 비전 전략 수립 프로젝트 제안 설명회에서 있던 일이다. 필자가 전략 수립에 대해 제안서를 발표하러 간 적이 있었다. 우리나라 10대 재벌의 주요 계열사의 중장기 비전 전략 수립 프로젝트에 대한 제안 상황이었다.

보고가 끝난 뒤 나온 질문은 이것이었다.

답을 내야 진짜 리더다

"귀사 또는 귀하의 비전 및 전략 수립 프레임워크를 설명하기를 바랍니다."

그에 대한 필자의 답변은 이러했다.

"비전은 최고 경영진이 조직의 열망을 담아 생생하게 바라는 미래상을 잡는 것이기 때문에 프레임워크보다는 경영진과 조직원의 고민과 고품질의 논의가 더 중요합니다. 전략에 대해서는 일반적인 진행 방법론은 있지만 전략 수립 프레임워크는 기본적인 것만 100여 가지가 넘고 상황에 따라 사용되는 도구들이 다르기 때문에 천편일률적으로 '바로 이 프레임워크다.'라고 말하기 힘듭니다."

그러자 이런 반응이 돌아왔다.

"잘 모르면 모른다고 하시오!"

사례 25
중국 금융업에서의 영업 관리

중국에서 소비자 금융 부문 대표로 8,500여 명의 영업 직원을 관리한 경험과 중국 보험 회사의 영업 활성화 프로그램 등 컨설팅 경험을 바탕으로 중국에서의 영업 관리에 대해 배운 점을 정리해 보았다.

중국에 며칠 다녀온 사람은 친구들에게 중국에 관해 이야기하고, 몇 년 살다 온 사람은 책을 쓰고, 오랜 기간 일해 본 사람은 중국은 모른다고 이야기한다. 일천한 경험이고 금융기관에서 일한 한정된 경험이지만 스스로의 생각을 정리하기 위해 적은 것이니 참조하기를 바란다.

중국 유명한 책자에서 일부 관련된 내용을 가져왔다. 이러한 구절들을 영업사원 교육에 활용했다. 그중 일부를 소개한다.

1. 일반적인 상황

이직률이 높다. 중국 내 외국계 은행의 평균 이직률은 연 25%가 넘고 직군에 따라서는 100%가 넘는 부문도 있다. 또한 우수한 영업사원이나 영업 관리자를 찾기가 쉽지 않다. 위낙 경제가 빨리 크고 영업직 수요가 급속히 늘다 보니 우수한 인재를 찾기가 쉽지 않다.

성과에 대한 보상, 본인의 성장, 승진 등에 대해 위낙 스카우트될 기회가 많아서 높은 기대치를 가지고 있다. 불완전 판매나 가짜 영업 전표, 속임수 등이 많이 있어서 현장 관리를 잘하지 않으면 크게 낭패를 본다. 기존 중국 업체의 규모가 위낙 크고 오랜 기간 누적된 고객 기반과 영업망을 외국계의 소규모 업체가 이기기가 쉽지 않다.

2. 배운 점 10가지

1) 보상이 중요하다.

서구적인 보상 체계가 널리 퍼져 있어 성과에 대한 보상이 대단히 중요하다. 돈으로 사람을 살 수는 없지만 업계 평보다 낮으면 영업사원의 이탈이 높아지고 성과가 낮은 직원들만 남는다. 문제는 연평균 20~25%의 임금 인상이 있어서 본사에 이를 설득하고 이해시키기가 쉽지 않다. 특히 우수한 성과자는 시장 평균보다 훨씬 높은 보상을 해야 한다. 이들의 이탈은 전체 회사에 많은 손실을 가져온다. 평균적인 성과를 내는 영

답을 내야 진짜 리더다

업사원도 시장 평균보다 높게 보상을 해서 근속 연수를 높이는 것이 신규 채용, 교육 훈련 등의 비용을 계산해 보면 더 좋은 방법이다.

2) 본인의 경력에 대한 비전과 성장 발전이 중요하다.

지난 10년간 경제가 워낙 빠른 속도로 성장하다 보니 성과 보상만으로는 영업 직원들이 한 회사에 오래 있지 않는다. 명확한 경력에 대한 비전, 성장 발전 가능성, 승진에 대한 객관적이고 투명한 기준, 다양한 교육, 연수, 보상/인정의 기회(예: 중국의 보험회사가 우수 영업사원을 대규모로 한국의 제주도나 인천에 보내 주는 것이 이러한 영업 보상의 한 방편)가 중요하다. 특히 잘게 쪼개서 거의 6개월마다 승진하는 방식이 업계에 널리 퍼져 있다. 직책이 올라가는 것이 아니라 직함이 올라가는 것이다. 다음 승진까지 얼마나 오래 걸리고 그 기준은 무엇인지 명확히 보여 주어야 한다.

"若登高必自卑 若涉遠必自邇."
높이 올라가려는 자는 반드시 바닥에서 출발해야 한다.

현문(玄門, 1884~1985)

3) 내 직속상관이 가장 중요하다.

중국에서 보스는 '라오반(老板)'이라고 부른다. 고위 임직원보다 자기를 관리하는 직속상관 영업 관리자의 역량, 인품, 능력 등이 영업사원에게 가장 중요하게 생각된다. 직속상관이 코칭을 잘하고 현장에서 귀감이 되어야 한다. 억지로 밀어붙이면 단기적으로는 실적이 나오지만 다양한 꼼수와 가짜 영업 전표로 맞추어 놓고는 다른 회사로 간다.

"當官者 必以暴怒爲戒."
리더는 함부로 성질을 부려서는 안 된다.

『명심보감』

"民無信不立."
조직원의 신뢰를 기반으로 하지 않으면 조직은 지속 가능성이 없다.

『논어』

"德微而位尊 智小而謀 無禍者鮮矣."
덕이 부족한데 존중받으려 하고, 지혜가 모자라는데 높은 자리에 가려는 자는 화를 입게 된다.

『주역』

"進不求名 退不避罪 惟民是保 利合於主 國之寶也."
본인의 업적에 대해 인정을 바라지 마라. 후퇴했을 때 벌받는 것을 두려워하지 마라. 휘하 장병들을 늘 보호하고 보다 전체적인 조직에 이득이 되는 방향을 바라보는 리더야말로 조직의 보배이다.

『손자병법』

"望之嚴然 卽之也溫 聽其言也厲."

답을 내야 진짜 리더다

멀리서 보았을 때 본인에게 엄격하고, 가까이서 보았을 때 온화하며, 들어보았을 때 그 말이 논리적이면 진정한 리더라고 할 수 있다.

『논어』

4) 긍정적인 접근 방법이 부정적인 접근 방법보다 훨씬 잘 먹힌다.

최고 경영진은 단순히 핵심 성과지표나 보상 체계로 영업사원을 관리할 것이 아니라 솔선수범해야 한다.

"水善利萬物而不爭 處衆人之所惡."
물은 만물에 이로운 것이나 본인의 실적을 논하지 않고 가장 낮고 어려운 자리로 흘러간다.

『도덕경』

"亢龍有悔."
너무 높이 올라간 용은 후회한다. 적절한 역량이나 인품이 없이 높은 자리에 올라간 리더는 후회스러운 일이 생긴다.

『주역』

"寬人嚴己 樂而不淫 鞠躬盡力."
남에게 관대하고 본인에게는 엄격하라. 즐기되 음란하지 말라. 늘 전력을 다하라.

강희제

영업 직원들은 감성적인 소통과 연결, 인정과 지원을 원한다.

> "泰山不辭土壤 故能成其大."
> 태산은 작은 모래라도 버리지 않았기 때문에 그같이 큰 산이 된 것이다.

> "爲知己者死 女爲悅己者容." - 晉 豫讓
> 사람은 자기를 알아주는 리더를 위해 죽을 수 있고, 여자는 사랑해 주는 남자를 위해 화장을 한다.

> "狡兎死而走狗烹 飛鳥盡而良弓藏."
> 토끼 사냥이 끝나면 사냥개가 잡아먹힌다.
>
> 『사기』

영업 직원들은 본인의 직업이나 노력이 회사 전체의 비전과 전략과 어떻게 연결이 되고 국가사회애 어떻게 이바지할 수 있는지 알고 싶어 하고 또한 그래야만 진정한 동기 유발이 된다.

> "勝兵先勝以後求戰. 上下同欲者勝. 以虞待不虞者勝. 知可以戰與不可以戰者勝. 識衆寡之用者勝. 將能而君不御者勝."
> 이기는 군대는 이미 이겨 놓고 전쟁을 시작한다. 상하 간에 동일한 꿈을 꾸는 자가 이긴다. 보다 잘 준비되고 확실한 초점이 있고 군주에게 일일이 보고하지 않고 권한 이양된 능력 있는 장수가 있는 군대가 이긴다.
>
> 『손자병법』

5) 현장 영업 직원들이 아주 손쉽게 사용할 수 있는 도구들을 만들어 주어야 하지만 더 중요한 것은 현장 영업사원의 주인 의식이다.

대부분의 영업사원들이 젊고 경험이 부족하고 교육 훈련이 충분하지 않기 때문에 영업 직원이 조직적인 지식으로 무장될 수 있는 도구를 만들어 주는 것이 중요하다. 예를 들어, 자산 관리의 경우 고객 정보를 입력하면 고객에게 가장 잘 맞는 투자 상품을 추천해 주는 알고리즘이 연결된 현장용 태블릿 같은 것이다.

> "良賈深藏若虛."
> 우수한 영업사원은 가장 우수한 제품이나 상품을 숨겨 놓는다(우수한 영업사원은 상품의 우수성으로 판매하는 것이 아니라 본인의 품격으로 영업을 다 해 놓고 마지막에 가장 적합한 상품을 내놓는다).
>
> 『사기』

그러나 현장 영업사원들이 충분한 권한을 보유하고 주인의식을 가지고 움직이도록 해야 한다.

> "隨處作主 立處皆眞."
> 어디를 가든 주인으로 움직이고 어디에 있든 진심으로 대하라.
>
> 『임제록』

6) 영업 성과 측정 지표 및 성과에 따른 보상

성과 측정 지표는 일관적이고, 단순하고, 투명해야 하며 너무 자주 바꿰어서는 안 된다. 성과 지표를 자주 바꾸면 현장이 혼란스러워지고 그 틈을 타서 다양한 방법으로 시스템의 허점을 악용한다.

수신 증강을 위해 대규모 수신을 가져오는 사람에 대해서 일시급 성과급을 주는 캠페인을 벌였다. 문제는 그 자금이 기업에서 와서는 안 된다는 조항이 없었고 얼마나 오랫동안 은행 구좌에 있어야 하는지가 그 해당 캠페인에 정확히 부여되지 않았다는 점이다.

다른 모든 캠페인은 개인 금융 사업부에서 벌어지는 것이므로 개인 고객 자금이라고 명시되어 있고 최소 1년 이상 은행 계좌에 있어야 한다고 정리되어 있었다. 잘 아는 친구에게 부탁해서 대규모 기업 자금을 딱 하루 가져온 뒤 성과급을 요청한 직원이 있었다. 법정 공방까지 갔는데 유추적으로 1년 이상 개인 자금이어야 한다고 이해는 되지만 특정 캠페인에 그러한 구체적인 조건이 없었으므로 은행이 성과급을 지급해야 한다고 판결을 받았다.

이러한 시스템 허점을 찾아내는 것을 보면 '그 좋은 머리 좋은 데 써 주지.' 하는 생각이 참 많이 들었다.

"治大國若烹小鮮."
큰 나라를 다스리는 것은 작은 생선을 굽는 것과 같다(너무 불이 쎄면 겉만 타고 너무 불이 약하면 맛있는 육즙이 다 흘러내리고 자주 불판에서 생선을 뒤집으면 먹을 살이 남아 있지 않다).

『도덕경』

돈도 중요하지만 지나친 탐욕을 경계해야 한다. 보통 현장 영업 직원에게는 월별 성과급을 지불하지만 프라이빗 뱅킹이나 중기업 금융, 영업 관리자는 월별이 아니라 분기별 또는 연간 보너스 체계로 하는 것이 좋다.

보통 11월이 되면 연간 실적을 다 만들어 놓고 더 이상 영업을 하지 않는다. 어차피 더 팔아 보아야 보너스가 더 나오지 않는다는 것을 알고 있기 때문이다. 반대로 영업실적이 나빠서 보너스를 못 받는 상황이면 어차피 노력해도 보너스가 없으니까 더 이상 노력하지 않는다. 이 경우 12월 실적을 내년 보너스 측정에 포함시켜 준다고 하고 나서야 조직이 움직였다.

> "常無欲以觀其妙 常有欲 以觀其徼."
>
> 탐욕이 없어야 숨어 있는 미묘한 흐름을 볼 수 있고 탐욕이 앞서면 본질을 보지 못하고 현상만 보게 된다.
>
> 『도덕경』

7) 사기, 속임수 등을 잘 관리해야 한다.

많은 사람들이 어린 나이에 성공했기 때문에 모두 일확천금과 대박의 꿈을 꾼다. 대다수 직원은 선량하고 올바른 노력으로 성공하고자 하지만 일부는 다양한 방법으로 꼼수나 불법을 이용해서 성공하고자 한다. 특히 현장 직원보다 중간관리자가 이런 일을 하면 조직 전체에 미치는 폐해가 크다.

대출을 받아 가는 경우 대출 고객은 타행의 잔고 및 거래 증명서를 제출해야 한다. 잘 꾸며진 감쪽같은 가짜가 많아서 영업사원이 고객과 함께 주거래 은행 창구에 가서 잔고 및 거래 증명서를 발급받는다. 영업사원이 잠시 전화하느라 한눈을 판 사이에 고객이 잔고/거래 증명서를 가짜로 바꿔치기한 사례도 있었다.

중소기업 대출의 경우 현장 방문이 필수다. 가짜 주소, 가짜 기업체 등록, 가짜 상품들이 많아서 반드시 현장을 확인해야 한다. 현장 확인 직원들에게 GPS가 달린 태블릿을 주고 현장에 갔는지 확인할 수 있도록 했다. 현장 방문 직원들이 방문하지 않고는 현장 사진을 포토샵으로 만들어 제출하는 경우가 많았기 때문이다.

직원들이 중간관리자의 비리나 속임수, 사기 등을 보고할 수 있는 보안이 완벽한 직보 체계를 만들어야 한다. 지역이 넓으므로 현장 중간관리자가 입막음하거나 입단속을 시킨다. 한번은 지점 방문했을 때 아무도 질문하지 않아 수상하다고 생각하고 감사팀을 보내 알아본 결과 지점장, 영업 팀장 등이 영합해 다양한 비리를 저지르고 있었다.

"枉己未有能直人."
내 보스가 원칙을 따르지 않을 때 내가 그를 바로잡을 방법은 없다.

『맹자』

'절대 불가침 원칙(zero tolerance policy)'을 만들고 이를 어길 경우에 어떠한 처벌을 받는지를 명확히 해야 한다. 어떠한 것을 반드시 지켜야 하는지(예: 고객 정보의 보호. 일부 영업직은 고객정보를 취합한 뒤 다른 은행으로 스카우트 받고 움직인 다음 고객을 다 이전하기도 함), 어긴 경우 어떠한 처벌이 오는지, 어떤 순서로 오는지(예: 구두 경고, 서면 경고, 해고 등)를 반복적으로 알려 주어야 한다.

가장 대표적인 내용을 소개하면 다음과 같다.

- 확인할 수 없거나 합법적으로 구하지 않은 잠재 고객 연락처
- 현장 방문 보고서의 조작
- 가짜 경비 사용 내역서를 이용한 경비 타내기
- 조작된 서류의 사용. 본인이 직접 조작하건 고객의 조작을 도와주건 똑같이 문제 삼음
- 과도한 권한의 사용(예: 직원을 위협하거나 학대함)
- 감사 시의 의도적인 거짓말, 거짓 정보의 유통
- 회사에서 공식적으로 승인하지 않은 마케팅 자료의 사용(예: 개인이 만든 투자 수익 예측률)
- 실제로 영업이 일어나지 않았어도 고객에게 상품에 대해 거짓된 내용으로 설명한 경우
- 부적절한 사내 극비 내용의 외부 공개
- 출퇴근(지점이 몇 시간 뒤에 문을 연 적도 있음. 다들 일찍 지점 문을 닫고 가 버린 경우가 있음. 이 경우 규제의 위반으로 은행이 큰 벌금을 물게 됨)
- 개인 명의의 광고

"毋私小惠而傷大體, 毋借公論而快私情."
개인적인 사소한 이익을 위해 큰 전체에 상해를 끼치지 말아라. 사사로운 문제를 풀기 위해 공적인 자원이나 이유를 이용하지 말아라.

『채근담』

그러나 모든 사소한 내용까지 다 벌하게 되면 조직이 숨을 쉴 수가 없다. 사소한 비리, 의도하지 않은 실수, 정황상 발생한 문제들에 대해서는 일관적인 범위 내에서 문제 삼지 말고 지나가야 한다.

신입 직원의 대학 졸업 증명서가 가짜인 것으로 판명이 나서 문제가 된 경우가 있었다. 그 직원은 그 증명서가 가짜인 줄 몰랐다. 그 대학 자체가 가짜였고 그 직원은 가짜 대학에 다니고 나서 졸업 증명서를 받은 것이다. 그 대학은 국가가 인증하지 않은 사설 학원임에도 학생들을 모집하고 진짜 대학인 양 행세한 것이었다. 나중에 대학 자체가 정부의 조치에 의해 사라졌다. 이 경우 가짜 졸업 증명서를 제출했으므로 서류 조작으로 인한 해고 사유가 발생했으나 정황상 본인이 이를 알 수 없었으므로 이를 문제 삼지 않았다.

"和光同塵."
부드러운 불빛은 먼지를 다 보여 주지 않는다.

『도덕경』

"絶纓之宴."
왕이 주최한 한 연회에서 바람이 불어 촛불이 꺼지자 참가하던 장수 중에 하명이 왕의 여자에게 몰래 입을 맞췄다. 그 여자는 본인에게 몰래 입을 맞춘 사람의 갓 끈을 떼어냈으므로 불을 밝혀 그 사람을 찾을 수 있다고 했다. 그때 왕이 모든 장수에게 갓 끈 하나를 다 뗄 것을 명령했다. 나중에 왕이 어려운 상황에 처했을 때 어느 장수가 와서 목숨을 걸고 왕을 구해 냈다. 왕이 왜 목숨을 걸고 자기를 구했냐고 물으니 그 장수가 그날 갓끈을 잡혀 잘못하면 죽을 뻔한 이미 죽은 목숨이었던 장수였다.

『동주열국지』

8) 아시아 외부 또는 아시아 내부에 있는 본사는 사실 중국을 잘 모르지만 모두 중국 전문가로 착각한다.

중국에서 살지 않으면서 가끔 잘 정돈된 여행 또는 잘 꾸며진 방문만 해 본 고위 임원들은 중국에 대해 대단히 왜곡된 시각과 정보를 가지게 된다. 중국은 워낙 땅이 넓고 지역마다 문화가 다르고 업무 수행 방식과 규제도 달라서 이해하기가 쉽지 않다.

한 예를 들어 보자. 시진핑 주석이 새로운 주석이 된 취임 주간은 중국에서는 대단히 중요한 주간이었다. 중국 지도자는 10년에 한 번 바뀌기 때문이다. 중국 공산당이 모든 금융기관에 그 취임 주간 동안 새로운 전산 시스템을 도입하거나 테스트하지 말라고 공문을 보냈다. 쓸데없는 혼란을 굳이 취임 주간에 만들 필요가 없다는 것으로 이해되었다.

그러나 하필이면 그 주에 그룹에서 중국의 코아 뱅킹 시스템 변경이 걸려 있었다. 다각적인 방법으로 이 주간을 피해야 하는 이유를 피력했으나 본사에서는 "이는 국제적 관행에 맞지 않는다. 어떻게 정부가 사기업의 영리적인 행위에 이렇게 간섭하느냐. 그러면 중국 공산당의 담당자를 만나 교육을 잘해서 선진 문물과 관행을 이해시켜라."가 요구사항이었다.

시장 점유율 0.2% 은행의 대표가 어찌 담당자를 만나며 어찌 교육하겠는가. 결국 전산 교체는 본사 전산팀의 계획 지연으로 다행히 그 주간에는 일어나지 않았지만 이러한 시각 차이는 중국에서 업무를 하는 다국적 기업의 리더들에게 큰 어려움이다.

"井蛙不可而語海 夏蟲不可而語氷 曲士不可而語道."

우물 안 개구리에게 바다를 가르쳐 줄 수 없고 여름에만 사는 곤충에게 얼음이 무엇인지 설명할 방법이 없다. 왜곡된 선비에게 도를 논할 수 없다.

『장자』

9) 매일 반복되는 일정한 리듬, 가시적인 영업 상황판, 강력한 팀워크 하에서 발생되는 건전한 경쟁이 영업에 큰 도움이 된다.

영업의 효율성에 대한 환상을 버려야 한다. 영 영업 실적이 좋은 영업사원은 남들보다 고객에게 더 많이 전화하고, 더 많이 만나며, 더 많이 판매한다. 이들은 매일 20명의 고객에게 전화를 걸고, 5명의 고객을 만나며, 2개 이상의 금융 상품을 판매한다.

보다 효과적으로 우선순위에 따라 연락하고 더 적합한 상품을 제시하고 보다 효과적인 대화를 할 수는 있지만 궁극적으로는 '보다 많이'라는 말로 요약할 수 있다. 따라서 현장 영업사원들이 직군에 따라 매일 일정한 리듬 속에서 반복적인 활동을 통해 좋은 습관이 몸에 배도록 하는 것이 도움이 된다.

"爲學日益 爲道日損."
배운다는 것은 매일 채우는 것이요, 도를 행한다는 것은 매일 비우는 것이다.

『도덕경』

"至誠感天 至誠無息."
정성을 다하면 하늘마저 감동시킬 수 있다. 정성을 다한다는 것은 쉬지 않는다는 것이다.

『중용』

"慾擒姑縱."

원하는 것이 있으면 먼저 내어주어라. 고객을 얻고 싶으면 먼저 고객이 원하는 것으로 고객에게 감동을 주어라.

『삼십육계』

팀워크가 중요하다. 같은 직군, 같은 지점에 있는 영업사원들에게 협동을 통해 성공하도록 독려하고 성과급의 일부는 팀의 실적과 연결해야 서로 도울 수 있는 환경이 조성된다.

"天時不如地利 地利不如人."

하늘의 좋은 때도 c땅의 위치적인 이로움만 못하고, 지리적인 이점도 사람 간의 화합만 못 하다.

『맹자』

"先和而後大事."

큰일을 치르기 전에 반드시 먼저 화합을 이루어라.

『오자병법』

10) 필요한 지원 인프라를 잘 갖추어야 한다.

영업을 효과적으로 할 수 있는 인프라, 예를 들어 가능성이 높은 고객 명단, 가능성 높은 상품을 분석을 통해 제시해 주고, 영업 조직을 잘 정비하고 관리 체계를 만들고 전담 코칭팀을 통한 영업 현장의 코칭 등 다른 나라에서도 공통으로 보이는 영업 인프라를 잘 지원해 주어야 한다.

다만 중국은 땅이 넓고 광활하므로 집중적인 돌파, 즉 얇고 넓게 영업 조직을 만들기보다 특정 거점에 역량을 집중하는 것이 중요하다. 예컨 대 영업사원 1명을 10개 도시에 분산시키기보다 영업사원 10명을 한 도 시에 집중하는 것이 좋다.

답을 내야 진짜 리더다

제4장 조직과 문화

조직 문화는 누가 승진하는지가 결정한다

사례 26
문화를 만드는 법: 직접적으로 문화를 만들 수 있을까

조직 문화가 중요하다는 것은 누구나 알고 있다. 질문은 우수한 조직 문화를 어떻게 만들 수 있느냐는 것이다. 조직 문화는 매일 일어나는 수많은 의사결정의 결과물이지 조직 문화 자체를 바꾸기는 어렵다. 누가 승진하는지, 누가 보상을 더 많이 받는지, 누가 대표가 되는지, 어려운 의사결정을 어떻게 내리는지, 그 결과는 어떠한지가 누적되어야 그것이 조직 문화가 되는 것이지 인사부가 특정 프로젝트를 통해 문화를 만들 수는 없다. 최고 경영진의 말과 행동, 의사결정의 누적치가 곧 문화화되는 것이다.

조직 문화와 관련해서 지금까지 경험상 관찰한 내용을 정리해 보았다.

- 회사를 떠날 때 왜 떠나는지 물어보지도 않는 조직은 망해간다.
- 사람을 소중하게 생각하지 않는 조직은 언젠가 어려워진다.
- 프로세스, 시스템, 조직 구조 모두 다 중요한 문제이다. 그러나 이를 수행하는 사람들이 업무 분장표에 나와 있는 대로만 일하면 조직은 어려워진다. 진정한 조직의 발전은 조직원들이 업무 분장표 상에서 놓친 부분을 열정을 가지고 채워 나갈 때 생긴다. 이는 경영진의 솔선수범으로 이루어진다.
- 묵묵히 일하는 사람이 대접받지 못하고 발표 잘하는 사람이 대접받는 회사는 망해 갈 때도 발표하다 끝난다.
- 전근대적인 시스템하에서 일하는 조직은 조직원이 초현대적이어

도 전근대적 결과가 나온다. 사람 한 명이 시스템의 문제를 벗어나기 힘들다.

- 친숙도에 따라 승진 발령 인사가 나는 조직은 정치판이 된다.
- 파워포인트는 효율적인 도구이다. 그러나 진정한 논의를 막는 좋은 방어 수단이기도 하다. 정말 중요한 내용은 파워포인트에 담기 어려운 허심탄회한 논의에서 나온다. 진실을 말하지 못하는 조직에서는 중요한 내용이 논의되지 못하고 기업의 극장판에서 연출된 쇼만 일어난다.
- 아무리 우수한 인재도 주어진 임무 내에서만 일할 수 있다. 내가 스스로 찾아서 일하는 데는 금방 한계가 온다.
- 돈으로 사람을 살 수는 없다. 그러나 공정하지 않은 수준의 낮은 보상은 사람을 조직에서 떠나게 만들 수는 있다.
- 거시 경제에서 자유로운 기업은 없다. 잘될 때 내가 잘한 것인지 물 들어올 때 배가 뜬 것인지 구분을 잘해야 한다. 그래야 어려울 때 내가 잘못한 것인지 상황이 나빠진 것인지 구분이 된다.
- 최고 경영진이 존경받지 못하는 회사는 직원의 비전이나 열정을 불러일으키기 힘들다.
- 승진을 누가 하느냐가 경영진이 직원에게 하는 가장 강력한 메시지 전달이다.

사례 27

개개인의 지식을 조직화된 지식으로

상당수의 기업에 가면 그 산업의 노하우(말이나 글로써는 잘 전달되지 않는 지식)이 존재한다. 그러한 노하우는 그 산업에 오래 종사한 사람들이 갖게 되는 축적된 경험의 결과이고 수많은 산전수전의 결과이기도 하다.

그러나 이처럼 개인에게 체화된 지식에 의존하다 보니 오랜 경험을 갖춘 장인들이 조직을 떠나게 되면, 특히 한 번에 많은 장인들이 나가게 되면 그 조직이 소중하게 축적해 오던 체화된 지식이 함께 사라지는 문제점이 존재한다.

또한 개인의 지식에 의존하게 되면서 업무 추진 시 개인 간의 편차도 존재한다. 각자의 경험과 연륜이 다르고 판단 기준도 다르므로 사람에 따라서 유사한 프로젝트나 사업 추진 또한 다르게 진행되는 경우가 많다.

한국의 중견 건설업체 F사는 업계 선두는 아니더라도 중견 건설사로서 입지가 탄탄하고 건실하게 운영해 오고 있었다. 다만 과거 몇 년간 공격적인 성장을 위해 추진했던 건설 프로젝트들에 문제가 생기면서 회사 전반의 재무 상황이 악화되었다. 이에 따라 F사는 당장의 어려움을 극복하고 앞으로 이러한 문제가 다시 발생하지 않도록 하는 시스템을 갖추어야 하는 두 가지 과제에 직면하게 된다.

여기서는 그 두 번째 과제, 건설 프로젝트별로 어느 정도 일관성 있게 리스크를 관리하고 수익성을 유지하는 방안을 찾는 부분을 논의하고자 한다.

전반적인 상황이 이해를 위해 다음의 분석을 진행했다.

1. 과거에 수행한 프로젝트 분석

- 특히 어떠한 유형의 건설 프로젝트에서 이익이 잘 발생했고 어떠한 유형의 프로젝트에서 손실이 발생했는가. 지역에 따라 수도권, 대형 도시, 소형 도시, 등으로 구분해 보았다.
- 또한 프로젝트의 유형에 따라 대규모 아파트 주거단지, 소규모 아파트 주거단지, 빌라, 타운하우스, 전원주택 단지 등으로 구분해 보았다.
- 아파트의 경우 평형수, 수도권/도시 내의 위치(고가 지역, 중가 지역, 저가 지역) 등도 구분해 보았다.
- 각각의 프로젝트마다 상황은 다르지만 일관적으로 이익을 내는 유형(예: 대형, 대단지, 수도권, 아파트)이 있었고 일관적으로 손해가 나는 유형(예: 소형, 소단지, 지방 도시, 빌라 또는 타운하우스)이 있었다.

2. 프로젝트 수행 과정 분석

- 초기 프로젝트 참여 여부 결정, 초기 제안, 수정 제안, 프로젝트 착수, 초기 건설 과정, 중간 진도, 마무리, 사후 관리 및 보수 등 단계별로 주요 프로젝트별로 어떤 기준으로 진행되는지, 그리고 초기 단계(초기 참여 여부, 초기 제안, 수정 제안)에서 프로젝트를 어떻게 추진할지 또는 중단할지, 어떠한 가격을 어떤 기준으로 제시하

답을 내야 진짜 리더다

는지를 정리했다.

- 나름대로 기준은 가지고 있었지만, 그 기준이 세세하지 않고 정교하지 않아 프로젝트 담당자와 시설 현장 관리자마다 큰 편차를 보이고 있었다.

3. 전반적인 이익 실현의 차이점 분석

- 특히, 특정 프로젝트 관리자와 현장 관리자 중에 꾸준히 이익을 실현하는 사례가 있었다.
- 꾸준히 이익을 실현한 프로젝트 관리자들의 고민과 판단 기준을 조사해서, 그렇지 않은 관리자들의 고민과 판단 기준과 비교해 보니 상당히 다른 점이 많다는 것을 확인할 수 있었다.

이러한 분석을 기반으로, 총 건설 참여 여부 결정부터 마지막 보수 및 사후 단계까지를 세부적으로 분류하고, 단계별로 수행해야 할 작업, 판단해야 할 내용, 다음 단계 추진 여부를 결정하는 기준, 주요 리스크 및 손실 발생 위험 항목 등을 정리했다.

우수한 프로젝트 관리자와 현장 관리자의 인터뷰, 과거 작성된 서류, 선진 사례 등을 종합해 이를 일종의 매뉴얼로 개발했다. 또한, 이미 완료된 프로젝트 중 무작위로 샘플을 선정해 해당 매뉴얼을 도입해 보고, 현실적 적용 가능성을 실험적으로 검토했다.

몇 차례의 수정 보완, 단순화를 거쳤다. 꼭 필요한 항목만 남기고 지나치게 정교한 부분이나 꼭 필요하지 않은 부분을 줄여 나가는 일련의 과정을 통해 기업의 상황에 맞는 건설 프로젝트 참여, 제안, 착수, 진행 관리, 사후 관리 단계별 매뉴얼을 완성했다. 물론 매뉴얼에 장인들의 풍부한 경험을 모두 담지는 못하지만 최소한 조직에 그동안 축적된 공통된 지식을 정리해 초보 관리자들도 배울 수 있는 기반은 될 수 있었다. 과거의 성공과 실패 사례를 매뉴얼로 분석해 실제 사례에서 적용될 수 있는 방법에 대한 교육 자료도 만들었다. 매뉴얼에 담지 못하는 축적된 지식은 경륜이 많은 프로젝트 관리자가 추가로 검토하는 단계를 만들고, 가장 효율적으로 해당 관리자의 지식을 사용할 수 있도록 여건을 만드는 데 주력했다.

F사는 그 이후에 크게 위험하거나 큰 손실이 나는 프로젝트는 피하고 자사가 잘하는 부분에 더 집중했다. 또 어느 정도 체계화된 방법론을 도입해 꾸준히 성장하는 기반을 갖추게 되었다. 더불어 경륜의 중요성을 회사 차원에서 인지하게 되고 경륜이 많은 장인들을 보다 체계적으로 예우하는 시스템도 도입하게 되었다.

이 사례를 통해 개개인의 지식을 어떻게 조직의 지식으로 승화하는지는 조직의 문화, 조직의 지속성에 중요한 바탕이 된다는 것을 알 수 있다.

사례 28
부임 첫날 어디로 가야 하나

새로운 사업, 부문 또는 지역(국내의 새로운 지역 또는 해외)으로 발령이 나게 되면 부임 첫날 어디로 갈까? 대부분 우리는 본사 또는 본부의 자기 자리에 가고 직속 부하들을 중심으로 만나고 회의를 진행한다.

답을 내야 진짜 리더다

크게 이상할 일이 없이 우리의 관리자 또는 부문장으로서의 업무는 내 자리에서, 회의와 미팅으로 시작하게 된다.

만약 약간 생각을 달리해서 그 기업에서 성과를 창출하는 데 가장 중요한 현장부터 가면 어떨까? 부임처에 가기 전에 미리 사전 공부를 통해서 내가 맡게 된 부문의 과거 실적, 그 과거에서 드러난 우수한 점과 문제점, 내 직속 부하의 인적 사항 및 경력, 현재 인사 평가 내용, 전체 조직에서 가장 중요한 직원들(현장 영업, 후선 오퍼레이션, 고객 대응센터, 리스크 부문, 전산 부문, 인사 부문 등)은 누가 맡고 있는지를 알고 나면 부임 초기 100일간 꼭 만나야 할 100명을 정리해 볼 수 있다.

우리는 부임 초기에 빨리 현상을 파악하고 내가 새로 왔으니 무언가 새로운 일을 해서 빨리 성과를 내고 성공적으로 안착하고자 한다. 하지만 그 조직이 이전에 이미 어느 정도 역사가 있다면 나름 해 오던 일이 있고 그 조직 내의 직원들과 각자 의견이 있고 문제점과 해결 방안을 고민해 왔을 것이다. 또 무언가의 이유로 인해 그 해결책이 쉽게 도입되지 못했을 것이다.

내가 새로운 장으로서 어디에서 누구를 어떤 순서로 만나는지 그 자체가 아주 큰 목소리로 나의 우선순위, 내가 중요하게 생각하는 것, 내가 이끌어 가는 방법을 대변하게 된다.

부임 첫날, 현장 영업 부서 중에 가장 어려움을 겪는 영업소에 갔다고 가정해 보자. 그리고 그 영업소에서 현장의 문제점을 지적하는 것이 아니라 현재 어떻게 느끼는지(본인들도 영업소의 실적이 낮은 것을 잘 알고 있다), 어떠한 요인을 개선하면 영업을 더 잘할 수 있는지 들어 본다.

물론 첫 자리에서는 두려움과 긴장감으로 별다른 이야기가 오고 가지는 않는다. 다만 새로 온 장이 우리 이야기를 들으러 왔고, 화를 내는 것이 아니라 경청하고 질문을 통해 이해하려고 했다는 소식은 생각보다 빨리 전체 조직에 퍼지게 된다. 조직의 질서를 위해 현장 영업소를 방문할 때, 그 부문의 지역 대표, 영업 부문장에게는 미리 알린 뒤 현장에 같이 가야 한다. 또 현장에서 지역 본부장과 영업 부문장에게는 예우를 갖추어 주어야 한다. 내가 맡고 있는 조직을 나보다 윗사람이 나와 상의도 없이, 내가 그 자리에 없을 때 가면 잘못된 메시지를 보낼 수 있기 때문이다.

이러한 방문 후에 현장에서 요구한 사항 중에 즉시 개선할 수 있는 아이디어가 있다면 가능한 한 빨리 실행하고 그 실행 여부를 다시 현장에 알려 주어야 한다. 실행하지 못한 아이디어에 관해서는 규제상의 문제, 내부 프로세스의 문제, 예산의 문제 등 원인을 알려 주고 향후 방향성도 공유해 주는 것이 좋다.

첫 100일간 이처럼 현장, 현업 부서 사람들을 다양하게 만나고 다니면 점차 직원들이 긴장감과 두려움을 풀고 보다 적극적으로 본인의 의견을 제시하기 시작한다. 특히 그 조직에서 오래 일한 사람들이야말로 살아 있는 역사이고 상황 이해에 가장 도움이 되며, 사실 가장 많은 아이디어를 가지고 있는 경우가 많다. 그동안 아무도 물어보지 않았기 때문에, 또는 아이디어를 냈지만 별다른 변화가 없었기에 자기 목소리를 내는 것을 멈춘 경우가 대부분이다.

물론 현장, 현업 부서의 이야기를 경청하는 과정에도 직속 부하와의 1 대 1 대면 미팅, 조직에서 요구하는 다양한 회의, 규제상 필요한 회의는 해야 한다. 회의는 회의 목적, 참가자, 시간을 잘 정리해서 최소한의

답을 내야 진짜 리더다

시간으로 효율적으로 진행해야 한다.

　새로 부임한 첫날 어디로 가는지가 조직 문화의 향후 방향에 대해 새로 맡은 장이 할 수 있는 중요한 첫 행동이다.

직원들이 진실을
말하지 않는 이유

대부분의 회의 자료는 깔끔하고 예쁘게 잘 정리된 파워포인트 파일이다. 자세히 들여다보면, 아마도 내용상의 시사점을 정리하는 것보다 예쁘게 만드는 데 더 시간을 많이 썼을 수도 있을 만큼 정성스럽다. 그리고 대부분 좋은 뉴스들로 가득 차 있고 나쁜 뉴스들은 상당히 잘 정돈된 용어로 순화되어 있다.

직원들과의 대화 시간에도 문제점보다는 시간을 보내기 위한 질문을 준다. 특히 각 사원의 질문 내용을 미리 그 윗선에 보고하고 승인받은 뒤에 질문이 잘 준비된 상황에서 대화가 이루어지기도 한다.

'왜 조직의 나쁜 뉴스들은 좋은 뉴스만큼 빨리 공유되지 못할까?' '왜 나쁜 뉴스들은 순화되고 조정되어 보고되나?' 우리는 일상적으로 메시지와 메시지 전달자를 잘 구분하지 못한다. 나쁜 메시지를 전달하는 사람을 메시지의 내용과 구분하지 않고 '그 친구는 불만이 많고 맨날 문제

답을 내야 진짜 리더다

점만 지적해.'라고 생각하는 경향이 있다. 나쁜 메시지를 조직을 위한 충성심으로 올리던 사람들도 몇 번 욕 먹고 징계받으면 생존을 위해 또 다른 좋은 뉴스만 전달하고 나쁜 뉴스는 순화하는 전문가로 바뀌게 된다. 버티지 못하면 조직을 나가게 된다.

또 다른 이유는 본인의 생존을 위해서이다. 실적에 대해 논의할 때 우리는 시장 상황의 변화와 당사의 노력을 구분하기 어렵다. 시장이 좋아져서 실적이 올라간 것은 모두 자신의 노력 덕분인 것처럼 포장한다. 시장이 나빠졌을 때는 내 실적이 나빠진 것이 나의 노력이나 역량 부족에서 기인한 것이 아니라 모두 시장의 악화 때문인 듯 자료를 잘 꾸밀 수 있다. 내가 현재 맡고 있는 사업 중에 전임자가 망친 부분을 도려내고 내가 새로 시작한 사업은 잘되는 것처럼 발표 자료를 만들 수도 있다.

직원들이 진실을 말하는가? 그러면 다음의 질문을 해 볼 필요가 있다. 내가 리더의 입장에 있을 때의 상황에서 스스로에게 할 질문들이다.

- 내게 올라오는 회의 자료와 보고서에 좋은 뉴스가 더 많은가 아니면 나쁜 뉴스가 더 많은가? 특히 시장 상황에 대한 나쁜 뉴스가 아니라 내가 잘 못하고 있는 부분에 대한 지적이 더 많은가 아니면 내가 잘하고 있다는 부분이 더 많은가?
- 나는 현장에 자주 나가 보는가? 우리 회사의 고객들을 미리 준비되어 만나는 것이 아니라 직접 예고 없이 방문해서 고객들이 우리 회사 제품/서비스를 어떻게 쓰고 있는지 어떤 부분이 부족한지 듣고 오는가? 우리 현장 직원들의 가장 큰 고충이 무엇인지 직접 듣고 있는가?

- 직원들과의 대화시간이 잘 준비되어 진행되는가 아니면 준비 없이 현장에 가서 간소하게 일어나는가?
- 나는 문제점을 제기하는 직원의 말을 경청하는가 아니면 얼굴을 찌푸리고 싫은 표정을 짓는가?
- 우리 기업의 성과를 시장 상황, 경쟁사 대비 등 외부 요인과 내부 요인을(완벽하게는 힘들지만) 어느 정도 구분해 보려고 노력하는가?
- 나는 집에서 아들, 딸, 아내/남편의 이야기를 끝까지 잘 경청하나 아니면 중간에 말을 자르나?
- 내가 회의 시간에 가장 많이 떠드는 사람인가 아니면 내가 주로 듣고 정리하고 확인하고 빠진 부분에 대해 질문을 던지는가?

사례 29
돈으로 마음과 동기를 살 수 있을까

과거에 정립된 경영 이론인 철저한 성과와 금전적 보상은 단순 반복 작업에서는 효과적일 수 있으나, 지식 근로자의 경우에는 그다지 큰 효과를 발휘하지 못한다. 직원들의 가장 큰 욕구는 훌륭한 사람으로 인정받는 것이다.

> "인간의 태도를 바꿀 필요성은 인정하지 않은 채 생산성을 높이기 위해 자본주의적 수단에 의존하게 되면 그 안에 인간이 묻힌다."
>
> 체 게바라, 전 쿠바 국립은행 총재

직원들에게는 다음과 같은 요소들이 성과에 대한 금전적 보상보다 훨씬 더 중요하다.

- 조직의 미래성과 방향성
- 자신의 성장 발전 가능성 또는 경력 개발에 대한 비전
- 해당 비전을 달성할 수 있는 교육과 훈련의 기회
- 상사, 특히 직속상관에 대한 존경심
- 자신의 잠재 능력을 최대한 발휘할 수 있는 일과 자율적이고 자기 주도적으로 일을 끌어나갈 수 있는 업무 기회와 성취의 기쁨
- 정서적인 몰입
- 조직의 숭고한 목적에 대한 일체감

　물론 봉급 체계가 업계 평균보다 낮을 때는 문제가 된다. 또한 조직 내의 직원들 간에 상대적 공정성이 깨지면 조직의 불만은 터진다. 성과 우수자들이 업계 평균 이상의 봉급을 공정하게 받으면서, 단순히 성과에 따른 금전적 보상뿐만이 아니라 본인이 인정받고 더 큰 사람으로 클 수 있다는 기회의 가능성이 보이는 것이 중요하다.
　역으로 봉급이나 금전적 처우가 아무리 좋아도 다음과 같은 상황이라면 직원들이 조직을 떠날 것이다.

- 조직에 미래 방향이 불분명하거나 없다.
- 본인의 미래 경력 개발이 보이지 않는다.
- 교육 훈련 기회가 없다.

- 직속상관이 무능하고 한심하다.
- 업무 기회가 너무 적어서 능력을 발휘할 수 없다.
- 정서적으로 분리되어 조직에 대한 소속감이 없다.
- 조직의 목적이 야비한 단기 금전 성과에만 있다.

평가와 보상이 불공정하게 이루어지면, 이는 조직원의 열정에 찬물을 끼얹는 결과를 초래한다. 누구에게나 개인적인 시각과 위치가 있기 때문에, 평가가 공정하게 이루어지기는 쉽지 않다. 경영진 역시 주관과 편애가 있을 수 있으며, 자신의 시각에 따라 직원을 평가하기도 한다. 또한, 상사의 믿음대로 직원들이 행동하는 기대 보상 효과 등으로 인해 많은 경우 주관이 객관을 지배하는 상황이 발생한다.

실적에 대한 평가도 각 개개인이 처한 상황, 예를 들어 영업소의 위치가 실적에 많은 영향을 미치기 때문에 객관적인 평가는 쉬운 문제가 아니다. 그러나 조직 내에서 수긍할 수 있는 공정성을 지키려고 노력해야 한다. 공정성은 큰 원칙을 정하고 이를 일관성 있게 지켜 나가는 데서 정착될 수 있다. 예측 가능성, 일관성, 투명성, 직원의 이해 등이 중요한 원칙이다.

목표를 너무 높게 잡으면 조직 내에 여러 가지 병폐가 발생한다. 다음 번 목표를 적게 받기 위해서 현재의 개선 가능성을 축소 보고할 가능성이 높아진다. 현재 목표 달성이 어려운 정황에 대한 정당화 과정이 실질적인 실적 달성에 쓰는 노력보다 더 늘어날 가능성이 있다. 진실된 경영자보다 외부 변수에 대한 설명을 더 그럴듯하게 늘어놓는 경영자를 우대하는 실수를 할 가능성도 커진다.

최고 경영진이 성과 측정 지표를 잘못 만들면 조직이 이상한 방향으로 간다. 고객과의 통화 숫자가 영업 실적에 중요한 선행지표임이 밝혀지자, 이를 중요한 성과 측정 지표로 만들었다. 영업사원들은 통화 내용이 어떠하든 그냥 마구 전화를 걸었다. 결국 영업실적도 떨어지고 회사의 명성에는 큰 상처가 났다. 영업 직원들이 실적을 늘릴 수 있도록 코칭하고, 체계적인 방법을 습득하게 하며, 스스로 자긍심을 가지고 적극적으로 참여하도록 만드는 것이 중요하다. 이를 위해 경영진은 솔선수범하며, 현장의 문제를 듣고 해결하는 노력을 기울여야 한다. 이러한 자발적인 개선이 일어나게 하는 것 외에, 쉬우면서도 지속 가능한 방법은 드물다.

숨어 있는 영웅들

조직의 영웅들은 숨어 있는 경우가 많다. 특히 회의 시간에 발표와 자료 준비가 주가 되어 버려 진짜 일하는 사람보다 발표 잘하고 자료 잘 만드는 사람이 본사 지원 부서에 뽑히게 되는 경우가 있다.

조직의 진정한 영웅들은 대부분 묵묵히 일한다. 이들은 꼭 필요할 때 조용히 나타나 문제를 해결하고, 다시 조용히 사라진다. 후선 업무 센터에서 40년 가까이 일한 직원은 회사의 역사, 발전 과정, 문제점, 과거에 어떤 방식으로 문제를 해결했는지, 그리고 앞으로 어떻게 해결해야 하는지에 대해 누구보다 잘 알고 있다. 또한, 조직의 리더십 스타일에 따라 각 단계에서 잘된 부분과 잘되지 않았던 부분을 명확히 이해하고 있다.

특히 어쩌다 한 번씩 발생하는 특수한 문제에 대해서는, 그보다 더 많은 경험을 했거나 유사한 경험을 가진 사람이 드물다. 이러한 직원들은 문제가 발생하면 조용히 뒤에서 지원하며 해결의 중심 역할을 한다.

동남아의 고객사에 가 보면 본부 직원들은 다들 외국에서 대학 또는 대학원을 나왔다. 또 좋은 정장을 입고 깔끔한 외모를 갖추고 세련된 행동을 한다. 자신 있게 발표하고 회의 자료나 발표 자료도 잘 만든다. 한편, 고객지원센터에서 가장 오래 일한 사람, 후선 업무에서 가장 오래 일한 사람, 현장 영업직 중에 가장 연륜이 높은 사람, 리스크 관리직에서 가장 연륜이 높은 사람을 찾으면 처음에는 누구인지 잘 모른다. 인사 부서 자료를 찾아보아야 누구인지 알게 된다. 이들을 만나서 이야기를 들으면 아주 많은 역사, 배경, 그리고 지혜를 얻게 된다. 이분들은 대부분 내성적이고 말을 시원시원하게 자신 있게 하지는 않는다. 게다가 발표 자료를 잘 만들 줄 모른다. 회의실에 불러 발표를 시키면 어눌하고 두서 없이 이야기하는 때도 많다.

우리는 조직 내에 숨은 영웅들을 찾는 데보다 많은 노력을 기울일 필요가 있다. 진정한 인재는 자기 업무를 훌륭히 해내고 성과를 내는 사람들이다. 당장 눈에 보이는 실적도 중요하지만 그러한 실적이 나오기 위해 보이지 않는 곳에서 묵묵히 오늘도 회사가 돌아가도록 해 주는 분들 또한 중요하다.

우리 회사에서 가장 오래 근무한 분들은 누구인가? 부처별 가장 오래 근무한 분들은 누구인가? 고객 접점 최전방에서 오늘도 매일 고객의 불만을 듣는 분들은 누구인가? 이들이 생각하는 우리 기업의 고객을 위한 최우선 순위 업무는 무엇인가? 어떻게 하면 이분들의 경험과 지혜를 회사 경영에 최대한 반영할 것인가?

생각해 볼 만하다고 생각한다. 이러한 분들이 존경받는 조직이 더 좋은 문화를 가진 조직이 아닐까.

사례 30
난 다 알아, 대충 한 번 들어 본 단어지만

지식과 자신감의 상관관계를 보여 주는 것 중에 '더닝 크루거 효과 곡선'이라는 것이 있다.

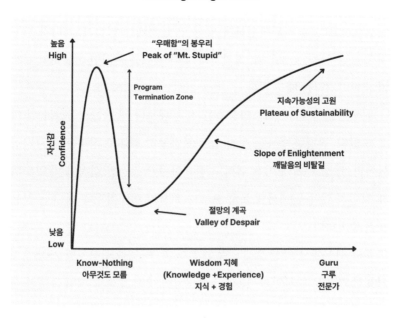

Dunning-Kruger Effect

더닝 크루거 효과는 코넬대학교 사회심리학과 교수인 데이비드 더닝과 그의 제자 저스틴 크루거가 1999년 여러 실험을 통해 처음 발견했다. 실험실의 연구를 통해 두 교수는 본인의 능력이 부족할수록 본인을 과대평가하고 능력이 높을수록 본인을 과소평가하는 경향이 있다는 것을 밝혀냈다.

256 답을 내야 진짜 리더다

많은 경영자들이 첨단 경영 기법, 새로운 경영 이론, 새로운 도구들에 대해 대략 한 번 들어 보고 다 안다고 생각한다. 더닝 크루거 효과에서 초기 지식이 있을 때 자신감이 하늘을 찌르는 우매함의 봉우리 꼭대기에 있는 것이다. 특히 고위직에 있는 사람일수록 자기가 차지하고 있는 자리가 곧 자기 지식의 우월성이 만든 결과가 아닌데도, 마치 자기가 모든 문제에 대해 누구보다 잘 안다고 착각할 수 있다. 새로운 개념이 나와도 대략 한두 번 듣고 본 것만으로도 마치 잘 알고 있다고 여긴다. 이때가 지식을 받아들이고 공부하기가 가장 어려운 시기다.

우리가 새로운 내용을 접할 때, 세상은 넓고 무림에는 고수가 많다는 점을 항상 염두에 두어야 한다. 해당 내용이 나와 관련이 깊다면, 관련 좋은 책을 구입해 읽고, 가장 많이 인용된 논문을 찾아 읽어야 한다. 또한, 관련 우수 경영 저널이나 리뷰를 통해 글을 읽고, 해당 분야에서 가장 뛰어난 전문가의 강연이나 유튜브 콘텐츠를 찾아보며, 인공지능에 질문해 보는 등 최소한의 기초적인 지식을 습득해야 한다.

그 후 내가 무엇을 모르는지, 어떤 부분을 더 배워야 직접 활용할 수 있는지, 혹은 내가 아무리 공부해도 이해하기 어려운 부분이라면 전문가를 초빙해 내 직원으로 활용해야 할지를 판단해야 한다.

그러나 내가 잘 모르면 누가 진짜 전문가인지 얼치기 전문가인지, 또는 전문가 중에도 워낙 분야가 넓으므로 내가 하는 사업과 직접적인 연관이 있는 전문가인지 아니면 다른 각도로 연관된 전문가인지를 구분하기 어렵다. 최소한 누가 진짜 관련 깊은 전문가인지를 구분하는 안목을 갖추는 수준까지는 공부할 필요가 있다.

잘 모르면 전문가의 수준과 깊이를 가늠하기 어렵다. 잘 모르면 용감해진다. 잘 모르기 때문에 진짜 깊이 공부할 의욕을 갖지 못한다. 하지만 벼는 익을수록 고개를 숙인다. 진짜 전문가는 시원한 확답을 잘 주지 못한다. 산전수전 다 겪어 보니 확답을 주기에는 너무 많은 변수와 상황을 고려해야 한다는 것을 알기 때문이다. 얼치기 전문가는 답이 명확하고 시원하다.

사례 31
아, 이 사람들 부자 아니야

싱가포르에 아시아 본사를 두고 있는 서유럽계 소비자 가전 제조회사 G사는 1970년대까지 우수한 품질로 고급 가전 시장에서 우위를 점했었다. 그러다 1980년대에는 일본 가전 회사들에, 그리고 1990년대 이후에는 한국 가전 회사들에 시장 점유율 대부분을 내주어, 이제는 시장 점유율이 미미한 수준이다.

서유럽 경기가 악화되면서, 기업들은 아시아에서 오래전에 잃어버린 시장 점유율을 되찾기 위해 새롭게 시장에 접근하려고 했다. 이러한 새로운 시장 탈환 전략을 수립하기 위해 먼저 현상을 분석했다. 아시아 시장에서 시장 점유율을 잃게 된 이유는 다음과 같다.

- 동남아 대부분의 국가에서는 세탁기나 냉장고를 집주인이 아니라 가사 도우미(maid)가 주로 사용한다. 특히 세탁기의 경우, 집 안이 아닌 집 밖에 두고 사용하는 경우가 많다. 이러한 지역은 집중호우

가 잦기 때문에 세탁기는 비바람에 강해야 한다. 가사도우미들이 사용하기 때문에 조작 버튼이 많거나 복잡하면 안 되고 사용이 쉬워야 한다. 반면, 서유럽 제품들은 엔지니어링 기술의 정점을 달리면서도 비바람에 취약하고, 조작 버튼은 모든 종류의 세탁물에 맞추기 위해 지나치게 정밀하고 복잡하게 구성되어 있다. 가사도우미들이 쓰기에는 너무 복잡하다. 한국산 제품은 이러한 요구에 잘 부응한다. 비바람에 강할 뿐만 아니라, 가사도우미가 사용하기 쉽도록 조작 버튼이 단순화되어 있다. 그러나 이 회사의 제품은 고도의 정밀성을 가장 큰 특징으로 내세우고 있어, 동남아 시장의 특성과는 다소 맞지 않을 수 있다.

- 인도의 경우 아무리 부자여도 집에 방 개수는 많지만 방 자체의 크기가 그렇게 크지 않다. 따라서 에어컨은 보통 국가에서 팔리는 용량보다 더 작은 용량이 선호된다. 한국 가전제품은 이러한 인도의 생활 환경에 맞도록 설계되어 나온다. 이 회사에서 나오는 제일 작은 에어컨조차도 인도에서 사용하기에는 용량이 너무 크다.

- 인도의 경우 음악과 노래가 영화나 드라마에 중요한 요소이므로 텔레비전의 스피커 용량이 일반적인 텔레비전보다 커야 한다. 인도는 전기 공급이 불안정하기 때문에, 정밀한 가전제품은 전기적 충격으로 고장 나기 쉽다. 따라서 정밀한 가전제품이라면 전압 안정기를 제품 내에 추가로 탑재해야 한다. 한국산 텔레비전은 스피커 용량이 크고, 전류 안정기가 내장되어 있어 독일, 일본, 스웨덴 제품이 전기 문제로 고장 나더라도 한국 제품은 안정적으로 작동한다. 반면, 이 회사에서는 서유럽에서 제조된 제품을 그대로 수출

하기 때문에, 스피커 용량이 더 우수하지도 않고 전압 안정기가 내장되어 있지도 않다.

- 과거에는 서구적인 것이 우수하다는 의견이 있었지만 이제는 우리 생활을 잘 아는 것이 더 중요하다는 의견이 지배적이다. 따라서 광고를 할 때 서구 모델을 쓰는 것보다 해당 국가의 국민 배우를 쓰는 것이 소비자에게 더 잘 호감을 준다. 이 회사는 지속적으로 서구 모델을 써 왔다.

- 배급처에서는 고가에서 저가까지 주요 고객층을 다 커버해 주기를 원한다. 특히 매출 회전율이 높은 중저가 제품의 수요가 더 크다. 이 회사는 주로 고가의 제품만 만들다 보니 판매처에서 우선순위에 밀리게 되고 재고도 적어서 고객이 주문하면 배달받을 때까지 오래 걸린다. 한국 제품은 다양한 고객층을 커버하고 매출 회전율이 높은 제품을 주력으로 판매하고 있어서 판매처에서 먼저 배치하고 판매한다.

이상의 내용을 종합해서 서유럽에 있는 본사에 보고하러 갔다. 이상의 내용을 좀 더 생생하게 전달하기 위해 이 회사가 주력으로 삼는 부유층의 FGI(Focused Group Interview, 소수의 참가자가 자연스러운 토론처럼 의견을 개진하는 인터뷰 방식)의 녹화본을 편집하고 해당 국가의 언어로 번역된 자막을 첨부했다. 인도, 인도네시아, 싱가포르, 태국, 말레이시아 등지의 주요 논의 내용을 압축해서 5분 정도의 비디오를 준비했고, 이를 본사 경영진에게 보여 주었다.

본사 경영진은 이 비디오에 나오는 사람들이 부자가 아니라면서 우리가 고객층을 잘못 선정했다고 했다. 우리는 여기 나온 사람들은 해당 국가의 최상위 부자층이며 실제 가장 고급 아파트 단지에서 머무는 사람들이라고 했다. 그러나 경영진은 이들의 옷차림이나 장신구가 고급스럽지 않다는 이유로, 이들이 회사의 목표 고객층이 아니라고 했다.

우리는 다시 동남아 문화적 특성, 인도의 문화적 특성으로 상당한 부자들도 다른 사람들과 인터뷰할 때는 과시적인 옷이나 장신구 대신 겸손하고 눈에 띄지 않는 옷과 장신구를 착용한다고 설명했다.

하지만 끝까지 경영진들은 이들이 자신이 원하는 고객층이 아니라고 생각했다. 우리는 세상을 우리가 알고 있는 방식으로만 본다. 경영진이 자신들의 고정된 지적 모델에서 벗어나지 못하면, 조직의 방향을 올바르게 이끌어 나가기가 어렵다.

사례 32
책 나누어 주고 강의 몇 번 들으면 알아서들 해야지

새로운 경영 기법이 나오면 우리는 책자를 통해 접하게 된다. 도요타의 린 경영 방식, GE의 6시그마(Six Sigma), 리엔지니어링, 실리콘밸리의 애자일 경영 기법 등 다양하고 새로운 경영 기법이 시대적 상황에 따라 등장한다. 최근에는 생성형 인공지능 같은 혁신적인 기술이 이러한 경영 기법을 지원하며 새로운 변화를 이끌고 있다.

물론 책을 읽고 이해하는 것이 출발점이 될 수 있을 것이다. 그러나 어떤 경영진은 이러한 책을 사서 중간관리자 이상에게 나누어 주고, 강의 몇 번 한 뒤에 각 부처에서 알아서 도입해서 성과를 내라고 강요한다.

하지만 이러한 접근 방식은 성공하기 대단히 어렵다. 게다가 오히려 조직의 반항심만 늘리게 된다. 왜 그럴까? 여기에는 여러 이유가 있을 수 있다.

- 대부분의 새로운 경영 기법 또는 방법론은 한 부서에서 스스로 도입하기 대단히 힘들다. 전사 차원에서 여러 부처가 협동해서 우선순위 과제에 역량과 노력을 집중해야 가능하다.
- 새로운 경영 기법은 책 한 권 읽고 강의 몇 번 들어서 적용하기 힘들다. 오랜 기간 특정 기업에서 수많은 시행착오를 거쳐 이룩해 낸 방법론이기 때문에 방법론 이면에 존재하는 조직원들의 학습, 경험, 사고방식, 눈에 보이지 않는 수많은 소소한 노하우가 다 필요하기 때문이다. 이러한 비가시적 내용은 책이나 강의로 전달하기 어렵다.
- 현업을 하면서 진행해야 하므로, 도입하고 적용하고 성과를 내기까지 할 일이 너무 많고 힘이 든다.
- 조직원이 스스로 새로운 도입에 따른 위험과 실패 가능성에 두려워한다. 확실하게 처음부터 완벽하게 적용할 수 있는 방법론은 없다. 어느 정도의 시행착오가 없을 수 없다.
- 방법론 적용에는 새로운 데이터, 새로운 전산 시스템, 새로운 프로세스, 새로운 평가 기준, 새로운 정책, 새로운 업무 분장 등 방법론 자체 외에도 많은 부분이 함께 바뀌어야만 실질적인 효과가 나타난다.
- 방법론 적용 시 기존 방식과 갈등이 있을 수밖에 없다. 변화에 대

답을 내야 진짜 리더다

한 저항도 있을 수 있다. 이러한 변화에 대한 저항과 두려움, 기존 실적의 일시적 저하 등을 실무자들이 각자 알아서 풀기는 어렵다.

- 경영진 스스로가 새로운 방법론에 대해 깊이 있게 이해하지 못하고 대충 들어서 아는 수준이라 새로운 방법론이 적용되는 데 필요한 다른 요소를 알지 못한다. 직원들의 요청 사항이 왔을 때 무엇이 정말 필요한지 아닌지, 어떤 것이 먼저 풀려야 하는지를 알지 못하고 잘못된 지시를 내려서 조직원들이 더 혼란스럽게 만든다.

최근에 생성형 인공지능에 대한 관심이 높아지자 최고 경영자가 생성형 인공지능을 최우선 과제로 삼고 전 조직에 하던 일을 멈추고 부처별로 어떻게 도입하고 빠른 시일 안에 실험하라고 지시했다. 생성형 인공지능을 도입하려면 다른 기법들과 마찬가지로 다음과 같은 사항들을 고민해야 한다.

- 어떠한 경영 또는 사업상의 문제가 우리에게 우선순위인가?
- 그러한 우선순위 과제를 해결하는 데 생성형 인공지능이 가장 우수한 방법론인가?
- 실행을 위한 아이디어 외에도 이를 가능하게 하는 다양한 여건들, 예를 들어 성과 평가, 프로세스, 역할 분장, 전산 기술 플랫폼 등 어떠한 것이 갖추어져야 하나?
- 무엇을 목표로 하고 어떠한 과정을 거쳐서 실행해야 하고 실행 시의 문제점을 어떻게 풀어 나갈 것인가?
- 실행할 조직, 인력, 투자재원은 어떻게 마련할 것인가?

그러나 많은 기업이 강의 한 번 듣고 책 몇 권 나누어 주고 부처별로 알아서 하라고 한다. 거의 모든 부처에서 자기 부처의 생산성을 높이기 위한 챗봇, 업무 자동화를 위한 인공지능의 도입 등 뻔한 아이디어를 갖고 여러 IT 회사에 문의해서 PoC(Proof of Concept, 그 아이디어가 과연 성과가 있을지 실험적으로 해 보는 것)를 실시한다. 수십, 수백 개의 PoC가 난무하지만, 여건이 제대로 갖추어지지 않아 실질적인 이득을 얻지 못한다.

전사적인 차원에서 아무도 이를 주목하지 않으니, 정말 중요한 문제에는 집중하지 못하고 얼마 지나지 않아 모두 지치고 만다. 결국 결과물이 부족해 윗선에서 질책을 받는 악순환이 반복된다. 이에 따라 조직에는 피로감이 쌓이고, 정작 도입이 꼭 필요한 부분에서는 조직 내부의 저항으로 인해 실행조차 어려워지는 상황에 직면하게 된다. 새로운 기법이 나왔을 때 정말 실질적으로 이익을 보는 기업이 많지 않은 이유가 이것이다.

세상에 새롭고 훌륭한 방법론이 책을 읽고 강의를 몇 번 듣는 것만으로 알아서 적용할 수 있는 것이라면 얼마나 쉽고 좋겠는가. 하지만 그렇다면 그 새롭고 훌륭한 방법은 누구나 쉽게 적용할 수 있었을 것이고, 결국 모두 아는 평범한 방법론이 되었을 것이다. 한 방법론이 새롭고 훌륭하다고 평가받는 이유는, 그것을 실질적으로 적용해 성과를 내는 것이 결코 쉬운 일이 아니기 때문이다. 노력과 경영진의 깊이 있는 이해, 그리고 올바른 방향성 제시가 없다면 스스로 좋은 결과가 자연스럽게 일어나지 않는다.

사례 33

어디서 들은 이야기로 그 사람을 직접 평가하지 말자

필자는 우연한 기회로 글로벌 전략 컨설팅 회사의 파트너 평가 위원회 위원장, 위원회 위원, 글로벌 은행의 그룹 인사 평가 위원장, 중국계 재벌 그룹의 경영진 평가 위원장을 맡아본 경험이 있다. 비록 업종이나 국가는 다르지만 평가 위원회에 보아야 하는 내용은 크게 다음과 같다.

역량

- 고객에(직접 또는 간접적으로) 대한 리더십이 있는가? 특히 제품이나 서비스를 판매해야 하는 경우 경영진이 주요 고객에 대해 직접 만나고 고객의 불편한 점을 경청하며 문제점을 해결하는가? 중요 개발 대상 고객을 새로 영입한 적이 있나? 영업 부문에 대해 솔선수범하고 있나?

- 직원들의 존경을 받고 있나? 기업 또는 담당 부서의 미래 방향을 명확히 제시하고 직원들의 의견을 경청하고 직원들에게 지시만 하는 것이 아니라 지도하고 코칭하고 직원들의 역량을 개발하기 위해 노력하는가?

- 산업에 대한 시각이 명확하고 남들이 보지 못하는 흐름과 미래의 방향성을 이해하는가? 업계에서 일어나는 변화를 잘 읽고 조직을 미리 준비시키는가? 본인의 중요 전문 분야에서 경쟁사 대비 더 뛰어난 지식과 식견이 있으며 이를 적극적으로 공유하고 활용하는가? 끊임없이 배우고 본인의 지식을 늘려 가는가?

- 창업가 정신 또는 자발성이 뛰어난가? 주어진 업무만 하는 사람인 가 아니면 주도적으로 회사에 필요한 업무를 찾아서 하는가? 이러 한 자발적인 업무를 통해 회사의 발전에 기여하는가?
- 부처 간 협력을 잘하고 있는가? 여러 부서 사이에서 협력과 조율 의 모범이 되는가?

성과
- 담당 부문의 실적이 우수한가? 목표치 대비 실질적 성과가 얼마나 지속적으로 일어나는가? 단기적으로 성과를 뽑아내는가 아니면 장기적 지속성을 유지하면서 매 평가 단위의 성과를 내는가?

가치관
- 회사가 중요하게 생각하는 가치관을 따르고 있는가? 그러한 가치 관에서 타의 모범이 되는가?

이러한 내용을 기준으로 평가하려면 가능한 한 객관적인 자료를 수집 하는 것이 중요하다. 고객에 대한 리더십은 고객 기반의 증가, 스스로 개 발한 고객 수와 그 고객의 기여도를 기준으로 평가한다. 직원들에 대한 존경심은 설문조사와 선별적 인터뷰를 통해 확인하고, 산업에 대한 시각 은 부하 직원 및 관련 부서 임원의 평가를 바탕으로 한다. 자발성은 자발 적으로 수행한 업무와 그 성과를, 부처 간 협력은 타 부처의 평가를 종합 적으로 취합해 다면적으로 평가한다.

그러나 조직 또한 정치적인 경향이 있어서 어떤 임원이 특출나게 잘

답을 내야 진짜 리더다

하면 타 임원들이 그에 대해 나쁜 소문을 퍼트리거나 의도적으로 다면 평가 시에 나쁜 평가를 집어넣는 일도 있다. 그리고 평가 위원이 이러한 루머 또는 의도적으로 퍼트린 소문을 듣고서는 마치 이것이 사실인 양 평가 위원회에서 자료 또는 의견을 개진하는 경우가 있다. 평가 위원 한 명이 이러한 내용을 올리면 전체 평가 위원회가 그 방향으로 쏠리는 토론을 하게 된다.

그래서 임원에 대한 평가는 그 당시의 사실뿐만 아니라 과거의 상황과 맥락도 보아야 한다. 또한 과거를 볼 때 그 사람의 발전 가능성도 고려해야 한다. 과거에 있었던 문제가 지속될 수도, 개선되었을 수도, 또는 더 악화되었을 수도 있기 때문이다. 또한 그 사람의 진정한 성격은 커다란 위협이나 도전, 외부적 요인에 의한 성과의 급격한 하락 등 어려운 상황에 처했을 때 더 크게 드러난다.

추가로 그 사람의 인성은 회사 내부가 아니라 회사 밖에서 하는 행동으로 더 잘 평가할 수도 있다. 2013년에 있었던 대한항공 기내에서의 어떤 기업 임원의 승무원 폭행 및 라면 관련 사건, 2014년 대한항공 오너 일가의 갑질에 의한 땅콩 회항, 2024년 코레일 낙하산 임원의 직원에 대한 갑질 등 기본적인 인성에 대한 문제는 계속 발생하고 있고, 기업의 브랜드나 명성에 큰 위협 요인이 되고 있다.

이처럼 임원 평가는 단순하지 않고 복합적이며 편견을 피하고 다양한 자료를 취합하되 진실성 여부도 고민해야 하는 어려운 과제이다.

사례 34

유명해지면 욕한다, 질투는 인간의 본성

어느 조직에나 특출나게 일 잘하는 사람이 있다. 자기 분야에서 스스로의 자질, 노력, 연구, 고민 등으로 업무에 집중하고 성과를 내서 입사 동기보다 훨씬 빨리 승진하고, 본인의 상사보다 더 빨리 승진해서 상하 관계가 역전되는 경우도 있다.

그러나 이처럼 우수한 성과자가 조직에서 인정받고 빨리 크게 되면 아무리 인성이 좋고 겸손하더라도 크고 작은 질투를 받게 된다. 업무적으로는 비난하기 힘드니 업무 외의 내용으로 비난하게 된다. 사람이 왠지 건방지다든지, 자기 혼자 잘난 줄 안다라든지, 운이 좋아서 그렇다든지, 아니면 상사에게 아부를 잘해서 그렇다든지 등 조직 내의 수많은 루머에 시달리게 된다.

특히 이러한 우수 인재는 조직의 중요한 프로젝트를 맡는 경우가 많고, 중요한 대형 프로젝트는 추진 과정에서 여러 가지 잡음이 나오기 마련이다. 큰 변화에는 복잡한 이해관계 득실이 생기고, 변화에 저항하거나 변화를 싫어하는 사람들의 목소리도 나올 수밖에 없다. 그동안 관행이라는 이름으로 일어났던 수많은 비합리적인 내용에 손을 대면 당장 이득(공적인 이득이 아니라 개인적인 착복에 가까운)이 사라지고 그 이득 자체를 논하기 어렵기 때문에 프로젝트를 진행하는 질투의 대상을 비난하게 된다.

이 경우 최고 경영진의 판단이 중요하다. 특출난 인재가 질투로 인해 욕을 먹는지, 아니면 정말 문제가 있는지를 잘 파악해야 한다. 그렇지 않고 조직의 질투를 그 사람의 근본적인 문제로 생각해서 우수 인재에 제재를 가하면 결국 조직이 특출난 인재를 내모는 방법을 학습하게 되고 특출난 인재의 유출이 가속화된다.

이 조직이 국제적 기업이면 여기에는 인종 간 갈등, 여러 문화 간의 오해 등 우리가 흔히 알던 학연, 지연 외에 더 복잡한 요인들이 첨가된다. 상사가 특정 국가의 인종이면 비슷한 인종에 대한 문화적 이해가 더 높고 왠지 더 편안하게 느껴진다. 영어가 공용어이기는 하지만 모국어로 토론하는 것이 더 쉽다고 느껴진다.

조직 내의 질투는 인간의 본성일지 모른다. 우수한 조직 문화를 만들기 위해서는 최고 경영자의 인간에 대한 이해가 중요하다. 특출난 인재의 인성 문제인가 아니면 인간 본성에서 나오는 질투인가? 이를 어떻게 구분하고 이해할 것인가? 어떻게 하면 우수한 성과를 내는 인재를 인정하고 서로 배우고 함께 발전하는 문화를 만들 것인가는 최고 경영진이 늘 고민해야 할 문제이다.

조직 구조 변화에
더 많은 시간이 쓰이는 이유

회사 내부에서 일하건 컨설팅을 통해 고객 기업과 일하건, 상상 이상으로 경영진과 직원들이 시간을 많이 쓰는 분야가 조직 구조 변화에 관련된 업무이다. 새로운 전략을 수립하건 디지털 전환 프로젝트를 하건, 결국 시장 상황 분석, 경쟁사 분석, 자사 분석, 고객 분석의 결과는 기업이 해야 하는 과제, 거기에 필요한 투자, 필요 인력, 기대 재무 성과, 이를 추진하기 위한 조직, 그리고 전사 차원의 조직 변화 등의 결과물에 도달하게 된다.

가장 노력을 들여야 하는 부분은 사실 어떠한 과제를 수행해야 하고, 그 과제에 얼마만큼의 투자, 인력이 필요하고 그 결과 어떠한 성과를 내야 하는지이다. 그러나 현실에서는 전사 조직 구조 개편에 가장 많은 의견과 노력이 집중된다. 정교한 재무 예측치 또한 필요 이상으로 시간이 들어가는 것 같다. 정교한 재무 예측치를 작성하는 데도 필요 이상의 시

답을 내야 진짜 리더다

간이 소모되는 경우가 많다. 우리는 왜 시장에서 경쟁자와 어떻게 싸워 이길 것인지에 대한 방법론과 과제를 도출하는 데보다, 당장의 내부 조직 구조 개편에 더 많은 시간을 할애하고 있는 것일까?

경쟁에서 이긴다는 것은 단기간에 판가름 날 수 있는 문제가 아니다. 꾸준한 실행 이후에 서서히 그 결과물이 축적되어 가는 것이기 때문이다. 그러나 조직 구조 개편은 당장 나에게 영향을 미친다. 정서적으로도 시장에서의 승리와 실패보다 나와 동기, 나와 비슷한 위치에 있는 사람보다 내가 더 중요한 일, 더 많은 예산, 더 많은 인력을 갖고자 하는 본능이 있는 것 같다.

최고 경영자는 이러한 논의가 조직 내부에 대한 것에 주로 초점이 맞추어지는 것을 지양하고 가능한 한 눈을 들어 시장을 보고, 고객을 이해하고, 경쟁자를 어떻게 이길 것인지에 대해 초점이 맞추어지도록 유도할 필요가 있다. 조직 구조 변화에 너무 많은 노력이 들어가면 진짜 노력이 필요한 부분에서 진이 빠져서 필요한 노력이 들어가지 않을 수 있다.

사례 35
신입 직원 정신 무장해! 해병대식 집체교육

몇몇 한국 기업의 신입 사원 교육을 관찰했다. 그런데 놀랍게도 25년 전과 바뀐 게 없었다. 미국 기업, 영국 기업의 신입 사원 또는 신임 임원 교육을 받아 보았고 신입 사원 및 신임 임원 교육을 해 본 적이 있는 입장에서 신입 직원 교육을 어떻게 할지 정리해 보았다.

많은 한국 기업에서는 여전히 군대식 방식으로 '정신력'을 배양하는 프로그램을 운영하고 있다. 예를 들어, 산악 구보나 등산, 팔굽혀펴기와 같은 체력 훈련을 진행하며, 아침 점호를 통해 규율을 강조하는 경우가 많다. 교육 내용 또한 주입식으로 이루어지는 경우가 대부분이다. 창업자의 이념과 철학을 암기해야 하며, 심지어 시험을 통해 평가받기도 한다.

또한, 대규모 강의를 통해 신입 직원들을 강당에 모아 교육을 진행하는 경우가 흔하다. 이때, 강의는 주로 회사의 정체성이나 실제 사업과 직접적인 연관이 없는 전문 강사들에 의해 이루어져서 신입 사원들에게 실질적인 도움을 주지 못하는 경우가 많다. 더불어, 충성심을 강요하는 분위기도 여전히 남아 있다. 충성이 자발적으로 우러나오는 것이 아니라, 조직에 대한 복종을 강요하는 형태로 나타나는 경우가 적지 않다.

이와 같은 방식은 시대 변화에 따라 새롭게 요구되는 인재 양성 방향과는 상당한 괴리가 있으며, 보다 효과적이고 실질적인 교육 방식의 도입이 필요해 보인다.

다음으로, 영미 기업의 신입 직원 교육 방식을 살펴보자. 물론 기업마다 교육 방식은 다르겠지만 공통적인 특징들을 모았다. 우선 넓게 보아서 전체적인 직원 개발이 어떻게 진행되며 여기에 따라 신입 직원 교육이 어떻게 진행되는지 정리해 보았다. 기본적으로 직원의 역량은 현업에서 코칭을 통해 배우는 것을 위주로 하고(약 70% 내외로 봄), 집단적인 교육은 30% 미만으로 생각한다. 평가는 성과 평가와 역량 평가로 구성된다.

1. 성과 평가

성과 평가에 따라 보너스나 보상을 지급한다. 주로 재무적인 달성도를 지표로 한다.

2. 역량 평가

역량 평가에 따라 역량 등급이 매겨지고, 이에 따라 맡을 수 있는 리더십 지위가 정해진다. 예를 들어, 1급은 큰 나라의 은행장, 해당 전문 영역의 그룹 본부장을 맡을 수 있고, 2급은 중소 규모 나라의 은행장, 해당 전문 영역의 그룹 본부 산하 팀장이 될 수 있다.

역량 평가는 역량 등급이 분야별로 자세히 기술되어 있어 완전히는 어렵지만 어느 정도 객관화되어 있다. 이 역량 등급 기술은 내가 어느 정도 더 역량을 개발해야 승진할 수 있는지를 알려 주는 좋은 지침이고 공개된 정보이므로 투명성이 있다. 역량 중에 리더십과 협력 능력이 중요하므로 부하 직원의 상사 평가와 관련 부서의 협조 사항에 대한 평가도 포함된다.

역량 개발에는 코칭이 중요하기 때문에 상사를 평가할 때 상사의 코칭 능력과 코칭 성실도가 중요한 부분을 차지한다. 예를 들어, 다음과 같은 질문이 부하 직원들에게 주어진다.

- 최소 한 달에 한 번 내가 어떤 업무를 잘하고 있고 어떤 업무를 개선해야 하는지 코칭받은 적이 있습니까?
- 코칭이 특정 사항에서 발생한 경우 그 즉시 이루어졌습니까? 아니

면 나중에 몰려서 주어졌습니까?

- 개선할 분야가 주어진 경우 어떻게 개선할 수 있는지 구체적인 방법이 주어졌습니까?
- 특정 분야에 집중적인 교육이 필요한 경우 상사가 적극적으로 회사에 있는 교육 프로그램을 소개하고 교육 기회를 주었습니까?

3. 역량 개발을 위한 학습과 교육

역량을 업무 전문 역량, 일반적인 문제해결 능력/과제 처리 능력, 인간관계 역량, 스토리텔링 능력(효과적인 보고서와 파워포인트 작성 포함), 공감 능력, 건강한 몸 등으로 나누어서 학습과 교육 프로그램이 진행된다.

4. 신입 직원에 대한 교육

다수의 신입 직원을 일시에 뽑는 경우가 한정되어 있다. 그때그때 수시로 필요한 인재를 채용하는 것이 일반화 · 일상화되어 있어서 대규모 인재 채용은 대학 졸업 시기, 대학원 졸업 시기에 몰려 있다. 수시로 뽑는 경우도 일정 기간에 입사한 직원들을 모아서 신입 직원 교육에 참여시킨다.

대다수 신입 직원 교육자는 인사부나 외부 강사가 아니라 현직에 들어온 지 3~5년 내외인 현장 실무자, 팀장급 직원, 임원들이 나누어서 맡는다. 일부 전문 분야는 외부 강사가 오지만 강사의 주류는 내부 직원들이다.

1) 일반적인 문제해결 능력/과제 처리 능력과 스토리텔링 능력 (효과적인 보고서와 파워포인트 작성 능력 포함)

집단 교육에서는 회사의 임원이 와서 어떠한 식으로 문제를 정의하고, 구조화하고, 우선순위를 정한 뒤 자료를 어디서 찾고 회사 내의 지식관리 시스템을 어떻게 활용하는지를 공유한다. 본인이 실제 겪은 사례를 중심으로 과제를 어떻게 수행하고 어떠한 내용이 보고되고 협의가 어떻게 이루어져서 실행이 어느 정도 되었는지를 공유한다. 주로 한 명의 임원이 방법론을 설명하고 다수의 임원들이 각자 자신의 다양한 경험을 공유해서 다각적으로 이해시키고 서로 다른 다양한 접근법이 있다는 것도 알려 준다.

그러고는 실제 일상적으로 발생하는 문제를 나누어 주고 일정 기간에 거쳐 풀도록 한다. 이러한 사례로 주어지는 문제는 다양한 부서의 직원들과 협력해야 하는 것이 대부분이다. 신입의 경우 한정된 시간 내에 한정된 문제와 잘 정비된 자료를 주고 필요한 신입 직원 중에 여러 다른 직군의 직원들이 팀을 만들어 분석하고 결과물을 간단히 정리한 뒤 앞서 교육을 담당한 임원들에게 보고하고 그 자리에서 코칭을 받는다.

2) 인간관계 역량

사람과의 업무 관계 능력을 늘리기 위한 다양한 연수 프로그램이 있다. 연수에 오기 전에 직장 상사, 부하, 가깝게 일하는 동료가 잘 정리된 양식으로 다양한 서베이를 해 준다. 옳고 그름보다는 각자 자기 스타일이 다르고 이에 따라 언제 효과적이고 언제 효과적이지 않은지 다양한 사례를 통해 각자 상황에 맞게 프로그램이 진행된다. 이러한 프로그램은 대부분 많아야 20명 내외로 진행되고 서로 연관이 없는 직원들을 모아서 안심하고 자기 상황을 공개할 수 있는 분위기를 만든다.

신입 직원의 경우 대부분 직장생활 경험이 적거나 다른 회사에서 온 경우이므로 일반론과 함께 회사의 연혁, 역사 등을 공유하고 스스로 파악한 회사의 조직 문화도 공유한다. 현업 직원들이 와서(신입으로 온 경우, 경력직으로 온 경우를 섞음), 어떠한 부분이 다른 회사와 많이 다른지, 어떠한 점이 좋은지, 어떤 부분은 잘 작동되지 않는지를 공유해 준다. 솔직해야 하지만 너무 비판적으로 가지는 않도록 한다.

각자의 성향을 파악하는 데 회사별로 사용하는 도구가 다르다. 예를 들어, MBTI, Strength Finder, Hogan Survey 등이 사용된다.

3) 공감 능력

회의에 참석하거나 미팅할 때, 또는 다른 사람과 대화할 때 온전히 그 일에 집중할 수 있는 훈련을 한다. 또한 강요가 아니라 본인의 존재감으로 다른 사람의 집중을 받을 방법 등도 연구한다. 이러한 내용은 주로 신입 직원보다 신임 임원 중심 교육이지만 가끔 신입 직원에게 제공되는 경우도 있다. 특히 대외 업무 담당인 경우가 그러하다. 현직 연극배우를 초청해 무대에서 청중을 장악하는 방법 등을 배우는 등 다양한 분야의 사람들을 초청해서 배운다.

4) 건강한 몸

헬스 트레이너가 아니라 회사원들이 한정된 상황에서 건강한 몸을 유

답을 내야 진짜 리더다

지하는 법을 배운다. 물을 많이 마셔야 하는 이유, 가능한 한 계단을 이용해야 하는 이유, 출장이 많은 직종의 경우 건강한 여행 방법, 생강차가 몸에 좋은 이유 등 실생활의 바쁜 일정 속에서 조금이나마 건강을 지키는 방법을 배우고 현재 자기의 습관을 점검해서 어느 정도 건강한 습관을 지니고 있는지도 알려 준다.

5) 업무 전문 역량

업무 전문 역량은 신입 직원을 직군별로(예: 영업, 전산, 사업 부문별) 나누어서 연수를 한다. 해당 직군에 필요한 상품 지식, 고객 상황, 경쟁자 상황, 시장 동향, 업무에 당장 필요한 전문 지식 등을 체계적으로 교육한다.

은행 지점 직원의 경우 지점과 똑같이 생긴 가짜 지점에서 실제와 동일한 업무를 해서 현장에 나갔을 때 즉시 적응할 수 있도록 한다. 연수기간 중 현업과 공동으로 현장 경험을 하도록 한다.

6) 신입 직원 일반

신입에게 필요한 회사 업무 수행 방식, 부서 명칭, 지원 도구(명함, 컴퓨터, 핸드폰, 회의실 예약, 출장 예약, 경비 정산, 회사의 보안 규칙, 성과 평가 방식, 인사 제도) 등은 인사부 및 담당 부서에서 나와 설명해 주고 핸드북 형태로 나누어 준다.

회사의 역사를 성공과 실패를 포함해서 설명해 준다. 이를 통해 배운 점, 교훈 등을 공유하고, 충성심을 강요하기보다는 자연스러운 소속감이 생기도록 한다. 자원봉사 활동도 소개하고 어떻게 참여할 수 있는지도 공유한다.

사례 36
의전 문화, 꼰대 문화

다음은 상상의 이야기이지만 많은 기업에서 관찰되는 일들이기도 하다.

대기업 회장님이 갑자기 다음 주에 공장에 방문한다고 한다. 난리가 났다. 새로 페인트를 칠하고 회장님의 예상 동선에 따라 화분이 배치되고 예상 질문과 답안을 준비하느라 분주하다. 회장님 브리핑 자료를 만들고 회의 시간에 무엇을 누가 발표할 것인지에 수많은 사람이 매달린다. 발표 자료 문구 수정에 수많은 논의가 이루어지고 대리, 과장, 차장, 부장, 이사, 상무, 전무, 공장장 등이 여러 차례 첨삭한다.

회장님과 회식을 하게 되었다. 누가 어느 자리에 앉아야 하는지로 고민이다. 의전 전문가랍시고 수많은 사람이 논쟁한다. '입구에서 먼 쪽이 상석입니다.' '창문으로 좋은 경치가 보이는 자리가 상석입니다.' 회장님 옆에 그리고 앞에 누가 앉아야 하는지도 고민이다. 회장님이 좋아하는 메뉴가 무엇인지 알아내야 한다. 혹시 몰라서 여기저기 미리 다 예약을 한다. 취소는 나중에 해도 된다. 술은 뭘 좋아하시는지, 주량은 얼마인지 알아내야 한다.

회장님이 어떤 경로로 오는지도 알아내야 한다. 공항으로 오면 공항에 영접하는 팀을 보내야 한다. 플래카드를 걸어야 하나. 누가 가야 하

나. 차량은 무엇으로. 1호차, 2호차 탑승객은 누구여야 하나. 비행기를 타고 온다고 한다. 서울에서 출발하는 동반 임원들도 고민이다. 자리 배치를 어떻게 해야 하나. 항공사에 좌석 예약을 한다. 2A석이 가장 높은 자리이다. 항공사도 고민이다. 하필이면 같은 시간대에 전직 국회의원, 전직 장관도 그 비행기를 탄다. 누가 더 높은 사람인가? 2A, 2B 좌석을 누가 타는지가 첨예의 관심사이다.

회장님 해외 출장이 잡혔다. 뉴욕 공항에는 누가 나와야 하나. 차량은 어떤 수준으로 해야 하나. 왜 전임자는 관련 매뉴얼을 만들어 놓지 않아서 일일이 새로 알아내야 하나. 국내에서는 VIP 경로로 통과가 가능한데 뉴욕 공항은 어림도 없다. 어떻게 불편을 최소화하나. 가방은 누가 들어야 하나. 호텔은 어디로 해야 하나. 방의 등급은 무엇으로 해야 하나. 오래간만에 오셨는데 골프를 좋아하신다고 들었다. 뉴욕 근방에 좋은 골프 코스는 어디인가. 누가 같이 쳐야 하나. 회장님 핸디는 어느 정도인가. 회장님보다 너무 잘 쳐도 안 되고 너무 못 쳐도 민폐다.

연말 사장단 회의를 한다. 회장님 도착 시간에 맞추어 어떤 음악을 틀어야 하나. 좌석 배치는 어떻게 하나. 사장단의 순위는 어떻게 하나. 회장님께서 젊은 직원들 이야기가 듣고 싶다고 하셔서 과장급 중에 우수한 자들을 모았다. 회장님께 해도 되는 말, 해서는 안 되는 말을 사전에 교육해야 한다. 쓸데없는 질문을 하거나 제안을 하면 그 여파가 나에게 돌아온다. 미리 사전 리허설을 한다.

새로 발령받아서 온 부서장이 내 고등학교 후배이자 군대 후기이다. 회사에서는 내가 상사로 깍듯이 대해야 하지만 사석에서는 어떻게 하나. 건방지게 나에게 상사랍시고 이것저것 시킨다. 참아야 하나 아니면 따로 불러내서 사석에서는 선배로 대접하라고 해야 하나.

　요즘 젊은 직원들은 회식에 가서 숟가락과 젓가락 꺼내서 놓을 생각도 안 한다. 점심 같이 먹자고 하니 자기는 채식주의자라 따로 간다고 한다. 점심 식사에 가서도 메뉴를 고르는 데 가장 오래 걸린다. 그냥 통일하면 되는데 꼭 다른 메뉴를 시킨다. 회의 시간에 지시했더니 자기만 잘난 줄 알고 자꾸 문제점을 제시한다. 내가 그래도 이 업종에서 짬밥이 있는데 새로 온 직원이 뭘 안다고 지적질인지 모르겠다. 우리 때는 까라면 깠다.

　부장님이 아직 퇴근을 안 했다. 벌써 5시 반인데. 이제는 진짜 일하는 척해야 한다. 캐비닛에서 이것저것 자료를 꺼내서 책상에 산이 되도록 쌓는다. 키보드를 부산하게 친다. 부장님이 퇴근 안 하냐고 물어보신다. 할 일이 많아 마무리 짓고 간다고 답한다.

　부장님이 새로운 지시를 내렸다. 별것 아닌 듯하지만 결과물을 금방 가져가면 고민하지 않은 듯하다. 답은 뻔하지만 일단 묵힌다. 부장님이 언제쯤 되냐고 묻는다. 얼마나 많은 분야에서 얼마나 많은 각도로 고민하고 있고 자료를 수집하고 있는지 이야기한다. 전에 새로 들어온 외부 영입 인재가 바로 다음 날 결과물을 가져갔더니 부장님은 보지도 않고 고민도 안 하고 벌써 가져오냐고 혼을 냈다.

　갑자기 젊은 오너의 아들이 부서에 들어왔다. 아직 업계 경력이 미천하지만 벌써 상무 달았다. 우리에게 이것저것 지시하고 간다. 틀린 말은 없다. '보다 획기적으로 매출을 늘리세요. 근본적으로 비용을 검토해서 확실하게 눈에 띄게 줄이세요. 아이디어들이 없어 아이디어들이.'

　부장님께 결제를 올렸다. 한 달이 지나도록 답이 없다. 이번 건은 앞으

　　　　　　　　　　　　　　답을 내야 진짜 리더다

로 2~3주 내로 결정을 내리고 빨리 실행해야 적기에 가능한데 답이 없다. 얼굴을 보니 심기가 불편하다. 부장님 좋아하시는 야구 이야기를 준비해서, 한화 팬인 걸 확인하고 어제 한화가 롯데를 이겼다고 말을 시작해 본다. 결제 건에 대해서는 말이 없으시다. 그 이후 3개월 뒤에 오너 상무가 한 줄 적어 왔다. "설명요." 뭘 설명하라는 건지 이사도, 부장도 모른다. 염화 시중 미소를 해석하듯 이 '설명요.' 세 글자의 의미를 추측하기 위한 회의가 열린다.

비용 처리 요청한 것이 부결이 났다. 우리 회사의 명운이 걸린 구매사 접대용으로 쓴 돈이다. 구매 담당자가 예상을 벗어나서 갑자기 비싼 요릿집으로 바꾸자고 했다. 김영란법을 피하기 위해 과장 대리들이 개인 카드로 쪼개서 샀다. 결제를 받기 위해 여러 가지 방법으로 비용 청구를 했다. 이번 달도 내 월급이 빵구가 나는구나.

회사가 위기 상황이라고 한다. 할 일은 없지만 눈도장 찍기 위해서는 야근도 하고 주말에도 출근해야 한다. 출근부의 출근 비율이 윗선으로 보고된다. 강압적으로 담당 임원이 우리 부서는 전원 주말 출근을 명했다. 실적은 나빠도 노력하는 모습은 보여야 한다고 했다. 이 임원은 올해가 승진 연한이다. 갑자기 나도 모르는 사이에 우리 부서의 경비가 자발적으로 축소되어 재무팀에 축소된 경비 예산이 보고되었다. 우린 이제 야식도 각자 돈으로 먹어야 한다.

회장님 방문 계획이 갑자기 취소되었다. 여러 군데 예약을 걸어 놓은 식당은 까먹고 있다가 당일에 취소한다. 식당 주인이 100명분 식사 다 준비해 놓았다고 울상이다. 보상이 필요하다고 한다. '우린 그런 경비 없어요. 우리 회사에 보상받으면 앞으로 우리 회사에서는 그 식당 아무도 안 갑니다.' 갑자기 조용해졌다.

서양에도 이러한 말이 있다. "The Queen thinks the world smells like fresh paint." 여왕이 가는 곳마다 페인트를 새로 칠해서 여왕은 깨끗하고 화사한 색깔만 본다. 그리고 세상의 모든 향기가 페인트 향인 것으로 알고 있다. 서양에도 의전 문화는 있다.

성숙한 조직일수록, 성과 지향적인 조직일수록 의전이나 필요 없는 형식이 줄어든다. 의전과 꼰대 문화는 윗선부터 바뀌지 않으면 없애기 힘들다. 가장 윗선에서 의전을 거부하고 시간 약속을 지키는 솔선수범을 하지 않으면 이러한 의전과 꼰대 문화는 없어지지 않는다.

이러한 의전과 꼰대 문화는 한국만의 것은 아니다. 중국, 일본, 인도네시아, 말레이시아, 태국, 베트남 등에도 정도의 차이는 있으나 비슷한 부분이 있다.

답을 내야 진짜 리더다

우연히 성과가 실력보다 좋은
기업의 특징

기업의 성과는 내가 어느 나라, 어떤 산업에, 어느 시기에 속해 있는지, 그리고 그 상황에서 어떠한 전략을 세우고 실행했는지, 설명되지 않는 다양한 운적인 요소들이 복합적으로 작용한 결과다. 과연 실력이었는지, 아니면 단순히 운이 좋았던 것인지 명확히 구분하기 어렵다.

이와 관련해서 에릭 바인하커는 저서 『부의 기원』을 통해 우리에게 큰 통찰을 보여 준다. 이 책의 주요 내용을 최대한 간단히 정리하면 다음과 같다.

- 생물학적인 세계가 진화의 산물이듯 경제, 사회, 기술도 진화의 결과다. 기업 또한 진화의 산물이다.
- 우리가 늘 이야기하는 경쟁우위는 일시적으로는 가능하지만 지속적으로는 불가능하다. 경쟁력을 가지려면 기업 내부에서 변화, 복

제, 재생산 가능한 진화의 생태계를 만들어야 한다. 다양한 사업 계획이 경쟁할 수 있어야 하고 비전과 열정으로 조직원이 스스로 노력할 수 있는 조직 문화를 만들어야 한다.

- '부의 기원'은 이러한 조직 문화를 통해 누적된 지식이다.
- 인간만이 자신의 몸 이외에 지식의 진화를 가능하게 하는 지구상의 유일한 존재이다.
- 부는 특정 목적을 지닌 적합한 질서이고, 그 결과가 합목적적이어야 부가 창출된다.
- 인류의 부의 97%가 인류 역사의 0.01%의 최근 시간에 창출되었다. 경제학은 데이터로 검증되지 않은 비현실적 가정에 둘러싸인 고도로 이상적인 이론의 상아탑이자 학술적인 게임이 되었다. 전통 경제학의 많은 부분이 틀렸다. 인간은 항상 이기적이지도 않고 항상 합리적이지도 않다. 거래비용이 너무 높아서 일물일가의 법칙이 현실적으로 작동하지 않는다.
- 경제가 균형을 찾는 데는 시간이 너무 오래 걸린다. 우주는 열역학 1법칙(에너지 총량 보존의 법칙)과 제2법칙(엔트로피의 증가)로 구성된다. 경제학은 열역학 2법칙을 무시했다. 열린 체계는 에너지의 흡수를 통해서만 엔트로피의 증가를 체계 밖으로 배출하고 질서를 증대시킬 수 있다.
- 단순화된 시뮬레이션에서 빈익빈 부익부가 나타난다. 거래를 허용할수록 전반적인 부는 증가한다.
- 사람들은 합리성보다 공평성과 상호주의에 더욱 반응한다. 인간은 귀납적으로 정보를 처리한다. 다시 말해 인간은 이야기를 통해

답을 내야 진짜 리더다

정보를 처리한다.

이상의 생태경제학적인 논의는 어떠한 시사점을 갖는가?

- 세상은 작은 사건이 큰 역사를 바꾼다. 시스템 자체가 비선형적이고 동태적인 구조이기 때문이다.
- 우리는 세상을 사실보다 훨씬 안정적인 것으로 오판한다.
- 반복적 혁신자는 1% 이내이다. 시장에서는 어마어마한 혁신과 변화가 일어나지만 개별 기업 수준에서의 변화는 훨씬 적다. 경제의 변화는 개별 기업의 변화가 아니라 기업의 시장 진입과 퇴출로 일어난다.
- 분기 이익에 대한 집착은 경영 의사결정을 왜곡한다. 이 경우 환경 변화에 대한 적응보다는 있는 과제의 실행에 능숙해진다.

쉽게 말해, 기업의 성과는 모두 자신이 내린 의사결정의 결과만은 아니라는 뜻이다. 최고경영자라 하더라도 현재 사업을 하고 있는 국가나 사업 항목을 스스로 정하지 않은 경우가 대부분이다. 또한, 스스로 선택해서 특정 나라에서 태어난 것도 아니다. 우리는 종종 우리의 성과를 스스로 만든 것이라 여기며, 외부 변수나 운의 영향을 간과하기 쉽다.

결과적으로 진정한 실력보다 운이 좋아 성과가 좋을 때가 있는가 하면, 운이 나빠 성과가 나쁠 수도 있다. 특히 운이 좋아서 실력 이상의 성과를 거둔 기업은 결국 성과가 나빠지는 상황으로 수렴하게 된다.

이러한 기업의 특징은 무엇일까?

- 전략이 의도적으로 명확하지 않지만 그냥 주어진 일을 한다. 그러면 시장 상황이 바뀌었을 때 전략의 수정이 어려워진다.
- 역할이 명확하지 않지만 각자 바쁘게 일한다. 역할이 바뀌어야 할 때 어떻게 바뀌어야 하는지, 누구의 역할이 바뀌어야 하는지가 불명확하다. 책임 소재가 불분명해서 어떤 부분에서 어떻게 좋아지는지 나빠지는지 알기 힘들다.
- 대단히 특출난 인재에 많이 의존한다. 우수한 기업은 특출난 직원만 입사시키는 것이 아니라, 조직 내에서 하는 직원의 역량 개발에 집중해서 그들을 특출난 인재로 성장시킨다. 시황이 좋을 때는 누구나 실적이 좋아 보이지만, 진정한 실력은 상황이 어려워졌을 때 누가 덜 나빠지는지에서 드러난다. 그러나 능력과 실적 외의 요소가 더 중요시되면, 조직은 결국 모두 '이용자'가 될 뿐이고, 조직에 실질적으로 기여하는 인재는 점점 줄어든다.
- 지금의 좋은 성과가 시장 상황이나 외부 환경 덕분이라는 점을 간과하고, 모두 자신들의 노력으로 이루어진 것이라고 생각하는 경우가 있다. 조직이 쉽게 건방져지고 학습을 멈춘다. 혁신과 학습의 조직이 아니라 누가 누구를 아는지가 더 중요해진다. 파벌과 라인을 잘 타는 것이 중요해진다.
- 내부 지형적이다. 외부의 변화, 즉 시장의 변화, 환경의 변화, 기술의 변화, 고객의 변화보다 내부적 문제, 예를 들어 조직 구조 개편, 내부의 경쟁자, 타 부서와의 이해득실이 더 중요한 문제로 인식된다. 이러한 상황이 지속되면 외부 변화에 둔감한 조직이 되고 내부 정치가 만연해진다.

답을 내야 진짜 리더다

- 직원들의 동기가 주로 승진과 보너스 같은 직접적인 보상이다. 진정한 동기 부여는 존경할 수 있는 상사, 조직의 미래 비전, 조직의 사명 등에서 비롯되어야 하지만, 많은 경우 단기적인 보상에만 초점이 맞춰져 있다. 물론 승진과 보상은 중요한 부분이지만 여기에만 의존하는 것은 한계가 있다. 한때 중국 기업들이 한국의 우수 인재를 3배의 보수를 제시하며 스카우트했지만 결국 이들이 조직에 오래 남지 못한 이유도 바로 여기에 있다.

인공지능 시대에
필요한 인재

인공지능은 이제 더 본격적으로 개발되고 있다. 1950년 그 대상이 인간인지 기계인지를 구분하는 튜링 테스트(Turing Test)가 처음 나오고 1956년 존 매카시(John McCarthy)가 인공지능이라는 용어를 처음 쓴 이래 지금까지는 좁은 의미의 인공지능(인간의 특정 인지 능력을 대체하는 인공지능)을 중심으로 발전이 이루어지고 있으나, 학계에서는 빠르면 2025년 늦게는 2045년이면 보다 보편적으로 인공지능이 인간의 지적 능력을 대체할 것으로 본다.

우리는 구글이 필요한 정보를 찾아 주고 어느 정도 단순화되고 일관성이 있는 법칙에 따라 판단하는 것은 이미 인공지능이 대신하는 시대에 살고 있다. 예를 들어, 스포츠 기사, 애널리스트의 분석 보고서 등이 이미 인공지능으로 자동화되어 가고 있다. 생성형 인공지능이 도입되어 고객센터에서 채팅 앱이나 전화 통화 업무를 한다. 인공지능의 개발 속

답을 내야 진짜 리더다

도가 점점 더 가속화되고 있어서 더 많은 분야에서 인공지능이 인간을 보좌하거나 대체하는 경우가 늘어날 것이다.

인공지능의 적용 분야는 대단히 광범위하다. 게다가 점점 더 적용할 수 있는 분야가 늘고 있다. 자연언어의 이해, 인간의 발성으로 된 언어의 이해, 그림이나 사진을 판독하는 일, 기계 학습, 원칙에 입각한 의사결정 시스템 등 인지 방법에도 여러 가지가 있다. 적용 방법에 따라 분석에 기반한 최적화, 분석에 기반한 사전 정의된 원칙에 따른 의사결정, 의사결정 지원 등등 아주 광범위하고 다양하다. 적용 분야도 거의 모든 산업이다. 국방, 항공우주, 의료, 금융, 자동차, 제조업, 전기전자, 생활비서, 소비재 산업, 교육, 에너지, 엔터테인먼트 등.

일부 매체에서 "20~30년 안에 인공지능(AI)이 완성될 것이며 AI가 잘하는 영어와 수학 공부는 제발 하지 말라. 멍때리거나 산책하면서 불현듯 창의가 샘솟는 '유레카 모멘텀'이 중요하다."라고 했고 "의대에 가지 말라."고도 했다. 이에 따라 기업에 필요한 인재상이 바뀌고 있고 또한 주의해야 할 부분도 바뀌고 있다.

지금처럼 수능 문제를 잘 풀기 위해 문제 풀이 방법론을 족집게 학원 선생들에게 배우고 구글로 찾을 수 있는 정보를 외우는 것으로는 미래에 필요한 인재를 길러낼 수 없다. 어떠한 정보를 모아서 어떻게 연결하고 패턴을 잡아서 어떠한 문제를 푸는 데 적용할 것인가가 더 중요하다. 이를 위한 문제해결 능력, 창조성, 깊이 있는 고민, 판단력 등이 훨씬 더 중요한 능력이 될 것이다.

현재 기업에서 발생하는 문제에 따라 미래에 필요한 인재상을 정리해 보면 다음과 같다.

1. 인공지능 시대에 필요한 질문을 던질 줄 아는 인재

인공지능에 어떠한 문제를 풀어야 할지 학습시키는 것은 인간이 할 일이다. 인간의 욕구는 논리적이기도 하지만 감성적인 것도 많다. 따라서 인간에 대한 깊이 있는 이해를 할 수 있는 인문학, 심리학 등이 중요한 학문 분야가 된다. 인간에 대한 깊은 고찰과 숨어 있는 욕구를 찾아내는 일이 앞으로 신규 사업을 발굴하고 기존 사업의 성장에 새로운 시각을 주는 데 중요해질 것이며 이미 중요해지고 있다.

인공지능도 결국 사람이 만드는 것이다. 스스로 학습하는 능력을 갖추고 있지만 무엇을 학습할 것인지, 어떠한 문제를 풀 것인지, 어떤 코드 언어를 쓸 것인지, 어떠한 방법으로 학습할 것인지도 모두 사람이 컴퓨터에 입력시키는 것이다. 자체 지능으로 이 모든 것을 알아서 할 수 있는 인공지능은 일반적 또는 광의의 인공지능(General AI)으로서 아직은 발전 속도나 단계가 상당히 느리다(만약 이러한 인공지능이 가능해지면 초월적 지적 존재의 탄생으로 인한 사피엔스의 존립 기반에 새로운 고민을 해야 한다).

이처럼 인공지능을 발전시키려면 아직 인간의 노력이 필요한데, 여기에 필요한 지식은 문제해결 능력, 수학과 통계학 등 인류 역사가 오랜 기간 누적한 과학 등이다. 또한 인공지능이 기계와 결합해서 작동하려면 전기공학, 화학공학, 전자공학, 기계공학 등 다양한 분야의 지식이 동원되어야 한다.

지금까지 행태 경제학에서 발견한 인간의 문제해결 능력은 패턴 파악 능력, 핵심적인 문제를 알아내는 능력, 창의력 등에 기반해야 한다. 이러한 능력은 공부하지 않은 두뇌가 그냥 멍때리면서 나오는 것이 아니

답을 내야 진짜 리더다

라 다양한 분야의 문제를 접하고 해결하기 위해 노력하고 서로 연관이 없는 다양한 학문 분야의 지식을 갖고 있을 때 더 잘 나온다. 또한 창의력도 어느 날 불현듯 생기기보다는 치열한 고민과 기초적인 지식 기반 위에 두뇌가 쉬는 동안 새로운 연결 고리를 찾아서 만들어 내기도 하는 것이다.

인공지능을 더욱 올바르게 발전시키기 위해서라도 문제해결 능력을 더더욱 키워야 하며 기본적인 인문적 소양, 수학, 과학 등 다양한 분야의 기초적인 지식이 기반이 되어야 한다.

2. 다학제적 지식을 갖춘 통섭형 인재

인공지능과 3D 프린팅 등으로 미래의 제조업은 전혀 다른 방향으로 발전할 것이다. 기존에는 대량 생산을 위한 대규모 공장이 필요했지만 3D 프린팅으로 소규모 공장에서도 비용 효율적인 생산이 가능해졌다. 또한 3D 프린팅을 소프트웨어로 통제하므로 이 부분의 발전은 인공지능과 함께할 수 있다.

그러나 새로운 제조업은 기존의 분리된 학문 체계가 아닌 통섭적인 지식이 필요할 것이다. 전기 자동차만 해도 기계공학, 전기/전자공학, 컴퓨터공학, 화공학(자동차 전지 등) 등 다양한 공학적인 지식이 통섭적으로 필요하다. 또한 공학에서 배우는 문제 해결 능력은 앞으로 더 근본적인 문제를 해결하는 데 중요한 시각을 제공할 것이다. 마찬가지로, 단순히 문제 풀이 방식을 배우는 수학이 아니라, 문제의 근본을 고민하고 해결책을 설계하며 두뇌를 단련하는 학문으로서 수학의 중요성은 앞으로 더욱 커질 것이다.

3. 협업과 공감을 통해 조직을 이끄는 리더형 인재

어떠한 인공지능의 발전이 이루어지더라도, 당분간 인간이 인공지능을 리더로 받아들이는 것은 어려울 것이다. 조직원에게 소명 의식을 심어 주고, 동기를 부여하며, 미래에 대한 비전을 제시해 함께 나아가도록 하는 리더십은 여전히, 그리고 상당 기간 인간의 역할로 남을 것이다.

인공지능이 어떠한 역량을 갖게 되더라도 결국은 인간을 통해 조직(그것이 국제기구이든 국가든 기업체이든 공유경제이든, 비영리 단체이든 정치 단체이든)을 통해 적용하고 사람들이 공감하고 이해해야 한다. 이를 위한 조직화 능력(미래의 조직은 지금의 조직과는 다르겠지만)과 사람들을 새로운 비전과 목적하에 끌어 나갈 수 있는 리더십은 더더욱 중요해진다. 사람은 논리적 존재일 뿐만 아니라 감성적 존재이기도 하다. 따라서 인공지능이 인간의 감성을 완전히 이해하고, 리더로서 사람들을 이끌어 나가는 것은 불가능에 가깝다.

이러한 리더십은 현장에서의 경험을 기반으로 하는 공감 능력도 중요하기 때문에 초보 변호사로서 사례를 찾고 기본적인 법률 서류를 만드는 과정에서 변호 대상자에 대한 고민 등이 축적되어야 한다. 물론 인공지능이 사례를 찾는 과정을 급속히 줄일 수 있다. 그러나 업계 입문자가 그 과정을 생략하고 향후 누적적인 전문가적인 지식과 업계에서 필요한 윤리, 전문가적인 안목을 쌓아 나갈 수는 없다. 앞으로는 인공지능과 인간이 조화를 이루며 함께 일할 수 있는 조직을 만드는 리더를 양성하기 위해, 경력 개발 방식의 변화가 필요하다.

또한 사람들은 진화론에 의하면 오랜 기간 생존을 위해 빠른 판단을 배우게 되었는데(예: 갑자기 커다란 물건이 나에게 다가온다, 따라서 나

답을 내야 진짜 리더다

는 공포를 느끼고 피한다), 여기에는 오늘날의 생활에 불편을 주는 의사 결정 편향(bias)들이 있다. 생태 경제학에서 자주 나오는 8가지 의사결정 편향은 다음과 같이 정리할 수 있다.

- 잘못된 유추, 즉 지금 상황과 맞지 않는 사례를 끌어다가 현상을 이해함.
- 생각을 잘못된 근거에 정박시킴. 예를 들어, 올해의 예산을 지금과 전혀 다른 환경에 있던 작년 및 과거의 수치를 기반으로 생각함.
- 경쟁사의 행동보다 조직 내부의 상황에 더 시간을 많이 쓰고 해결책을 찾음. 일반적으로 경쟁사의 반응을 치밀하게 고민하지 않음.
- 이미 알려진 사실 또는 사실이라고 믿는 사항을 중심으로 새로운 정보를 선택적으로 수용함.
- 문제를 보는 시각을 편협하게 정의함.
- 일반적으로 실제 상황보다 더 긍정적으로 평가함. 예를 들어, 신사업 또는 새로운 시장에 진출할 때 현실보다 장밋빛으로 생각함.
- 현상을 유지하고자 함. 예를 들어, 실패한 사업은 대부분 너무 늦게 퇴출시킴.
- 과거의 의사 선택을 정당화하거나 함몰비용(Sunk Cost)을 지나치게 고려함.

인간이 항상 완벽하지 않기에, 그런 인간들을 설득하고 움직이는 것은 인공지능이 쉽게 할 수 있는 분야가 아니다.

4. 윤리적 고민과 사회적 책임을 갖춘 인재

인공지능이 더 보편화되면, 이를 어떻게 적용할 것인가에 대한 윤리적이고 철학적인 문제가 발생한다. 인공지능으로 업무를 효율화시키는 과정에서 빠른 속도로 대규모 실업이 발생할 수 있는데, 이러한 문제를 어떻게 다룰 것인가? 미국 노동통계국(U.S. Bureau of Labor Statistics)에 따르면 미국에서는 2014년에 이미 전체 노동인구의 13%인 1,900만 명의 직업이 인공지능으로 대체된 것으로 보고되었다. 특히 인공지능이 먼저 대체하는 직업은 단순 반복 노동이나 복잡도가 낮은 사무 업무로, 사회 취약 계층이 먼저 영향을 받는 경우가 많다. 이로 인한 부의 분배의 양극화가 더 가속화될 가능성이 크며, 이를 해결하는 문제는 여전히 인간의 몫이다. 이런 문제를 인공지능이 직접 해결하거나 이에 대한 대안을 제시하기란 상당히 요원한 일이다.

인공지능이 장착된 살상 무기가 스스로 알아서 적군을 죽이기 시작할 때 이를 어느 정도 허용할 것인가. 2014년에 나온 영화 〈로보캅〉에는 이를 고민한 흔적이 있다. 자율 주행 자동차가 사고를 피할 때 최소 인원 손실을 알고리즘으로 할 것인가? 운전자와 보행자 중 누구를 먼저 보호하나?

이러한 문제에 대해 규제, 법률 등이 바꾸어야 하고 규제나 법률을 어느 방향으로 어느 속도로 바꿀 것인가는 인공지능이 할 수 있는 것이 아니다. 이러한 문제는 인공지능 스스로 풀 수 있는 문제가 아니다. 사회마다 문화와 종교, 관습 등이 다르기 때문에 인간 간의 논의와 합의의 과정, 즉 서로 다른 사람들의 견해를 듣고 고민하고 합의점을 찾아가는 과정이 필요하다. 이를 위해 인간의 본성에 대한 이해, 인문학, 철학, 역사학 등이 과거의 어느 때보다 중요해질지도 모른다. 따라서 '수학이나 영어를 공부하지 말라.'거나 '의사가 되지 말라.'는 식의 단편적이고 극단적인 메시지는 매우 위험할 수 있다. 미래의 교육 체계에 대해서는 장기적인 안목을 가지고 신중하게 고민해야 한다.

참고로 경영 컨설팅 업계에서는 전통적으로 경제학 또는 경영학을 전공한 사람들을 우대했었다. 그러나 구글이 보편화되고 후선 업무가 인공지능인 로보틱 프로세스 자동화(Robotic Process Automation)로 자동화되는 현재에는 경제/경영학이 더 이상 경영학이 컨설턴트의 주류 전공이 아니다. 필자가 전에 근무했던 경영 컨설팅 회사의 아시아 지역 컨설턴트의 전공을 나누어 보면 다음과 같다.

- 경영/경제학: 약 30%
- 공학(바이오, 산업공학, 화학공학, 전기/전자, 항공 우주, 산업, 기계, 건축공학): 약 50%
- 역사, 인문, 심리학: 약 10%
- 수학, 물리학 등 순수 자연과학: 약 5%
- 기타(법학 등): 약 5%

전에 근무하는 회사에서 가장 빠른 속도로 승진했던 직원은 전공이 역사학이다. 제국의 흥망성쇠에 대한 깊이 있는 안목으로 기업의 지속 가능성을 보고, 이야기로 문제를 풀어 가는 능력으로 조직을 이해하는 등 경영 경제 전공자와는 다른 독특한 시각을 가지고 있다. 향후에 이처럼 독특한 시각들이 더더욱 중요할 것으로 생각된다.

외부 인재에 대한 환상

우리는 새로운 과제에 직면하거나, 새로운 상품을 개발하거나, 새로운 시장에 진입하거나, 새로운 디지털 작업을 할 때 자신의 조직 내에서 하기는 힘들고 비싼 컨설팅은 쓰긴 싫고 해서 외부 인재를 찾는다.

아는 사람을 통해서 또는 헤드헌터들을 통해서 필요한 인재를 요청하고 이력서를 받아 보고 이야기해 보고 외부 인재를 고용한다. 단순히 기존에 있던 직원이 나간 자리를 채우기 위한 경우가 아니라 무언가 우리가 해 보지 않았던 것을 하기 위해서 새로운 인재를 도입한 경우, 생각보다 그 결과가 좋지 않다. 왜 이러한 일이 일어날까?

1. 모든 걸 다 할 수 있는 사람이 있을 것이라는 착각

외부 인재를 찾을 때는 우리가 해 본 적 없는 업무를 맡길 때가 많다. 그래서 직무 기술서에 우리가 원하는 모든 것을 적게 된다. 하지만 그 모든 것을 다 할 수 있는 사람은 사실 거의 없다. 예를 들어, 다음과 같은 공고이다.

채용 공고
- 모집 분야: 디지털 혁신
- 해당 업무: 전산 솔루션 아키텍처 디자인, 데이터베이스 구축, 데이터 분석, 데이터 분석 결과 가시화, 디지털 마케팅을 통한 고객 증대, 디지털 마케팅 플랫폼 구축, 코딩
- 해당 분야 경력 10년 이상, 해당 분야 학위 석사 이상

위의 업무만 보면 서로 다른 직군이 섞여 있다. 이 모든 것을 다 할 수 있는 사람은 없다. 그러나 우리는 해 보지 않았으므로 어떠한 인재가 필요한지, 어떠한 업무가 필요한지 모른다.

2. 구분하기 어려운 우수 인재

우리는 그런 일을 해 본 적이 없으므로 누가 우수한지 아닌지 구분하지 못한다. 이력서를 보아도 내가 아는 분야가 아니니 잘 가늠이 안 된다. 인터뷰를 해 보아도 잘 구분하기 힘들다.

3. 시장 가치와 보상의 괴리

우리가 그러한 인재를 써 본 적이 없으므로 시장 가치를 잘 모른다. 우리가 원하는 수준이 무엇인지, 그리고 그 수준에 맞는 사람의 시장 가치

는 어느 정도인지를 모르므로 대부분 시장 가격보다 낮은 수준의 연봉과 보너스를 제시하게 된다.

4. 준비되지 않은 환경

우리는 새로운 업무를 하는 데 필요한 인프라를 모른다. 어떠한 전산 도구들이 필요한지, 어떠한 자료가 필요한지, 누가 무슨 내용을 주어야 그러한 업무를 할 수 있는지, 어떠한 시스템이 최소한 갖추어져야 하는지 등을 모른다. 외부에서 최고의 디지털 마케팅 전문가를 영입했다. 이제 초 맞춤화된 디지털 오퍼가 각각의 고객 개인에게 주어져서 매출이 급성장할 것을 기대한다. 그런데 그 마케팅 전문가는 고객 데이터베이스가 엉망이라 일을 할 수 없고 데이터가 정돈되지 않아서 일하기 힘들다고 한다. 막상 고객 데이터베이스 만들고 데이터를 정돈했더니 지금의 전산 플랫폼에서는 인공지능을 활용하는 분석 도구들을 쓸 수 없다고 하며 클라우드 기반으로 데이터를 이전 시켜야 한다고 한다. 막상 클라우드 만들고 나니 뭐가 또 필요하다고 한다. 이처럼 어떠한 일을 하려고 하면 주변 여건이 갖추어져야 하는데 우리는 그 일을 해 보지 않았기 때문에 어떤 여건이 필요한지 잘 모른다.

5. 현실적이지 않은 기대치

그러한 여건을 갖추어 줘도 기대치가 불분명한 경우가 많아, 대개는 마법 같은 엄청난 결과를 기대한다. 그러나 세계 최고의 디지털 마케터라 해도 온 지 1년 만에 매출을 두 배로 늘리기는 어렵다. 첫해에 5% 증가, 2

년 차에 15% 증가 정도라면 이미 대단한 성과로 볼 수 있다. 그럼에도 지속적으로 과도한 기대를 하는 것은 외부에서 영입한 인재에게 지나친 부담을 주어, 결국 조직에 오래 머물지 못하게 하는 결과를 초래한다.

6. 조직 문화 적응의 어려움

외부에서 온 인재는 우리 회사의 일하는 방식을 모른다. 어떠한 스타일로 제시해야 하는지, 회의 석상에서 진짜 할 말을 다 하는지 아니면 비공식적 미팅에서 논의 다 하고 회의는 형식적인 것인지, 업무 요청을 이메일로 하는지, 아니면 따로 만나서 이야기한 뒤에 이메일로 하는지 등등 사소한 부분부터 공식적인 업무 처리 방식 및 보고 순서와 시기 등 큰 것까지 일하는 방식을 익히는 데는 시간이 걸린다.

7. 조직 내부 지원의 부족

많은 경우 외부 인재에 대해 기대하면서도 너무 큰 성공을 바라지 않는다. 그동안 해 온 나 자신이 초라해지기 때문에 또는 비교될 수 있어서 적극적으로 돕지도 않고 돕는 척하면서 사실 도와주지 않는 경우도 많다. 잘 모르는 새로운 조직에 와서 헤매게 만드는 것은 아주 쉽다.

8. 성과 평가 체계의 문제

그 일을 하기 위해 수많은 조율과 협력이 필요하고 그에 맞는 성과 평가 기준의 관련 부처 및 관련 직원 모두에게 적용되고 바뀌어야 하는데 우리는 대부분 기존에 협력해야 하는 조직이나 직원의 성과 평가 기준은 그대로 둔 채 새로운 외부 영입 인재가 성과를 내기를 바란다. 이는 구조적으로 협력을 받을 수 없도록 하는 것이다.

　이처럼 올바른 외부 인재를 영입하고 가장 효과적으로 성과를 내기 위해서는 고려해야 할 사항이 많다. 외부 영입 인재에 대한 환상을 없애야 한다.

일 잘하는 관리자와
일 못하는 관리자의 차이점

여기서 관리자라 하면 현장 실무진을 이끄는 관리자를 의미한다. 우리나라 조직에서는 회사마다 다르겠지만 팀장, 부서장(또는 차장, 부장)급 정도라고 할 수 있다. 지금까지 개인적인 경험과 관찰에 근거해서 정리해 보았다.

1. 일 잘하는 관리자

풀어야 할 문제가 무엇인지 명확하다. 어떠한 문제를 풀어야 하는지 문제의 정의가 명확하고 명쾌하다. 어떠한 상황과 연유(context)에서 그 문제를 풀어야 하는지 설명이 잘돼서 실무자가 그 일을 '왜' 해야 하는지 알고 있다. 왜 그 일을 해야 하는지 아는 것은 동기 부여와 방향을 잡는데 중요한 요소이다.

어떠한 목적(for what)으로 그 일을 하는지가 명확하다. 결과물이 나오면 어떻게 회사의 성과 개선과 연결되는지가 명확하다. 이 결과물의 의사결정자가 누구이고 의사결정자의 의사결정 기준에 대해 잘 설명해 준다. 직접적인 의사결정자는 아니지만 이해관계가 얽힐 수 있는 사람들과 부서가 누구이며 어떠한 이해관계가 발생할 수 있을지 알려 준다.

언제까지 업무를 끝내야 할지가 확실하다. 날짜로 정하거나 명확한 기준이 있다. 어느 정도의 정밀성을 가지고 일해야 하는지를 알려 준다. 예를 들어, 시장 규모 예측 시에 억 원 단위인가 100억 단위인가 등이다. 과제의 범위를 잘 그려 준다. 예를 들어, 과거 3년 분석인가 아니면 과거 10년 이상의 장기적 분석에 기반할 것인가 등이다.

그 문제에 대해 현재 논의되고 있는 가설 또는 아이디어들을 공유해 준다. 그러나 이러한 가설이나 아이디어 자체가 업무의 최종 결과물로 나올 필요가 없다는 점을 명확히 하고 사실에 근거하고 실무자의 판단에 따라 가장 좋은 답을 가져와도 된다는 점을 알려 준다.

업무 과정상 발생 가능한 정치적인 문제들을 미리 고민하고 실무자가 정치에 휩쓸리지 않도록 보호할 고민과 준비를 한다.

문제를 해결하기 위해 어떤 자료를 반드시 확보해야 하고, 어떤 전문가를 만나야 하며, 어떤 분석이 가장 핵심적인지에 대해 자신의 경험과 지식을 바탕으로 조언한다. 대부분 관리자는 더 풍부한 경륜과 넓은 네트워크를 가지고 있어, 접근하기 어려운 내외부 전문가와의 미팅을 주선해 준다.

맨 마지막에 가서 첨삭하는 것이 아니라 업무 중간에 주기적인 미팅 또는 실무자가 필요로 할 때 수시로 만나서 업무 진척 상황을 보고 바른

답을 내야 진짜 리더다

방향으로 가고 있는지, 주요 발견 사항은 무엇인지, 어려운 점은 없는지, 지원이 필요한 부분이 없는지를 살핀다. 업무 중간에 꼭 의견을 들어 보아야 하고 조율해야 하는 팀과 사람이 누구인지 미리 알려 주고 논의상 어려움에 처할 때 지원해 준다.

최종 결과물의 형태와 내용에 대해 미리 알려 준다. 예를 들어, 파워포인트 50장짜리인지 워드로 작성된 공식 문서로 10장인지 등이다.

최종 결과물의 품질을 높이기 위해 도와준다.

최종 결과물에 대한 비난이 나오면 실무자를 비난하지 않고 본인이 화살을 다 맞는다. 실무자에게는 배워야 할 점을 가르쳐 준다.

프로젝트나 업무가 마무리되면 배운 점들을 기록하고 나중에 비슷한 업무를 하는 사람들이 고생하지 않도록 자료를 정리하고 자료의 원천, 작성자, 목적 등등을 문서로 남긴다.

업무 중간에 실무자가 지칠 때쯤 또는 실무자들이 지쳐 있는 모습이 보이면 적절한 동기 부여 활동을 한다. '오늘은 일찍 마무리하고 집에 가자.' 등.

업무의 성과에 따라 공정하게 평가하고 실무자가 잘한 점, 앞으로 개선해야 할 점들을 구체적인 사례를 들어 피드백을 준다. 앞으로 발전에 도움이 될 만한 방법을 알려 준다. '혹시 이런 강의 들어 보았어? 혹시 이런 책 읽어 볼래?' 등.

실무자가 보기 힘든 큰 그림, 흐름, 윤곽을 알려 준다. 실무자들 선에서 보기 힘든 시야를 열어 준다.

주로 긍정적인 영향력을 발휘한다. 동기 부여, 지식의 공유, 코칭, 넓은 가슴, 입은 닫고 지갑을 열고.

2. 일 못하는 관리자

일 잘하는 관리자의 반대겠지만 조금 다른 각도를 첨가하면 다음과 같다. 가장 큰 차이는 '무엇'을 시키는 것은 누구나 할 수 있으나 '어떻게' 해야 하는지를 알려 주는 것은 우수한 관리자만 할 수 있다는 점이다.

일 못하는 관리자가 많은 이유는 조직이 역할 분장이나 시스템에 따라 움직이는 것이 아니라 관계와 암묵지로 움직일 때 임원진의 지시 사항을 이해하고 실무진의 언어로 통역해 줄 사람이 필요하기 때문이다. 이런 사람들이 막상 외부 조직으로 나가면 전문성이 무엇인지 알기 힘들다. 그 조직 내에서야 오랜 기간 일한 경험과 관계로 조직 내 업무 연결자 역할을 할 수 있지만 외부로 나가면 이러한 연결자 역할을 할 수 있는 인적 네트워크나 사람과의 관계가 없기 때문이다.

일 못하는 관리자는 업무를 시킬 때 지시가 명확하지 않다. 이것은 잘 모를 때 본인의 무지를 감추기 위한 경우일 가능성이 크다. 또는 나중에 책잡힐 것이 싫어서 일부러 애매모호하게 지시한다. 아랫사람은 윗사람의 '의중'을 알아서 잘 읽어야 한다.

새로운 분석이나 원천 자료를 구할 자원이나 시간이 없다. 따라서 대부분 기존 자료를 짜깁기 해서 만든다.

스스로 분석해서 만든 자료는 어차피 믿어 주지 않는다. 소위 '공신력' 있는 외부 자료가 더 잘 먹힌다(사실 진정한 답은 현장에 있다).

내용보다 형식이 더 중요하다. 내용을 만드는 데보다 꾸미는 데 드는 시간과 노력이 더 든다. 잘 꾸며 놓으면 없는 내용도 그럴듯해 보이고 꾸미지 않으면 내용이 좋아도 별로인 것처럼 느껴진다. 꾸미는 데 노력이 기하급수적으로 늘어난다.

보고서를 만들면 엄청난 첨삭이 발생한다. 상사, 차상위 상사, 그 위의 상사를 거치면서 보고서는 수많은 편집을 거치게 된다. 결국에는 원점으로 많이 돌아온다. 대부분의 첨삭은 조직 내에서 본인 또는 자기 부서의 자리매김이나 윗사람 의중을 읽기 위한 소소한 용어들의 변화이다.

결제가 부결 또는 승인되지 않는데 아무도 그 이유를 잘 모른다. 종종 결재 서류에 X자나 물음표 하나 또는 '설명요'와 같은 한두 문자만 적힌 상태에서 부결되어 돌아온다.

회의는 윗사람의 지시 사항을 듣거나 분노 표출, 자기 자랑의 장이다. 실질적으로 의문점이나 아이디어가 진지하고 공개적으로 토의되기 어렵다. 실질적인 회의 전에 사전 조율 회의가 있고, 사전 조율 회의의 목차를 정하기 위한 또 다른 회의가 사전에 있다.

누구도 얼굴 붉히지 않게 많은 어구가 조정된다. 회의에 가면 진정 결단이 필요한 사항들이 모호해져서 의사결정이 아니라 잘 알아들었음(well noted) 수준으로 끝난다. 간단히 논의해서 결정하거나 이메일로 간단히 정리해서 보고되고 결정될 사안도 정식 보고서로 만들어야 한다. 조직 내에 단계가 많고 수많은 과정을 거친다.

매트릭스 조직인데 결단을 내릴 사람은 없고 본인의 부서 책임을 피하기 위한 문제 제기나 반대하는 이유는 아주 많다. Yes를 결정하고 추진하는 사람은 별로 없는데 누구나 No라고 할 수 있다.

지시한 내용 중에 궁금한 것을 물어보는 것은 실례다. 알아서 알아내야 한다. 업무 지시를 빠른 시일 내에 처리하면 성의가 없어 보인다. 며칠 잘 묵혀야 고민한 것 같다. 업무를 효율적으로 하는 것보다 충성심이 중요하다. 깔끔하게 일 처리하고 정시 퇴근하는 사람보다 조직에 무한히 충성하며 야근을 밥 먹듯이 하는 사람이 더 믿음직스럽다.

진짜 업무에 필요한 내용보다 윗사람의 지적 호기심을 잘 풀어 주는 것이 중요하다. 야구광 상사에게는 야구광 부하가 더 예뻐 보인다. 업무의 방향을 잡아 주는 것이 아니라 모양새, 자구 수정에 더 전문성을 보인다. 업무를 이끌어 주는 것이 아니라 시시콜콜 마이크로매니징하며 통제하려 든다.

주로 부정적인 영향력을 사용한다. 자주 화를 내고 소리를 지르며 회식이랍시고 모아 놓고 본인이 주로 노래를 부른다. 꼰대의 대명사이다.

답을 내야 진짜 리더다

글로벌 인재의 활용

글로벌 인재 활용에 대해서 몇 가지 견해를 공유해 본다.

- 글로벌 인재를 채용하려고 하기 전에, 어떤 업무에 글로벌 인재가 정말 필요한지부터 고민해야 한다. 업무를 먼저 명확히 정의한 뒤, 그에 맞는 인재를 나중에 결정해야 한다.
- 글로벌하지 않은 플랫폼(그것이 국가, 사회, 기업, 조직이 됐든)에 글로벌 인재를 유치하는 것은 전후가 바뀐 이야기이다. 글로벌하지 않은 플랫폼에 글로벌 인재가 오지도 않을 뿐 아니라 와도 좋은 성과를 낼 수가 없다. 그렇다면 글로벌한 플랫폼을 어떻게 구축할 것인가를 고민해야 한다.

해외에서 글로벌 기업이나 조직에 근무하는 한국인들을 보면, 그 이유는 여러 가지가 있겠지만 일반적으로 다음과 같은 이유로 한국 기업이 아닌 글로벌 조직에서 일한다.

- 능력에 따르는 충분한 보수: 연공서열이나 나이가 아니라 순수하게 능력에 따르는 직위와 보수.
- 자신의 능력을 충분히 발휘할 수 있는 환경: 권한이 충분히 주어지고 전문성에 따라 존중받고 실력을 발휘할 수 있는 업무 여건. 팀과 함께지만 나의 능력으로 무엇인가 만들어 내고 성취하고 족적을 남길 수 있는 보람.
- 배울 수 있는 환경과 경력의 발전: 업무를 통해, 상사를 통해, 조직의 전반적인 교육/연수 기회를 통해 경력을 쓰기만 하는 것이 아니라 경력이 쌓이고 발전될 수 있는 기반.
- 존경할 수 있는 상사 및 배울 수 있는 동료.
- 외부인을 순수하게 실력으로만 평가하고 선입견을 가지거나 이곳 출신이 아니라는 이유로 배척하지 않는 열린 조직 분위기.
- 훌륭한 업무 지원 시스템: 자료 조사, knowledge management system, 단순 자료 작성 등이 잘 지원되는 시스템. 회사 내의 지식 관리가 잘 되어 있어 과거에 했던 비슷한 프로젝트의 내용을 쉽게 찾아볼 수 있고 필요한 통계나 데이터도 잘 정리되어 있어서 사소한 일에 시간을 낭비하는 것을 최소화하고 진짜 값어치가 있는 일에 집중할 수 있는 여건.
- 자유로운 의사소통, 수평적인 문화, 간단한 이메일로 보고 가능한 실용적인 의사소통 문화.
- 의전이 최소화: 그룹 회장도 혼자 출장 나가고 위험한 나라가 아닌

답을 내야 진짜 리더다

이상 그냥 택시 타고 다님. 실용적이고 실질적인 업무에 가능한 한 초점이 맞추어져 있음.

우수하지 못한 기업의 현실은 다음과 같다.

- 우리나라 기업, 정부 등은 암묵지가 너무 많아서(조직 내에서 오래 일한 사람만 알 수 있는 진짜 정보의 원천, 누가 무엇을 했고 하고 있는지가 체계적으로 정리되어 있지 않아 아는 사람만 아는 상황, 실질적인 내용보다 의전과 형식이 중요한 것) 외부에서 들어온 인재가 제 실력을 발휘하기가 쉽지 않음.
- 연봉이나 대우가 글로벌 기준에 대비해 너무 떨어짐.
- 외부에서 들어온 사람에게 실질적인 권한이 너무 없음 또는 주어지지 않음.
- 외부인에 대한 배타적인 문화로 혼자 살아남기가 어려움. 도와주기보다는 실패하기를 기원하고 묵시적으로 왕따시키는 분위기 (예: 여기는 한국입니다. 우리 조직은 독특합니다. 도도히 흐르는 우리 조직의 역사를 무시하지 마세요.)
- 업무 지원 시스템이 미약해 봉급 대비 효율성이 떨어지는 업무에 쏟아야 하는 시간이 너무 많음.
- 상하 관계가 명확함.
- 의전이 대단히 중요함. 내용에 실패할 수는 있어도 의전의 무시는 용서하기 어려움.

중국의 대형 핀테크, 예를 들어 WeChat과 같은 신흥 인터넷 강자, 싱가포르에 있는 미국/영국계 은행의 지역 또는 그룹 본사(스탠다드차타드에서 필자가 근무할 때 30~40명의 한국 직원이 있었다. 일부는 한국 SC제일은행 출신이지만 대부분 그룹 본사 직접 고용이었다.), 샌프란시스코/실리콘밸리, 홍콩에 있는 투자은행 및 사모펀드에 한국분들이 제법 있다.

글로벌 인재를 확보하는 것보다 실제로 이분들이 와서 할 수 있는 일과 환경 조성이 더 중요한 문제이다.

제5장 리더십

따르는 자가 있어야 리더다
리더의 겸손함이 조직을 살린다

직원들이
리더를 따르는 이유

어떻게 해야 직원들이 리더를 따르도록 할 수 있을 것인가? 회사 내에는 직원들이 움직이도록 하는 많은 제도들이 있다. 조직 구조, 보고 체계, 권한, 책임, 평가 기준, 평가 권한, 의사결정 과정 및 프로세스 등 많은 제도적 장치가 직원들이 조직이라는 시스템하에서 움직이도록 작용한다. 이 외에도 조직의 문화, 조직 내에서 중요하다고 판단되는 가치관 등도 직원들의 행동에 큰 영향을 미친다.

조직이 제공하는 이러한 제도적 장치 외에도, 특정 리더에 의해 발생하는 조직원들의 자발적 추종 메커니즘이 존재한다. 런던 경영대학 조직행태론 교수인 댄 케이블은 조직원들이 진정으로 리더를 따르게 하려면, 단순한 목표나 통제 체계가 아니라 겸손한 리더십(humble leadership)이 중요하다고 강조한다.

그가 《하버드 비즈니스 리뷰(Harvard Business Review)》에 2018년 4

월 발표한 글에 이 내용이 잘 정리되어 있다(https://hbr.org/2018/04/how-humble-leadership-really-works). 댄 케이블이 제시한 겸손한 리더십과 최근에 나온 다양한 리더십 모델에 따르면, 직원들이 스스로 리더를 따르게 만드는 요인은 다음과 같이 정리할 수 있다. 요인별로 실제 사례도 함께 정리해 보았다.

1. 숭고한 목적

우리 회사 그리고 나의 리더는 단순히 돈을 벌기 위해서가 아니라 숭고한 목적을 가지고 움직이는가. 필자가 중국의 소매금융 부문을 대표하고 있을 때 한 가지 실험을 해 보았다. 콜 센터에서 고객에게 생명보험을 파는 직원들을 두 그룹으로 나누어 한 그룹에는 당시의 최신형 고객 관리 시스템을 구축해서 제공했다. 이 시스템은 고객 정보를 한눈에 볼 수 있고, 데이터 분석에 기반해 그 고객이 가장 구매할 가능성이 높은 보험 상품을 제시해 주고, 고객이 반응할 가능성이 가장 높은 판매 기법이나 판매 시 나누어야 할 대화 내용을 제공해 주는 것이었다.

또 한 그룹은 매달 가정의 가장 중요한 소득원이었던 사람이 사망했을 때 당행의 생명 보험을 가지고 있어서 불행 중 다행으로 보험금을 받아서 생계가 유지된 세 가족을 콜센터에 초청해서 그분들의 이야기를 듣도록 해 주었다. 이 외의 모든 조건, 예를 들어 보상 체계 등은 그대로 유지했다. 실험을 어느 정도 진행해 보니 가장 우수한 고객 관리 시스템을 제공받은 집단보다 실제로 어려움을 당했지만 보험금을 지급받은 가족의 이야기를 들은 집단의 생산성이 통계적으로 유의미할 정도로 높았다.

나중에 물어보니 후자 집단은 이제 단순히 보험을 판매하는 것이 아

답을 내야 진짜 리더다

니라 어려운 상황에서 보호받지 못하는 가족들에게 어려울 때 보호받을 수 있는 보험이 얼마나 중요한지를 스스로 깨닫고 판매하게 되어 일종의 소명 의식을 갖게 되었다고 했다. 이 집단은 고객이 보험을 구입했을 때 그전에는 '보험을 매입해 주셔서 고맙습니다.'라고 말했으나, 이제는 '이제부터 우리 은행이 고객의 가족을 보호하겠습니다.'라고 말한다고 한다. 단순히 돈을 벌기 위해 했던 일이었는데, 이제는 무언가 숭고한 목적을 갖게 되었다는 것이다.

2. 솔선수범

당시 각 지점은 매일 퇴근 시에 반드시 모든 고객 정보가 담긴 서류를 지점마다 규제에 맞추어 설치한 금고에 넣게 되어 있었다. 그러나 귀찮아서인지 중요성을 인지하지 못해서인지 상당수의 지점이 퇴근 시에 중요 고객 정보 서류를 그냥 책상 위에 두고 갔다. 이러한 상황이 계속되자 내부 감사를 통한 지적이 늘어났고 그중 일부는 감독 당국에도 문제가 되기 시작했다. 인사 위원회에서 경고를 주고, 감봉을 하고 심지어 해고를 하더라도 직원들의 행동에는 변화가 없었다. 이를 어떻게 해결할 것인가. 많은 논의 끝에 당시에 가장 더럽고 서류 정리가 되지 않고 지속적으로 내부 감사에 걸린 지점에 전 경영진이 방문해서 조용히 청소하기로 했다. 서류들을 정리하고 지저분한 창고를 대청소하고 더러운 지점 내 화장실을 물청소했다.

처음에는 직원들이 재미있어하면서 사진을 찍고 웃으며 떠들다가 청소가 진지하게 지속되자 점차 몸 둘 바를 몰라 했다. 경영진이 왜 왔는지 왜 지점을 청결하게 유지하고 고객 정보의 관리가 왜 중요한지를 설명하자, 다들 책상을 정리하고 서랍에 들어 있던 서류들을 꺼내서 올바른 장소에 비치하기 시작했다. 그날의 행동을 사진을 찍어 당시에 잘 알려진 소셜 미디어를 통해 직원들이 공유했다. 이 일을 한 뒤 어디든 고객 정보가 담긴 서류를 정리하지 않는 지점을 경영진이 방문해서 청소하기 시작했다. 얼마 지나지 않아 거의 모든 지점에서 자발적으로 청소를 하고 고객 서류를 금고에 넣어 보관했다. 그러자 감사 지적 사항이 현저히 줄었다.

이를 보면 명령, 경고, 감봉, 해고와 같이 강제적인 방안보다 경영진의 솔선수범이 더 필요할 때가 있어 보인다.

3. 감성적 교감

대부분의 경우 고위 경영층의 현장 방문은 의전으로 바뀌기 쉽다. 현장을 청소하고 페인트를 다시 바르고 꽃과 나무를 꾸미고, 방문 시 보고할 자료를 준비하고, 누가 무슨 말을 할지 리허설을 하는 등 고위층의 방문은 추가 업무일 뿐이었다. 그러니 진정한 대화를 나누기가 쉽지 않다.

미리 알리지 않고 현장에 방문하고 어떠한 보고도 하지 못하게 하고 그냥 좌담회 형식으로 현장에 어떠한 어려움이 있는지 듣고 싶었다. 고민 끝에 지역 담당자와 해당 현장 담당 임원과 함께 방문지 직원에게 아침 식사를 나누어 주기로 했다. 중국의 경우 아침에 출근해서 출근부에 기록한 뒤에 근처 식당에 가서 간단히 아침을 먹는다. 매번 방문 때마다 아침 식사를 나누어 주고 좌담회를 통해 현장의 목소리를 듣고 요청 사항에 대해 꾸준히 진행 상황을 공유하기 시작하자 점차 더 솔직한 이야기들이 나왔다. 감성적인 교감이 있어야 진정한 목소리가 나온다.

사례 37
경영진 내부의 문제들

조직을 관리하는 일은 참 어려운 일인 것 같다. 경영진을 둘러싼 다양한 양상을 관찰할 수 있었다. 성과 보상 체계, 특히 이사회가 경영진의 평가와 보상을 잘 관리하지 못하면 나타나는 양상은 다음과 같다.

1. 후계자 없는 장기 집권의 그림자

지금의 사장을 대체할 후계자가 없다. 따라서 현재의 사장이 20년 가까이 연임을 하고 있다. 물론 걸출한 사장이 있을 수 있다. 그러나 어떤 경우에는 사장 본인이 향후 후계자가 될 만한 임원진을 여러 가지 방법으로 궁지에 몰아 놓고 회사에서 실적 문제로 나가게 만들거나, 아니면 힘겨워서 스스로 나가게 만드는 경우도 있다. 사장의 가장 큰 인센티브가 계속 그 자리를 유지하는 것이면 이러한 일이 생긴다.

이사회는 사장 후계자를 지속적으로 고민하며, 후계자가 효과적으로 육성되도록 관심을 가져야 한다. 또한, 사장의 인센티브가 단순히 그 자리를 유지하는 데 그치지 않고, 보다 강력하고 우수한 조직을 후계자에게 적절한 시기에 물려주는 데 초점이 맞춰지도록 해야 한다.

2. 라인 경쟁과 충성심 중심의 인사 시스템

사장이 부사장들 간에 경쟁을 시키고 라인을 형성한다. 어떤 기업에서는 과장 정도만 되면 어떤 부사장 라인을 탈 것인지 선택하기를 강요

받는다. 그 부사장이 나중에 사장이 되면 그 라인의 인재가 대거 승진하고 요직을 맡게 된다. 그 라인이 아닌 사람들은 요직에서 밀려나고 한직으로 가거나 승진이 계속 누락되어 결국 나가게 된다.

이러한 상황이 반복되면 그 라인에 속한 전무, 상무, 이사, 부장, 차장, 과장들은 부사장에게 절대적으로 충성하게 된다. 어떻게든 그 부사장이 빛나게 해야 나도 살아남기 때문이다. 사장 입장에서는 부사장 간의 경쟁이 어마어마하므로 사장에게 반기를 들 일이 없다. 같은 업무를 두 라인에게 시키면 서로 비방하고 싸우기 위해 사장이 알기 힘든 첩보가 상대편을 어렵게 만들기 위해 잘 올라온다. 관리가 손쉬워진다.

이러한 현상은 인사 평가에 대해 사장에게 너무 전권을 주기 때문에 벌어진다. 인사 평가와 보상이 어느 특정인의 주관이 아닌 시스템에 기반하고 되도록 공정하게, 객관적으로, 투명하게, 원칙과 기준에 따라 이루어져야 한다. 인사 평가 시스템의 원칙과 기반을 이사회에서 정해야 한다. 그리고 실질적으로 그러한 원칙이 지켜질 수 있는 시스템이 있는지 확인하고 마련하고, 잘 지켜지고 있는지 감시해야 한다. 그렇지 않으면 평가가 충성심 경쟁으로 바뀐다. 회사의 사장 임명과 그 이후의 인사가 논공행상의 정치판이 된다.

3. 사장을 견제하는 내부 경쟁

부사장(사장 바로 밑의 직책)들이 사장과 경쟁하고 사장을 깎아내리려 한다. 사장이 나가야 나에게 자리가 오므로 어떻게든 현재 사장의 문제점을 찾아내고 사장에 대해 나쁜 소문을 만들고 사장이 빛나지 않도록 가능한 한 노력한다. 내가 저 사람보다는 잘할 수 있다고 느낀다. 나보다 실력도 나쁜 사람이 오너에게 잘 보여서 그 자리에 있는 것이라는 생각이 든다.

중요한 정보와 첩보는 사장에게 전달되지 못하도록 차단한다. 잘못된 정보가 사장에게 전달되도록 조작한다. 사장이 현실에서 괴리되어야 실수할 가능성이 커지고 내가 승진할 가능성이 커진다. 이사회에서 이러한 생태를 잘 모르면 이사회 사외이사들이 이러한 나쁜 소문을 더 크게 만드는 역할을 한다. 현업을 해 보지 않은 사외이사는 이러한 교묘한 행동이 어떻게 진행되는지 그 안에서 고통받고 경험해 본 적이 없어서 이해하기 힘들다.

이사회에서 경영진에게 방향을 주고 경영진의 성과 평가와 보상 체계를 마련하는 것은 상당히 중요한 일이다. 이러한 내부 상황의 가능성을 인지하고 이를 막고 가능한 한 조직의 역량과 노력이 긍정적인 방향으로 가도록 잘 이끌어 가고 시스템을 갖추고 감시해야 한다.

사례 38
쉴 새 없이 이야기하는 것도 능력인가

회사 내에는 다양한 회의가 있다. 보고용으로, 논의를 위해, 규제 당국이 강제해서, 경영자가 현황 파악을 하고 진도가 나가는지 보기 위해, 특정 프로젝트의 진행 상황을 알기 위해 등등 다양한 이유에서다.

회의를 생산적으로 하기 위해서는 다음 질문을 생각해 보아야 한다.

- 회의의 목적이 무엇인가? 보고, 상황 파악, 여러 부문의 의견을 취합하고 조율하기 위해서, 진척상의 문제를 파악하고 풀기 위해서 등등 목적이 명확해야 한다.
- 회의의 참가자는 누가 되어야 하는가? 어느 정도의 숫자가 넘어가면(예: 12~15명), 회의는 말하는 사람, 듣는 사람, 앉아만 있는 사람, 컴퓨터나 다른 걸 보는 사람 등 다양한 사람들이 모인 장소가 된다.
- 회의의 참가자의 각각의 역할은 무엇인가? 주재자, 발표자, 의견 제시자, 청취자 등등. 역할이 명확하지 않으면 회의에 혼선이 생긴다.
- 누가 회의록을 작성하고 책임지고 회의 후속 조치를 감시하고 추적하고 다음 회의에 가져올 것인가?
- 회의의 결과 어떠한 성과물이 있나? 회의가 없었으면 어떠한 문제가 있는지가 명확한가?
- 회의를 위한 자료를 언제까지 사전에 배포해야 하는가? 간단한 내용의 경우 최소 영업일 기준 3일 전, 복잡한 내용의 경우 2주 전까지도 필요하다.
- 회의를 위한 사전 회의가 필요한가? 사전 회의에서는 어떠한 이야기가 되어야 본회의를 가장 효과적으로 진행할 수 있는가? 보통 사전 회의는 실무적 조율인 경우가 많고, 실무적으로 해결되지 않은 사안만 본 회의로 넘겨서 본회의가 더 중요한 문제를 집중적으로 토론할 수 있도록 한다.

이 외에도 더욱 효과적인 회의를 진행하기 위해서는 다음을 고려해야 한다.

1. 시간

회의 시작 시간과 종료 시간을 미리 정하고 이를 가능한 한 지켜야 한다. 그 회의에 참여하는 최고위층이 습관적으로 또는 본인의 지위를 과시하기 위해 늦으면 조직 전체가 그 태도를 배워서 각자 자기가 장인 회의에 늦게 나타나기 경쟁하기 시작한다. 우수한 조직일수록 시간 약속을 잘 지킨다. 도저히 그 시간 내에 오지 못하는 위급한 다른 문제가 생겼다면, 차라리 회의를 취소하고 다른 날짜에 회의를 잡는 것이 더 낫다. 4시간 이상, 어떨 때는 12시간 기다리다가 회의가 취소되는 경우도 있었다. 요즘 한국 기업의 시간 준수는 전보다 많이 좋아졌다. 동남아 국가 중에 오너가 보통 3~4시간 많게는 12시간 뒤에 나타나는 그룹도 있다. 그런 경우, 조직 전반에 미치는 악영향이 어마어마하다.

2. 발표

발표자는 사전에 잘 준비해서 요점을 명확히 하고 해야 할 행동을 정해야 한다. 정보 공유 목적인지, 의사결정 목적인지 의견 청취용인지 잘 구분해야 한다.

3. 리더

리더의 역할이 중요하다. 리더가 너무 일찍 본인 의견을 피력하면 전체 회의가 그 리더의 의중에 맞는 방향으로 자꾸 내용이 제한된다. 리더가 첫마디를 듣자마자 두 시간 떠들어 버리면 회의가 아니라 본인 의견 개시의 웅변장이 된다. 서로 다른 의견을 듣고자 하는 것이 회의 자리에 모인 가장 큰 이유다. 목적에 맞는 범위에서 다양한 각도의 의견이 나올 수 있도록 리더는 가능한 한 끝까지 청취하는 자세가 필요하다.

리더는 회의 진행 중에 좋은 질문을 통해 고민과 생각을 끌어내야 한다. 리더의 지적 호기심에 따른 질문은 회의를 망치는 가장 큰 요인 중 하나이다. 영어로 'rhetorical question'이라는 표현이 있다. 우리말로는 수사적인, 미사여구의 질문 정도로 해석될 것 같다. 이것은 질문자가 답을 알고 있고 더 명확히 자신의 뜻을 전달하기 위해 쓰는 경우도 있지만, 답이 뻔한 경우 답변을 해야 하는 사람이 어려움에 처하게 되고, 어떠한 것도 답이 되기 힘들어지니 발표자도 힘들다.

예를 들면, 다음과 같은 질문이 수사적인 질문들이다.

- 획기적으로 매출을 올리는 방안은 무엇인가?
- 획기적으로 비용을 줄이는 방안은 무엇인가?
- 중기 계획이 3년인 이유는 무엇인가? 왜 5년이 아닌가?
- 뭔가 새로운 사업, 아무도 안 하지만 우리가 하면 무조건 돈 버는 사업 아이디어는 무엇인가?
- 모든 종류의 위험을 다 검토했나? 확실한 보장은 무엇인가?
- 시장 규모를 정확히 측정했나?

4. 참여와 토론

회의를 하는 큰 이유 중 하나가 다양한 시각을 보려는 것이다. 다만 잘못되면 안 되는 이유, 하지 말아야 하는 이유만 찾다가 끝난다. 리더는 회의가 해결 방안을 찾는 곳에 집중하도록 유도해야 하고 반대를 위한

답을 내야 진짜 리더다

반대를 막아야 한다. 해결 방안을 찾는 것보다 잘못될 수 있는 이유를 찾는 것이 훨씬 쉽기 때문이다. 또한 특정인이 회의를 지배하는 것도 막아야 한다. 리더 본인을 포함해서. 쉴 새 없이 떠드는 것도 능력이 되면 내용물 없는 이야기만 오고 간다. 리더의 능력은 쉴 새 없이 떠드는 것이 아니라 요점을 갖고 회의 목적에 맞는 내용을 가져오는 것이다.

5. 주제 이탈에 대한 관리

회의를 하다 보면 주제에서 이탈하기 쉽다. 새로운 주제가 중요한 주제일 수도 있다. 그 새로운 주제가 회의 목적과 관련이 깊으면 토론할 가치가 있을 수도 있다. 다만 그 자리에 있는 사람들이 그 새로운 주제에 대해 가장 적합한 인원인지도 고민해야 한다. 현재 회의에서 다루는 것보다 별도로 논의할 필요가 있는 주제에 대해서는 Parking Lot(주차장)에 잠시 저장해 두고 별도의 회의에서 논의할 예정이라고 하고 원래 회의의 목적에 맞는 토론을 하도록 유도해야 한다. 회의를 생산적이고 효율적으로 끌어가는 것도 리더의 중요한 역량 중 하나다.

사례 39
상명하복, 야근: 그 친구 열심이야

우리는 다음 중 어떠한 부하 직원이 더 끌리는가? 이론적으로 실력, 업무 성과 등 모든 다른 조건을 동일하다고 가정하자.

부하 1

- 일을 줄 때마다 군소리 없이 큰 소리로 업무 내용을 복창하고 '열심히 하겠습니다!'를 외친다.
- 내가 좋아하는 음식을 귀신같이 알아서 점심이나 저녁 회식에는 그 메뉴로 예약한다.
- 단순히 업무적인 것뿐만 아니라 내 개인 업무나 개인 관심사도 잘 챙긴다. 내가 좋아하는 야구 경기표를 못 구해서 안타까웠는데 어떻게 구해 주었다.
- 내가 퇴근할 때마다 항상 책상에 자료가 수북이 쌓여 있고 항상 열심히 일한다.
- 대부분의 주말에 짧게라도 출근해서 뭔가를 하고 간다.
- 한 번도 나에게 싫은 소리를 한 적이 없다.

부하 2

- 일을 주었을 때 어떨 때는 그 일이 왜 필요한 일인지 묻고 다른 업무와 연계해서 보았을 때 발생할 수 있는 문제를 제기한다.
- 내가 좋아하는 음식이 무엇인지 아예 관심이 없다. 다만 빨리 먹고 빨리 일하는 데 관심이 많아 보인다.
- 내 개인 관심사에는 관심이 없다. 야구를 좋아하는지 아닌지조차 모른다.
- 항상 책상이 깨끗하고 가능한 한 야근은 피하려고 한다. 업무가 밀려 필요할 때는 야근을 하지만 얄미울 정도로 제시간에 필요한 일을 잘 정리해서 가져온다.

답을 내야 진짜 리더다

- 주말에는 꼭 필요한 경우가 아니면 출근하지 않는다.
- 나의 부족한 점에 대해 진술하게 알려 주고, 구체적으로 어떨 때 그 것을 관찰했는지, 어떻게 하면 더 좋아질지 아이디어를 준다.

이성적으로 부하 2가 더 좋은 부하일 것이다. 감정적으로는 부하 1이 더 예뻐 보일 것이다. 우리는 대부분 사람으로서 내 말을 잘 따르고 군말 없이 복종하고 내 개인사와 관심까지 챙겨 주는 사람이 왠지 좋다. 문제는 이러한 개인적 선호도가 읽히면 직원들은 실질적인 업무보다 내 개인적 관심사에 더 관심을 갖고 내가 잘못된 지시를 내려도 군말 없이 따르며 내가 잘못하는 행동을 해도 알려 주지 않는다는 것이다.

물론 조직에 정이 있어야 하고 인간적인 냄새가 나야 한다. 그러나 본 말이 전도되면 업무가 아니라 내 개인 관심사의 엔터테인먼트 조직이 되어 버린다. 야구를 좋아하는 부장님께서 모든 부서원이 야구를 좋아하는 줄 알고 있었다. 나중에 알고 보니 야구를 좋아하는 사람 하나도 없는 데 부장님이 늘 야구 이야기만 하니 다들 맞장구 쳐 주기 위해 좋아하는 척하고 야구 점수와 어제의 경기 내용을 억지로 배워 오고 있더란다.

냉철한 리더
아니면 따뜻한 리더

조직에는 냉철한 리더가 필요할까, 아니면 따뜻한 리더가 필요할까? 물론 두 성향이 필요한 시기에 적절히 쓰여야 할 것이지만, 사고의 폭을 넓히기 위해서 조금 스스로에게 도전해 보면 다음 사항들을 고려해 볼 수 있다.

첫째, 기업, 국가, 조직의 진정한 미래를 결정짓는 행동이나 의사결정은 대부분 대중 친화적이지 않다.

둘째, 공감 능력이다. 컨설팅을 하면서 대규모 조직의 최고 경영진의 성향 파악을 하는 기법을 쓰는 경우들이 있다. Strength Finder 또는 Hogan Select/Develop/Lead 등 기존에 잘 개발된 기법들을 쓰게 된다. 성공해서 높은 자리까지 온 분 중에 크게 두 가지로 나뉜다.

답을 내야 진짜 리더다

유형 1: 자신의 능력으로 그 자리에 오른 사람들

- 경쟁 성향이 높고, 지는 것을 싫어하며, 자기 의견이 강하고, 자신 감과 표현력이 좋고, 특히 공감 능력이 떨어져서 부하 직원들을 매 몰차게 몰아칠 수 있는 유형의 리더들. 특히 개개인이 능력이 성과 와 직접 연결이 되거나, 성과 측정과 보상 체계가 강력한 분야(예: 투자 은행, 기업 금융 분야)에서 많이 찾을 수 있음.

유형 2: 부하들을 끌어내고 공감하고 직원들 스스로 일할 수 있는 여건을 만드는 사람들

- 많이 듣고, 전략적인 사고 능력이 강하고, 비전 제시 능력이 좋고, 상대방에 대한 배려와 공감 능력이 좋은 사람들. 특히 전반적인 팀 워크와 다수의 사람들이 협조해야 실적을 낼 수 있는 사업 부문에 서 많이 발견됨.

문제는 유형 1의 고위직이 최고위층이 되는 경우이다. 짧은 시간 내 에 실적이 오르고 직원들은 열심히 군기가 들어서 일하고 이사회가 보 기에 그 경영진은 자신감에 차 있고, 본인이 이루고자 하는 실적 목표가 명확해 보인다. 따라서 이사회나 사외 애널리스트들이 보기에 잘 선정 된 임원진으로 착각하게 되는 위험이 숨어 있다.

유형 2의 고위직이 최고위층이 되면 단기간에 실적이 좋아지지 않는 경우가 많다. 직원들에게 새로운 비전을 주고 스스로 참여하고 자기 실 력을 발휘할 수 있는 여건을 만들어 주기 때문이다. 어떨 때 보면 힘든 의사결정을 미루는 것처럼 보일 수도 있다.

유형 1의 최고위층이 떠나고 나면 그동안에 누적된 조직의 피로도가 한꺼번에 나타난다. 숨었던 분식, 부정, 무리한 실적 추구로 인해 다양한 문제점들이 나타난다. 다만, 그 근본 원인이 어디에 있었는지 파악하지 못한 채, 현재의 경영진을 문책하고 비슷한 독재형 경영진을 다시 데려오며, 또다시 단기 실적을 재촉한다. 이 과정이 반복되면 조직은 점점 더 멍들어 가고 서서히 가라앉게 된다.

두 번째 유형의 최고위층이 어느 정도 시간을 갖고 자리 잡으면 실적이 꾸준히 지속적으로 일어난다. 조직의 건강도가 실적보다 앞서는 조직은 실적이 지속적이고 존속 가능하게 개선된다. 다만 시간을 갖고 자리 잡을 수 있는 여유를 주지 못하면 단기 실적주의로 회귀하기도 한다.

조직은 사람이 모여 만드는 곳이다. 당장 밀어붙여서 실적이 좋아진다면 늘 그렇게 하면 될 것이다. 하지만 대규모 조직은 이렇게 실적을 개선하는 데는 한계가 금방 온다. 전 조직원이 자발적으로 참여하고 모두의 지혜를 모으는 것보다 더 좋은 묘수가 없기 때문이다. 조직원은 돈을 버는 수단인가 아니면 자아실현을 통해 지속적인 성장 발전을 하는 팀원인가?

셋째, 행복한 조직, 직원들이 스스로 따르는 조직을 만들기 위한 리더의 조건에 대해 위에서 설명했지만 다시 한번 간단히 정리해 보았다.

- **모범적인 행동, 솔선수범:** 말로 행복을 강요하지 말고 스스로 모범을 보여야 한다. 불필요한 회의를 줄이고 보고는 최소화하고 현장과 호흡하며 현장의 문제점을 풀어 가는 등 노력하자. 경영진의 방문이 귀찮은 일인가 아니면 반가운 일인가?

답을 내야 진짜 리더다

- **정서적인 교감**: 직원들은 직장에서 단순히 일을 하고 돈을 받아 가기보다 직장에 헌신하고 그에 상응하는 인정을 받고 싶어 한다. 경쟁사 대비 봉급이 적다면 불행할 수 있다. 하지만 봉급이 더 많다고 더 행복해지는 것은 아니다. 내가 의미 있는 일을 하고 있는가? 그 의미 있는 일이 어떻게 조직, 고객, 사회에 기여하는지 잘 이해되는가? 나는 내가 기여하고 헌신하는 만큼 의미 있게 인정받는가?
- **숭고한 목적**: '왜' 일하는가에 대한 답이 명확한가. 보험 상품 판매를 하는 통신 판매 조직에 세계 최고의 고객 관리 프로그램보다 최근에 가장을 잃었지만 우리 회사의 보험을 가지고 있던 가족을 초청해서 그들의 이야기를 매달 들려주는 것이 훨씬 더 효과적이었다. 단순히 보험 상품을 파는 것이 아니라 고객의 가족을 보호하는 의무가 무엇인지 깨닫게 되는 것이 더 중요한 듯하다.

직원들 입장에서는 직장에 관해 다음과 같은 내용들을 질문해 볼 수 있겠다.

첫째, 조직 내에서 내가 발전하고 배우고 커 가는 미래가 보이는가? 즉, 경력의 비전이 있는가?

둘째, 보상, 승진, 인정이 어떻게 이루어지는지 투명하게 공개되는가? 내가 그 기준에 동감하는가?

셋째, 내가 존경하고 따르고 싶은 리더가 나의 보스인가? 저 멀리 있는 최고 경영진도 중요하지만 내가 매일 부딪히는 나의 직속상관이 내가 따르고 싶고 배우고 싶고 나에게 영감을 주며 나도 저렇게 되고 싶다고 생각하게 하는가?

넷째, (지속 가능한 업무 시간 내에서) 신나게 원 없이 일할 수 있는 여건이 주어지는가? 그리고 내 일이 내가 잘할 수 있고 잘하고 싶은 일인가? 이건 단순히 복지, 보상의 차원이 아니라 나의 권한, 지원 상황, 내 업무상의 공간, 동료, 업무 수행 방식, 프로세스, 지원 도구들에 대한 내용이다. 일 자체는 힘들고 어려워서 내가 배우고 커 가는 것이 느껴지지만, 일해 나가기는 쉬운 직장이 좋은 직장이다. 성과에 대한 무게감은 느끼지만 그 도전 자체가 의미 있는 도전이어야 한다.

> "행복한 가정은 모두 비슷비슷하지만, 불행한 가정은 다 제각각으로 불행하다."
>
> 레프 톨스토이, 『안나 카레니나』

겸손해야 배운다

사람에게는 잘 모르는 새로운 지식이 들어왔을 때, 기존에 아는 것과 다르면 일단 부정하려는 기제가 먼저 작동한다. 부정의 가장 쉬운 방법은 나, 우리 조직, 우리 문화, 국가 등등이 독특하다고 생각하는 것이다. 인간이 하는 대부분의 사업은 국가나 문화에 따라 거의 비슷하다. 그러나 '한국적 특수성' '우리 조직의 도도한 문화' '우리 조직의 특수함' 등이 대두되면 새로운 방식으로 생각하고 새로운 지식을 적용하기가 어려워진다.

'인공지능, 그거 서구의 이야기야. 우리나라에서는 규제 때문에 안 돼.'

'클라우드로 가야 하는 건 다 압니다. 그런데 만약 문제가 생기면 당신이 책임집니까? 우리 조직의 독특한 상황이 뭔지는 알고 하는 이야기인가요?'

'우리 부서는 역사와 전통이 깁니다. 우리 회사 내에서도 아주 독특합니다. 그 아이디어는 다른 부서에는 통해도 우리 부서의 유일함을 알고

나면 적용이 어렵다는 걸 알게 될 것입니다.'

우리는 자료보다는 이야기를 더 선호한다. 인간은 이야기의 동물이다. 일단 이야기가 성립되면 감정이 실리고 새로운 자료를 거부하고 이야기의 흐름에 맞는 자료 중심으로 취사선택이 이루어진다. 영화 〈블랙베리〉에서는 캐나다의 한 회사가 어떻게 한 시대를 평정한 블랙베리라는 휴대폰을 만들어 냈고, 어떻게 애플의 스마트폰이 나오면서 무너졌는지가 나온다. 영화적 재미를 위해 각색되었겠지만 경영진이 한번 어떠한 믿음을 가지면 새로운 정보가 들어와도 계속 거부하고, 그 믿음에 맞는 정보만을 선택적으로 받아들이는 모습을 볼 수 있다. 회사가 어려워질 때 현장에서는 무언가 이상한 점을 느끼더라도 먼저 문제를 제기하고 싶지는 않다는 분위기가 형성된다. 최고 경영진은 우리 회사의 장밋빛 미래를 논의하고 있으니, 직원들은 '내가 틀리겠지.'라고 생각하며 침묵한다.

우리는 새로운 지식을 일단 한번 듣고 받아들이면 그 이면의 깊이는 몰라도 내가 안다고 느낀다(제3장 참조). 그러나 막상 실행하려면 그보다는 상당히 더 깊이가 있어야 가능하다. 그래서 아는 것 같은데 실행되지 못하는 것이 많다.

회사가 잘 되는 것은 경영진의 공로만은 아니다. 회사의 성과는 여러 가지 요소가 복합적으로 작용한 결과다. 운, 과거 경영진이 만들어 놓은 모멘텀, 업계의 추세와 업종의 순환 주기상의 위치, 오랜 세월에 걸쳐 누적된 직원들의 역량과 조직 시스템, 축적된 브랜드 가치와 기업 평판, 기술 발전의 추이, 규제 환경, 경쟁 상황에 더해 현재 경영진의 방향성, 리더십, 운영 능력 등이 모두 종합적으로 영향을 미친다.

지금 당신이 비디오와 카세트테이프를 만드는 회사의 사장이라고 하자. 아무리 뛰어나도 이 회사를 살려 내고 한참 때의 이익을 낼 수는 없을 것이다. 독일 벤츠의 전 경영진을 모두 다 스카우트해서 중국의 신생 자동차 제조사에 옮겨 놓는다 해도 그 중국 회사가 벤츠만큼 우수한 차를 만들려면 오랜 세월이 걸릴 것이다.

그러나 나쁜 리더가 조직을 망가뜨리는 것은 아주 짧은 시간 내에 쉽게 할 수 있는 일이다. 성과가 우수한 조직은 오랜 시간 작은 차이가 꾸준히 누적된 결과 만들어진다. 따라서 한 방에 갑자기 성과를 많이 지속 가능한 수준으로 올리는 것은 거의 불가능하다.

이러한 작은 차이를 꾸준히 만들어 가려면 새로운 지식과 아이디어를 받아들일 수 있도록 조직의 임직원들이 겸손해야 한다. 겸손해야 외부의 변화가 보이고 미래의 방향을 읽을 수 있으며 스스로 반성하고 변화에 적응하며 바꾸어 나갈 수 있다. 겸손해야 새로운 것을 배우는 데 저항적이지 않다. 겸손해야 고객의 목소리를 두려움을 갖고 듣고 고객 무서운 줄 안다. 겸손한 조직만이 공급자, 판매처, 기타 연관 이해관계자들을 화합적으로 장기적인 안목에서 서로 성공할 수 있도록 대한다.

그러나 성공하는 고위직 임원은 알지 못하는 사이에 도파민이라는 호르몬이 나와서 성공에 도취된다. 그 경우 공격적이고 지배적이며 거만한 행동이 점차 늘어나게 된다. 조직의 고위직이 거만해지면 조직원들도 거만해지기 시작해서 회사의 일시적인 성공에 도취된다. 공급자를 각박하게 대하고 지역사회에서 평판이 나빠지기 시작한다.

이처럼 조직의 성공이 꾸준한 누적에서 이루어지기 때문에 최고 경영진의 외부 영입은 대단히 신중할 필요가 있다. 조직의 역사, 문화, 상황,

조직원 내부에서 그 조직만이 이해할 수 있는 내용들이 너무나도 많기 때문이다. 경영자 또는 관리자 한 명을 바꾸었다고 해서 갑자기 회사가 좋아지지 않는다. 오히려 소위 '스타 경영자' 중에는 빨리 가시적인 성과를 내기 위해 조직의 장기적인 발전 가능성을 손상시키면서 단기 성과를 높이는 데만 급급한 자들도 많다.

조직원들은 조직 내에서 커 온 사람들이 높은 자리에 가는 것을 보고 싶어 한다. 그래야 자기에게도 희망이 있기 때문이다. 물론 지속적인 역량 강화와 새로운 시각의 도입을 위한 외부 영입은 필요하며 늘 있어야 한다. 다만 외부 영입은 최고위층보다 한두 단계 낮은 자리일 경우라야 성공 가능성이 높다. 게다가 궁극적으로 조직은 외부 영입의 필요성을 줄여 자체적으로 필요한 리더를 길러낼 수 있어야 한다.

답을 내야 진짜 리더다

리더가 조직을 이끌 때
주의할 점

앞에서 논의된 것 이외에 리더가 조직을 이끌 때 주의할 점을 정리해 보았다.

첫째, 강한 자부심은 쉽게 자만심 또는 건방짐으로 바뀔 수 있다.

둘째, 강력한 소속감은 조직의 충성도를 높이는 데 기여하지만, 동시에 조직의 경직화를 초래할 수 있다. 소속감이 강한 환경에서는 반대 의견과 대안을 제시할 수 있는 분위기가 함께 조성되어야 균형을 이룰 수 있다.

셋째, 성과 달성 목표에 대한 드라이브가 너무 강하면 조직원들이 강제로 따라오다가 나중에는 수동적으로 반항한다. 아니면 그 목표를 가짜로 달성한다. 미국의 웰스파고 은행은 한 때 세계 최고 수준의 교차판매를 자랑했다. 교차판매를 고객당 판매 상품 수로 측정하고 이를 계속 늘릴 것을 강요하자 더 이상 높일 방법이 없던 직원들은 유령 계좌를 만들어서 계속 좋은 수치를 보이기 시작한다. 결국 2016년 40억 달러의 벌금을 물었다.

넷째, 완벽주의는 잘못하면 큰 그림을 잃고 사소한 것에 매달리는 사람을 만들 수 있다.

다섯째, 올바른 완벽주의는 의사결정을 미루는 것이 아니라 실행을 깔끔하게 하는 것이다. 완벽한 정보, 누가 보아도 객관적인 평가는 경영에 세계에서는 거의 존재하지 않는다.

여섯째, 성실함은 단순히 바쁜 것과 다르다. 바쁜 것을 성실함으로 착각하면 쓸데없는 일에 지나치게 열정을 쏟게 된다. 중요한 것은 실질적이고 지속 가능한 성과이지, 얼마나 열심히 일했느냐가 아니다. 그러나 올바른 일에 열심히 노력하지 않으면, 경쟁에서 이길 수 있는 성과는 나오지 않는다.

일곱째, 삶에 대한 태도가 행동을 결정한다.

여덟째, 승자는 분노의 감정을 조절하는 사람이다.

사례 40
리더는 문제를 해결하는 사람

2007~2009년 사이에 내 전임자가 중국 소비자 금융 부분을 책임지고 있을 당시 고위험 자산운용 상품을 판매했다. 그 상품을 산 사람 중 하나는 고액 자산가이며 투자에 상당한 경험이 있었다.

그런데 이 사람이 해당 자산운용 상품의 만기 금액이 투자 원금보다 상당히 떨어지자 은행을 상대로 2011년에 소송을 걸었다. 자기는 이 상품이 이렇게 위험한 것인지 몰랐고 판매할 때 담당 영업사원이 온갖 사탕발림으로 수익률이 높을 것이라고 이야기했다는 것이다. 담당 영업사원은 은행을 떠났고, 그 고객이 직접 서명한 상품 위험에 대한 이해 및 동의서가 있었다.

회사 내의 법무팀 및 외부 법률회사는 우리가 손해 배상 청구 소송에서 거의 이길 것으로 보고 있었다. 따라서 은행은 이 고객을 상대로 법원에서 소송 절차를 밟고 있었다. 이러한 상황이 진행 중일 때 나는 중국 소비자 금융 부분 대표로 발령이 나서 왔다. 간단한 보고를 받았고 자산 운용 사업 본부장, 법무팀장 모두 전혀 걱정할 일이 아니라고 했다.

그러나 소송 결과는 은행의 패소였고, 따라서 은행은 손해 본 금액 전액을 보상해야 하는 상황이 되었다. 이 소송 결과를 외부 근무 중에 알게 되어 은행에 돌아와 보니 자산 운용 본부장, 법무팀장 등이 회의실에 모여 있다고 빨리 오라고 알려 왔다. 외부에서 은행으로 가는 동안 그동안 있었던 내용들을 자세히 읽어 보고 상황을 파악했다.

회의실 문을 열고 들어와 보니 자산 운용 본부장, 법무팀장이 침통한 표정으로 앉아 있었고 내가 자리에 앉자마자 그들은 상황을 빠르게 보고했다. 그리고 나서 두 사람이 나에게 다가와 사표를 제출했다. 나는 이렇게 질문했다. "이 소송의 패소는 법률적인 문제인가? 아니면 중국의 자국민 소비자 보호와 외국인 기업에 대한 불균형적 시각에서 발생한 것인가?"

법무팀장의 답은 법률적 해석으로는 패소가 거의 불가능하고 중국 법원의 문제인지 소송 제기자와의 관계가 좋은 것인지는 구분하기 힘들다고 했다. 이 경우 자산운용 본부장, 법무팀장에게는 귀책 사유가 없으므로 사표를 낼 필요가 없고 더더욱 이 사태를 빨리 해결하고 관련된 사태까지 해결하려면 두 사람이 지금 사직해서는 안 된다고 말해 주었다.

그다음에 동일한 상품을 몇 명에게 팔았는지, 그리고 원금이 심각하게 손실을 본 고객은 몇 명인지를 물었다. 상당수의 고객이 해당하는 내용이었다.

그날 밤 침울한 표정의 자산 운용 본부장과 함께 호프집에 가서 생맥주를 마시며 그냥 시간을 보냈다. 상당한 긴장감과 스트레스를 받고 있다는 것을 느낄 수 있었고 가능한 한 감정을 가라앉힐 수 있게 그냥 이야기를 들어주었다.

다음 날부터 수일에 거쳐 비슷한 유형의 위험을 파악하기 시작했다. 해당 상품을 산 고객 중에 교육 수준이 낮고, 나이가 많으며, 소득 또는 자산 수준이 낮고, 투자 경험이 적은 고객을 고위험 고객으로 분류하기 시작했다. 교육 수준, 나이, 소득/자산, 투자 경험 등의 기준을 여러 가지 조합으로 만들어 위험이 높은 고객부터 위험이 어느 정도 관리할 만한 수준의 고객으로 구분해 보았다. 우리는 고객의 위험 수준에 따라 적극적으로 먼저 연락해 보상을 논의할 그룹과 고객이 은행에 불만을 표출할 때 보상할 고객 등으로 분류하기 시작했다.

싱가포르와 영국의 본사는 우리가 법적으로 보상할 이유가 없으므로 보상해서는 안 된다는 입장이었다. 우리는 중국의 정서상, 또한 은행의 명예를 위해서도 어느 정도의 조화로운 해결이 필요하다고 설명하고, 최대 어느 정도 금전적 손해 내에서 문제를 해결할 것인지를 보고했다. 또한 전혀 보상을 하지 않는 경우 고객이 소셜 미디어나 감독 당국에 문제

답을 내야 진짜 리더다

를 제기하게 될 것이고, 그 경우 발생 가능한 브랜드 및 명성상의 위험에 대해서도 상세히 설명했다.

다행히 중국을 잘 아는 고위 임원진의 노력으로 본사에서도 일정 예산 내에서 큰 잡음 없이 문제를 해결할 것이며 건별로 중요한 사항은 본사의 위원회에 보고하고 승인을 받은 뒤에 처리할 것을 요구했다. 다만 승인 위원회가 24시간 이내에 답을 주지 않는 경우 승인으로 유추하기로 했다.

미리 중국의 은행 감독 당국에 가서 상황을 설명하고 법대로가 아닌 소비자 보호, 사회의 조화 등의 측면에서 고위험 고객군은 우리가 먼저 연락해서 보상책을 논의할 것이며 가능한 한 조화롭게 문제를 풀 것이고 혹시 논란이 생기면 함께 협조해서 풀기로 했다.

그 이후 거의 1년간 우리는 매일 전투와 같은 상황을 치렀다. 손해가 확정된 만기가 오자 칼잡이 마피아를 데리고 지점에 오는 고객, 몸에 화학 희석제(신나)를 뿌리고 횃불을 들고 오는 고객, 지점 정중앙에서 치마를 벗고 소변을 보는 고객, 피켓을 들고 지점 앞이나 감독 당국 앞에서 시위하는 고객, 소셜 미디어에 영향력이 높은 경우 소셜 미디어 여기저기에 불만을 토로하는 고객 등 다양한 유형의 분노를 해결해야 했다.

본사 위원회는 상당히 잘 도와주었다. 다만 중국 상황을 잘 이해하지 못하고 왜 합리적이고 법리적으로 문제를 풀지 못하느냐고 비판하는 사람들도 있었다. 그분에게는 신나 뿌리고 횃불 든 고객, 소변을 본 고객, 칼 들고 들어온 마피아의 사진(은행의 지점에는 CCTV가 설치되어 있음) 몇 개를 보내 주고, 이 사진들은 어느 정도 순화된 사진이라고 설명했다.

이 문제를 해결하기 위한 전 과정 동안 모든 회의를 상세히 기록했고 전용 데이터베이스 시스템도 만들어서 실수 없이 관리하려고 했다. 잠시만 의사소통을 소홀히 하면 문제가 생기므로 중국 감독 당국, 중국 우리은행의 경영진, 본사, 담당 직원, 담당 콜센터 직원들과는 주기적으로 필요할 때마다 논의했다. 그러나 사안의 민감성으로 인해 보안 관리 또한 중요한 문제였다. 그래서 담당 직원, 전산팀, 콜센터 직원을 한 방으로 모으고 출입 관리 및 전산 시스템 접근 관리 등을 철저히 했다.

답을 내야 진짜 리더다

누가 최고 경영진이 되는가

대부분의 회사는 지금까지 검증된 실력과 성과/업적, 고객에 대한 능력, 사람을 이끌어 가는 능력, 자기 분야의 전문성, 협력을 끌어내는 능력, 그리고 회사의 문화와 회사의 이미지에 부합되는 내용, 조직 내에서의 성숙, 광범위한 네트워크, 문제해결의 범위와 다양성, 지지하는 고위 임원진의 무게와 깊이 등을 임원 승진의 기준으로 삼는다. 다음의 내용은 국제적인 기업에서 공통으로 발견되는 사항들을 모아서 정리한 것이다.

1. 업무 처리 능력이 검증되었는가

과거 오랜 기간 누적해 본 결과, 자기가 맡은 분야에서 실적을 낼 수 있는가를 검토한다. 특히 괄목할 만한 성과의 개선, 어려운 사업의 흑자 전환, 신구 사업의 성공적인 발굴 등 도전적인 업무에서의 성과가 중요하다.

2. 사람을 이끌어 나가고 키울 수 있는가

부하 직원의 평판, 부하 직원들의 승진율과 이직률 등이 중요한 변수로 작용한다. 구체적으로 현재 임원 승진 대상자가 직접적으로 키운 팀장급의 이름이 거론되기도 한다.

3. 자기 분야에 대해 전문적인 지식이 있는가

해당 분야에서 대외적으로 경쟁력이 있고 사내에서 존경받을 만큼의 전문적인 지식이 있는지를 평가한다.

4. 조직 내 여러 부서와 화합하고 협조하며 조직의 성과를 극대화할 수 있는가

주로 다면 면담을 통해 취합한 부서 간 협조 능력과 경력상의 성과를 통한 증거 자료를 기반으로 판단한다.

5. 조직을 대표할 만큼 조직 내에서 잘 성숙되었는가

승진 대상자가 조직을 대표해서 대외 발표, 계약, 고객 대응 등을 할 수 있는지 또는 과거의 증거 자료는 무엇인지를 평가한다.

6. 조직의 여러 부문을 이해할 만큼 광범위한 네트워크가 있는가

경력 과정을 통해서 또는 고위직 임원들에게 알려질 정도로 다방면의 네트워크가 있는지를 평가한다. 회사 업무는 혼자가 아니라 팀으로

답을 내야 진짜 리더다

하는 경우가 대부분이므로 여러 부서의 협조를 끌어낼 수 있는 능력이 중요하다.

7. 대외적으로 새로운 사업을 만들어 내거나 회사가 어려운 문제에 부딪혔을 때 문제를 해결하는 데 도움이 되는 외부 네트워크가 잘 발달되어 있는가

특히 새로운 고객의 발굴, 기존 고객을 상실했을 때 새로운 매출의 창출 등 회사의 이익에 직결되는 분야 또는 대외적으로 어려움에 부딪혔을 때 문제를 해결하는 데 직접적으로 도움이 되는 외부 네트워크의 과거 활용 사례 및 잠재적인 네트워크의 깊이와 범위 등이 평가된다.

8. 충분히 다양한 유형의 문제들을 다루어 보았고 앞으로 부딪힐 다양한 문제들을 해결할 능력과 자질을 갖추었는가

회사의 임원으로서 담당해야 하는 문제는 다양하므로 지금까지 다룬 문제의 유형을 분석한다. 회사의 미래 방향이 매출 증대인데 지금까지 비용 절감만 해 본 대상자라면 고민할 수밖에 없다. 영어로는 T자형 인간이 필요하다. 자기 분야에 대해서는 깊이 있는 전문 지식이 있고 여러 방면에 대한 이해도가 있어서 업무 처리 시에 상황을 잘 파악하고, 회사 전체적인 시각에서 접근할 수 있는지를 심사한다.

9. 조직 내에 지지하는 고위직 임원이 두터운가

임원진으로의 승진은 직속상관만의 힘으로는 어렵다. 고위직 임원들의 지지 또는 최소한 반대는 없어야 가능하다. 자신 개인의 브랜드가 없거나 내가 직접 업무를 한 부문 이외의 고위직 임원들이 전혀 모르는 사람이라면 골고루 지지층을 가지고 있는 사람에 비해 승진할 가능성이 적다.

10. 회사의 바람직한 인재상에 부합하는가

모든 회사에는 그 회사가 요구하는 바람직한 인재상이 있다. 대부분은 그 회사의 역사, 회사의 성장 배경에서 나온다. 새로 시장에 진입했을 때 비용 우위로 지금의 자리에까지 온 회사는 운영의 효율성, 비용의 철저한 관리가 조직의 전반적인 문화가 된다. 기술의 혁신으로 성장한 회사는 기술적인 능력과 혁신적인 사고가 중요한 조직의 성공 요인이자 찾는 인재상이 된다.

조직에 대한 헌신, 조직에 대한 충성도 또한 바람직한 인재상의 중요한 내용이 된다. 자신을 희생하고 조직이 필요한 업무를 맡아 왔는지 아니면 자기에게 이익이 되는 보직들만 찾아서 움직였는지, 조직의 요구로 어려운 업무에 발령을 요구했을 때 자신을 희생하고 덤벼 주었는지 아니면 개인의 이익을 우선해서 거절했는지도 중요한 내용이다. 이를 다른 말로 주인의식이라고도 할 수 있다.

임원진부터는 대외적으로 회사를 대표하고 더 큰 책임을 지기 때문에 주인의식을 지닌 자, 즉 회사와 고객, 직원, 주주를 균형 잡힌 시각으로 보고 개인의 이익에 우선할 수 있는 자를 임원으로 만들고자 한다. 아무리 실적이 우수하고 직원을 잘 키우더라도 조직에 대한 충성심, 조직

답을 내야 진짜 리더다

의 이익을 우선할 수 있는 주인의식이 없다면 회사가 그 임원 때문에 큰 위험에 빠질 수 있으므로 이러한 성품과 자질이 더 중요한 문제가 된다.

임원 승진 심사 위원회에서 가장 대표적인 질문 중 하나가 "회사가 시키지도 않았는데 본인이 스스로 찾아서 이루어 낸 일은 무엇인가? 회사에 어떠한 도움이 되었는가?"이다. 그 사람의 과거 경비 사용 내역도 조직에 대한 충성도를 측정하는 중요한 내용 중 하나다. 세계적인 기업 중에는 임원진 또는 임원진 후보의 소셜 미디어 계정도 모니터링한다. 개인적인 영역이지만 그 사람의 위치로 인해 조직 밖에서 그 사람의 소셜 미디어 내용을 회사의 공식적인 내용으로 볼 수 있기 때문이다.

제6장 컨설팅

들을 준비가 된 기업에만
들어야 하는 이야기를 한다

컨설팅이란
무엇인가

컨설팅이란 독립적인 제3자가 전문적인 입장에서 보수를 받고 도움이 될 수 있는 조언을 해 주는 것이라고 볼 수 있다. 따라서 아파트를 매매할 때 중간에 자문해 주는 것을 부동산 컨설팅이라 하고, 창업하고자 하는 사람에게 자문해 주는 것을 창업 컨설팅이라 한다. 여기서 중요한 것은 독립적이면서도 전문적이어야 하고 도움을 주어야 한다는 점이다.

독립적이어야 한다는 것은 이해관계 당사자의 이해와는 별도로 객관성을 유지해야 한다는 뜻이다. 전문적이어야 한다는 것은 자문하는 분야나 방법론에서 자문을 의뢰한 사람 또는 기관보다는 무엇인가 더 탁월해야 한다는 의미다. 또한 도움을 주어야 한다는 것은 자문을 의뢰한 사람이 얻고자 하는 이익에 실질적인 도움이 되어야 함을 뜻한다. 참고로 사전적 의미의 정의를 찾아보았다.

"어떤 분야에 전문적인 지식을 갖춘 사람이 고객을 상대로 상담하고 조언하는 일."

옥스포드 사전

"특정 주제에 대한 자문을 주는 것."

케임브리지 사전

"전문적인 자문을 주는 것."

웹스터 사전

브레인 픽킹,
돈 안 주고 이용해 먹기

컨설팅을 하다 보면 간혹 갑질을 하는 고객사를 만나게 된다. 컨설팅 업무의 특성상 실질적인 프로젝트나 프로그램을 진행하기 전에 고객사의 요구사항을 잘 이해하고 그 요구가 나오게 된 배경이나 상황을 이해해야 한다. 이러한 논의를 위해서 다양한 자료, 과거의 경험 사례, 전문가의 의견 제시 등이 진행된다.

여러 차례의 미팅 끝에 충분히 요구사항과 그 상황을 이해했다고 생각되면 제안서를 작성해 제시한다. 고객사 입장에서는 당연히 여러 컨설팅 회사를 초대하고 경쟁을 시키고 비교해 볼 수 있다.

한국의 모 재벌 기업에서 매년 여러 개의 대규모 컨설팅 프로젝트가 있을 것이라 하면서 다수의 컨설팅사를 초대해서 요구사항을 공유했다. 더 많은 사례, 더 많은 경험, 더 많은 접근 방법론, 방법론의 구체적인 도구, 실제 데이터, 벤치마킹을 요구했다. 하나의 주제를 위해 많은 미팅이 일어났다.

제안서가 수차례 조정되고 항상 더 구체적으로, 더 많은 사례를, 더 상세한 수치를 요구했다. 수백 페이지에 달하는 제안서가 제공되었다. 어느 정도 시간이 지나면 여러 회사의 제안서를 검토한 뒤 다시 각 사에 다른 회사에 더 자세히 온 리스트를 주고 추가로 더 많은 자료, 사례, 데이터를 요구한다. 그러고 나면 특정 보고서 양식으로 다시 작성해 달라고 했다.

보통 5~10개의 요구사항이 매년 왔고 다수의 워크숍이 다수의 부서에 각기 다른 상세 내용으로 제공되었다. 이러한 상황은 수년간 지속되었다. 단 하나의 프로젝트도 실제로는 발생하지 않았다.

이것은 실제로 컨설팅을 쓰는 것이 아니라 돈 안 주고 이용해 먹는 것이다. 이것을 우리는 '브레인 피킹'이라고 한다.

이 기업은 한동안 거의 모든 컨설팅사에서 블랙 고객사(악질 고객)로 분류되어 한동안 아무도 그 이상의 초대에 응하지 않게 되었다. 고객사에는 요청 사항을 명확히 하고 컨설팅사에 해당 전문성이 있는지 알아볼 당연한 권리가 있다. 그러나 그 정도가 지나치면 갑질이 된다.

어떤 고객사가 논의를 부탁했다. 비슷한 과정을 거쳐 제안서가 제공되었다. 장장 6개월에 걸친 수많은 토론, 자료 제공, 워크숍 이후였다. 제안서를 받은 뒤에 고객사가 말한다. 처음으로. "이 프로젝트는 무료로 제공되는 경우가 아니면 진행하지 않겠습니다."

비슷한 악질 고객은 여기저기에 많다.

"아기가 있어서 그런데 (공짜로) 아기 먹이게 돈가스 작은 것 몇 개 튀겨 주시고 계란 후라이 두 개에 김도 몇 장 구워 주세요."

답을 내야 진짜 리더다

"서비스 메뉴로 나가는 계란찜이 있었는데 고객 중에는 계란찜만 리필해서 먹고 아무런 다른 메뉴를 주문하지 않는 분들도 있습니다. 나중에 계란찜을 정식 메뉴로 바꾸었더니 소리 지르고 메뉴판을 던졌습니다."

"기상 악화로 비행기가 취소되었다고 지상 근무 직원을 폭행한 고객도 있습니다."

물론 정도의 차이나 방법의 차이는 있겠으나 이러한 악질 고객을 빨리 구분하고 시간을 아끼는 것이 중요하다.

알면 알수록
확답을 하지 못 한다

앞서 제4장에서 더닝 크루거 효과에 대해 알아보았다. 이와 비슷한 맥락으로 '알면 알수록 확답을 못 한다'는 상황이 있다. 전문가는 오랜 기간 비슷한 문제에 관한 많은 상황을 접해 보았고 각각의 상황과 시간에 따라 적합한 대안이 달라지는 것을 보았기 때문에 속 시원한 확답을 하기 어려워진다.

여기에는 다양한 이유가 있을 수 있다.

1. 복잡계의 문제

주어진 문제가 간단한 문제가 아니고 항상 다른 부분과 연계되어 있으며 복잡계 내에서 답을 찾아야 하기 때문에 어떠한 문제가 주어졌을 때 관련 부분의 문제도 같이 알아야만 해답을 찾을 수 있는 경우다. 회사에서 부딪히는 문제는 대부분 독립적이기보다는 다양한 요인이 얽힌 경우가 많다.

많은 기업이 세계 일류 기업을 연구한다. 그러고는 가장 눈에 보기 쉬운 조직도를 연구하고, 그 조직도를 도입하려 한다. 그러나 그 일류 기업이 그러한 조직 구조를 가진 것은 수많은 과정과 시행착오, 당시의 상황에 맞도록 노력하는 과정에서 나온 진화의 산물이다. 그러한 맥락을 이해하지 않은 채 단순히 조직 구조 하나만 보고 그대로 도입하면 우리에게는 맞지 않을 수도 있다. 조직 구조에는 정답이 없다. 그저 그 조직이 처한 시장 상황, 경쟁 구도, 고객의 상황, 내부의 역량, 개개인의 수준, 의사결정의 과정 등 다양한 요소와 상호작용을 하게 된다. 상품 중심의 조직을 만들어야 하나, 고객별 조직을 만들어야 하나. 제조 부문, 판매 부분을 나눌 것인가 아니면 제품별로 생산과 판매 조직을 두어야 하나. 모든 조직 구조에는 장단점이 있고 성공에 필요한 여건이 있다.

2. 그때는 맞고 지금은 틀린 결정

시장 상황은 바뀐다. 지나고 나서 보면 지금 왜 그 당시 결정이 잘못되었는지는 쉽게 알 수 있지만 당시의 정보와 상황에서 과연 지금의 상황을 예측할 수 있었는지는 알 수 없다. 지금의 의학 지식으로 보면 중세시대의 의학 지식에는 틀린 것이 많다. 지금의 의학 지식도 먼 미래에 틀린 것으로 판명 날 것도 있을 것이다. 그렇다고 해서 의학 자체가 필요 없거나 의사가 필요 없는 것은 아니다.

산업혁명 이후 우리는 대량 생산을 통한 비용 절감을 중요한 원칙으로 생각했다. 대부분의 재화가 새롭고 따라서 수요보다 공급이 부족해

가능한 한 많이 생산해서 수요를 충족하고 규모의 경제를 통해 비용을 줄이는 것이 성공의 방정식이었다. 그러나 모든 고객 세그먼트, 모든 제품에서 이 원칙이 다 적용되지는 않는다. 가격대별로 다른 브랜드, 소구점, 디자인, 성능을 갖춘 제품들이 나온다.

초창기 스타트업은 새로운 서비스를 만들기 때문에, 빠른 시간 안에 최소한의 기능을 갖춘 서비스를 시장에 도입하고 고객의 반응을 확인하는 것이 중요한 성공 원칙이었다. 이때 MVP(Minimum Viable Product, 최소 기능 제품)가 성공의 핵심이었다. 하지만 이제 우리가 상상할 수 있는 거의 모든 것이 스타트업을 통해 제공되기 시작하면서, 단순한 최소 기능으로는 더 이상 성공하기 힘들어졌다. 이제는 많은 업종에서 MLP(Minimum Lovable Product, 사용자에게 애정을 받을 수 있는 제품)가 필요하다. 하나하나의 기능이 아니라 고객의 문제점 또는 충족되지 않은 욕구를 채워 줄 수 있는 해결책이 되어야 지속 가능한 성공을 바라볼 수 있게 되었다.

한때 스타트업에서는 매출, 점유율, 고객 기반을 늘리면 훗날 이익이 날 것이므로 기업 가치 평가에서 매출 증가, 고객 기반 증가가 중요한 기준이었다. 2023년 들어 각종 펀드가 이제는 매출, 점유율, 고객 기반 이외에도 이익 창출 가능성, 리스크 관리 능력, 성장 이후를 관리할 수 있는 경영진의 역량도 함께 보게 되었다.

지금 우리가 대부분 사용하는 피라미드 조직 구조, 경영진의 용어(예를 들어, Chief Executive Officer)도 상당히 오래전에 나온 방식이다. 지금은 의사소통의 속도, 데이터 이전의 용이성 등이 크게 늘어나서 이러한 조직 구조와 역할 분장이 모든 업종에서 다 가장 효과적이지는 않다.

한 조직 내에서도 다른 방식의 조직 구조를 사용할 수 있다.

우리는 한때 5개년 계획의 신봉자였다. 중장기 전략은 보통 5년을 주기로 다시 조정되었다. 이제 많은 산업에서 5년은 너무 긴 기간이 되었다. 물론 장기적 안목이 필요하지만 과거의 정밀한 5개년 계획의 유효성은 점차 떨어지고 있다. 그때는 맞고 지금은 틀리다.

3. 편견과 편향적 사고

우리의 현재를 지배하는 사고는 우리가 경험한 범위에서 결정된다. 특히 우리는 최근에 경험한 내용에 더 무게를 두고 생각하게 된다. 우리가 해서 성공한 방식이 미래에도 성공을 보장하는 방식이 되기는 힘들다. 우리는 무엇을 모르는지 모를 때가 많다.

우리는 미래의 재무 계획을 짤 때 과거의 수치에 근거한다. 사업이 연속적으로 갈 때는 이 방식이 맞을 수 있다. 예산은 전년 대비 얼마로 조정된다. 시장이 크게 바뀔 때 이러한 미세 조정의 의미는 줄어든다.

모든 인수합병이 성공하지 못한다. 그러나 우리는 매물을 오래 쳐다보면 점점 더 정이 들고 그동안 노력한 것이 아쉬워서 무언가 성공적인 인수를 했다고 발표하고 싶어서 사지 않아야 할 매물을 적정 가격보다 높게 사는 경향이 있다.

전문가는 이러한 편견과 편향적 사고의 폐해가 얼마나 큰지 본인의 과거 실패와 실수로 배워 온 사람이다. 따라서 일반인이 가진 편견에서 벗어나려고 노력하기 때문에 일반인이 가진 시각과 다를 수 있다. 우리는 오랫동안 태양이 지구를 돌고 있다고 생각했다.

4. 전문가의 책임감

전문가는 본인의 전문성에 따르는 위치와 영향력을 알기 때문에 책임 감 또한 높다. 듣는 사람 입장에서는 속 시원한 확답을 원하지만 경영의 의사결정이 그렇게 간단명료하기가 쉽지 않다.

5. 새로운 지식과 드러나는 과거 지식의 한계

전문가는 오랜 기간 그 분야의 지식을 축적해 왔고 새로운 지식이 과 거의 잘못된 지식을 바로잡아 준 경험이 있기 때문에 지금의 지식이 절 대적이지 않다는 것을 알고 있다. 그래서 더 조심스러워지는 것이다.

다음은 가상의 토론이다.

토론 1

- **사회자**: 오늘 우리는 노조 전문가인 누구누구를 초대했습니다. 토 론을 시작하겠습니다.
- **청중**: 귀하는 노조 전문가죠. 노조를 다룰 때 강력하게 압박해야 합니까 아니면 돈을 확 풀어서 관리해야 합니까?
- **전문가**: 노조 문제의 핵심은 기업 경영진과 노조의 신뢰 구축입니 다. 필요에 따라 강력히 압박해야 할 때가 있고 돈을 풀어야 할 때 가 있습니다.
- **청중**: 전문가라고 불렀더니 뜬구름 잡는 소리만 하는군요. 전문가 정도 되면 대충 듣고도 우리 회사 상황을 알고 확실한 답을 주어 야 하는 거 아닙니까? 사회자, 이 사람 전문가 맞아요?

토론 2

- **사회자:** 오늘 우리는 조직 전문가인 누구누구를 초대했습니다. 토론을 시작하겠습니다.

- **청중:** 귀하가 12년 전에 은행 조직을 상품, 고객 세그먼트, 그리고 영업 부문으로 제안한 적이 있습니다. 그리고 최근에는 상품 조직을 축소하고 고객 세그먼트와 복합 채널 부문으로 제안한 것으로 압니다. 그럼 12년 전에 제안한 방식이 잘못되었다고 스스로 인정한 것입니까?

- **전문가:** 당시에 지점이 가장 중요한 영업망이었고 영업 부문은 지점망을 중심으로 구성되어 있었습니다. 당시 인터넷 모바일 뱅킹의 비중이 전체 매출이나 서비스 관리에 10%가 안 되었고요. 지금은 인터넷 모바일 뱅킹 채널이 매출과 고객 대응의 90% 이상을 하고 있습니다. 복합 채널, 특히 디지털이 주가 되고 지점이 보완을 하는 방식으로 시장 상황이 바뀌었습니다. 따라서 조직 구조도 시장 상황에 맞게 조정해 나가야 합니다.

- **청중:** 자기 잘못도 인정하지 못하는 사람이 왜 전문가인지 모르겠습니다. 몰랐다, 잘못했다고 인정하는 것이 그렇게 어렵습니까?

위원님, 내일 《뉴욕타임즈》에 이거 나가도 되죠?

어느 날 전화를 받았다. 일단 반말이다. 내용의 요점은 다음과 같다.

- 나 누구누구 의원님 보좌관인데, 지금 내가 보내 주는 이력서의 사람을 고용해라. 의원님 친구분의 자녀이다.
- 네가 하는 거 봐서 이 사람 고용한 대가로 여기저기 좋게 이야기해 주겠다.
- 또 다른 사람도 이력서가 있는데 이 사람은 회사 차량(이미 차종도 정해져 있음), 골프 회원권(어디인지도 정해져 있음), 비서와 자문료로 얼마를 지급해라. 아주 훌륭하신 분이라 네 회사에도 도움이 될 거다.

다행히 그 전화는 유선 전화였고 업무의 특성상 녹음이 되고 있었다.

그래서 다음과 같이 문의했다.

- 지금 부탁을 하는 사람의 정확한 이름, 의원님의 이름, 우리가 고용해야 하는 친구분의 자녀의 이름, 학교, 나이, 우리가 고용해야 하는 고문 후보자의 이름, 나이, 배경
- 전화한 사람이 보좌관이라는 증거
- 지금 통화는 녹음되고 있다는 점
- 우리가 고용을 하는 경우 본 내용을 내일 자 미국《뉴욕타임즈》,《월 스트리트 저널》, 영국의《파이낸셜 타임즈》에 이 녹음 증거와 함께 기사를 내보내도 되는지 여부

갑자기 기세등등하던 반말이 존댓말로 바뀌었다. 그러고는 방금 요청 사항은 없던 것으로 해 달라고 했다.
지금은 많이 바뀌었기를 바란다.

밥 한 번 사는 것으로
지식을 얻을 수 있다고 생각한다면

여러 해 동안 컨설팅을 하다 보니 아는 분들이 만나자고 하신다. 그래서 만나 보면 현재 처한 복잡한 상황을 설명하고 의견을 묻는다. 간단하게 답해 줄 수 있는 상황이라면 의견을 드리지만 그렇지 않은 경우라면 나도 고민해 보아야 하고 자료를 보아야 하고 생각을 정리해 보아야 한다. 상황을 더 자세히 알아야 하는 경우도 있다.

상세한 상황을 알아야 원하는 답을 줄 수 있을 것 같다고 말하면, 지금 당장 연결해 줄 테니 자기 직원과 상세히 이야기해 보고 자료를 받아서 검토한 뒤에 답을 달라고 한다. 문제는 그 대가로 밥을 한번 산다고 한다는 것이다.

아직 우리나라에서 지식의 값어치는 상당히 낮은 것 같다. 강사료 수준도 상당히 낮다. 실물 자산 중심의 사고방식 때문인지, 지식을 제조품에 덤으로 얹어 오는 부가가치로 여기는 경우도 많다. 눈에 보이지 않는

답을 내야 진짜 리더다

상품에 대한 가치를 과소평가하는 경향이 있다. 이제는 그렇지 않지만, 한동안 소프트웨어를 불법 복제해서 사용하는 것이 당연하다는 인식도 있었다.

"최 대표님이 이거 전문가시잖아요. 고민 좀 많이 해 주시고 명쾌한 혜안을 주세요. 우리 직원들, 다양한 부처 사람들 만나서 충분히 이야기해 보시고 세계 우수 사례 보고 길을 보여 주세요. 밥 한번 살게요."

"와서 강의해 주세요. 강사료는 아시죠?"

"미안합니다. 시간이 없습니다."

"아 거 비싸게 굴지 말고 이러한 자리가 얼마나 중요한데. 와서 영광으로 아시고 강의하세요."

"너무 멀어요. 시간이 없습니다."

"아 차 보내 드릴게요."

"차 문제가 아닙니다. 거기까지 왔다 갔다 할 시간이 없습니다."

지식의 값어치를 낮게 생각하는 건 비단 컨설팅 분야에만 국한된 이야기가 아닌 것 같다. 지식, 경험, 경륜에 대해 적절한 가치를 부여해야 더 많은 지식 축적과 공유가 이루어질 것이다.

왜 컨설턴트들이
새로운 단어를 만들어 내는가

제4장에서 더닝 크루거 효과에 대해 논의했었다. 이번 내용은 그와 관련이 있다. 컨설팅 회사는 왜 계속해서 새로운 단어를 만들어 낼까?

예를 들어, 맥킨지가 만들어 낸 새로운 단어 중에는 7S(Strategy, Structure, Skill, Staff, Style, Shared Value, System) framework, MECE principles(mutually exclusive collectively exhaustive)이 있다. BCG는 스타, 개, 캐시카우, 의문부호로 구분되는 성장-점유율 매트릭스가 가장 유명하다. Bain은 NPS(Net Promoter Score), CLV(Customer Lifetime Value)라는 용어를 만들어 냈다.

경영의 세계에서 전에 없던 아무도 생각도 상상도 못 했던 개념은 거의 없다. 기존의 개념을 재정비하거나 기존에 있던 개념들을 연결하거나, 잘 알려진 개념들의 구조를 잘 잡거나 하는 것이 대부분이다.

그러나 더닝 크루거 효과 때문에 많은 경영진이 한 번 들어 본 단어는

답을 내야 진짜 리더다

대충 다 안다고 생각한다. 따라서 새로운 논의를 하고 문제에 관한 해결책을 찾을 때 이미 들어 본 단어는 대충 안다고 생각하니, 뭔가 새로운 단어를 가져와야 새로운 방법이 있는 것처럼 생각한다. 그래야 대화가 시작되는 경우가 많다.

또한 각 컨설팅 회사는 뭔가 다른 회사와는 다른 독특한 방법론이 있고 차별성이 있다고 주장하고 싶어 한다. 많은 고객사 임원이 새로운 방법론, 프레임워크, 새로운 사례를 찾는다. 그들의 야망에 불을 지펴 줄 새로운 아이디어를 달라고 요청한다.

이러한 용어의 과생성이 누구의 잘못인지는 잘 모르겠다. 다만 이러한 용어의 홍수 속에서 본질을 보는 것이 중요하다. 가장 오래된 이론이 오히려 가장 적합한 답일 수도 있다. 예를 들어, 도요타의 린 생산 방식은 나온 지 오래되었지만, 이를 철저히 적용하는 생산 공정이나 서비스 후선 공정은 여전히 많지 않다. 그럼에도 우리는 린 생산 방식을 오래되고 낡은 것으로 간주하기 쉽다. 그러나 애자일 접근법의 근본을 들여다보면, 린 생산 방식과 크게 다르지 않다. 린 생산 방식 역시 포드 생산 방식을 더 발전시킨 결과다.

하늘 아래 새로운 것은 없다. 배우고 익히고 발전시키고 받아들이는 과정이 어디에도 없는 신기루처럼 새로운 개념이나 마법의 답을 찾는 것보다 더 효과적이다. 발전은 한순간이 아니라 수많은 고민 끝에 노력 끝에 나타난다. 쉽게 배울 수 있는 것은 쉽게 따라잡힌다.

경력 관리에 대해서

컨설팅이 아니라 일반적인 경력 관리에 대해 그동안 고민했던 내용들을 정리해 보았다.

1. 직업의 선택

- 사실 첫 직장은 직장이 무엇인지도 모르고 결정하게 된다. 주로 나의 현재 학력이나 스펙에서 가질 수 있는 직업 중에 남들이 좋다고 이야기하는, 또는 남들에게 보여 주기 좋은 직장을 선택하게 된다. 또는 막연히 밖에서 보았을 때 좋아 보이는 대로 가게 된다.
- 직장을 다녀 보아야 내가 어떤 일을 좋아하는지 어떤 일을 하고 싶은지 조금씩 알게 된다. 알바 또는 인턴과는 전혀 다르다. 내 책임 하에 일을 해야 하는 것이 생겨야만 그것을 내가 좋아하는지 아닌지 알 수 있다.

답을 내야 진짜 리더다

- 나보다 10년 정도 앞서간 선배로부터 배울 것이 없거나 존경할 부분이 없다면 그 커리어는 비전이 없을 가능성이 크다. 직장에서 10년 뒤, 20년 뒤 내가 할 일을 지금 하는 분들을 보면 그 직장에서 내 비전이 보인다.
- 지금 남들이 모두 멋지다고 여기는 직업이 10~20년 뒤에도 우수한 직업일 가능성은 적다. 지금 안정적인 직장이 아마도 가장 위험한 직장이 될 수도 있다. 단 공무원을 제외하고서는.
- 나쁜 상사는 직장을 떠나게 만든다. 그러나 직장을 떠날 때 나쁜 상사의 문제인지 직장 자체의 문제인지는 구분을 해 보아야 한다. 좋은 상사는 나쁜 직장이라도 머물게 만들 수 있다. 직장은 별로인데 사수가 좋으면 직장에 오래 다닐 수 있다. 아무리 좋은 회사라도 나쁜 상사는 있다. 그러나 나쁜 상사가 많은 직장은 좋은 회사일 가능성이 적다. 거꾸로 아무리 그 직장이 좋아도 직접 상사, 즉 사수가 별로라면 오래 다니기 힘들다. 직장을 그만두는 가장 직접적인 요인은 내 사수의 문제인 경우가 많다.
- 하루에 하나는 꼭 더 배우자. 많이 읽고 적고 정리하는 사람이 이긴다.

2. 직업에서 커리어로

- "적당히 즐기고 일과 삶의 균형도 있고 나의 발전도 있고 돈도 많이 버는 직종이 있다면 저부터 알려 주세요."
- 한 분야에서 집중하고 헌신해 깊이를 갈고 닦은 사람이어야만 그 분야에서 전문성을 존중받을 수 있다. 한 문파의 무림 고수가 되면 다른 문파의 고수도 보인다. 동네 깡패는 무림 고수를 알아보지 못

한다, 직접 싸우기 전까지는. 세상은 넓고 특히 숨어 있는 진정한 고수는 많다. 내가 잘난 척할 때 고수들은 관심조차 없다.

- 죽도록 열심히 의미 있는 일을 할 때 실력이 부쩍 는다

- 존경할 수 있는 상사를 만나는 것이 커리어에서 가장 필요한 운이다. 좋은 멘토를 만나는 것은 커리어상 가장 큰 행운이다. 이 행운도 내가 눈 잘 뜨고 다니고 멘토로 삼고 싶은 사람에게 접근해야 잡을 수 있는 행운이다.

- 나의 한계를 느껴야만 진정한 발전이 일어난다. 한계에 대한 도전을 주지 않는 직업은 나를 발전시키지 못한다. 내 능력의 한계가 느껴질 때가 내가 성장하는 때이다

- 내가 다음 단계의 업무를 이미 하고 있을 때 승진이 주어지는 것이지 승진하면 능력을 더 발휘할 수 있는 것이 아니다. 승진할 때가 돼서 승진하는 것이 아니라 승진한 다음에 해야 할 일을 지금 하고 있으면 승진이 된다.

- 어떤 직장에서도 그 사업의 본질 또는 중심에서 일하거나 아니면 지원 부문에서 일한다면 한 우물만 파라. 화학회사에서는 공장과 영업에서 일하거나 아니면 지원 부문이라면 한 부문, 예를 들어 마케팅 또는 인사 등을 깊게 파야 한다.

- 남이 보기에는 쉬워도 내가 직접 해 보면 어렵다. 아는 만큼만 보이고 이해된다. 비난은 누구나 할 수 있다. 정말 실행상 더 좋은 대안은 만들어 내기 힘들다.

- 상사를 욕하다가 나도 결국 그 상사와 비슷한 사람이 된다. '나는 이런 상사는 되지 말아야지'라고 생각만 할 것이 아니라, 이를 기록

답을 내야 진짜 리더다

해 두고 나중에 그 자리에 올라갔을 때 스스로를 돌아보자. 하지만 그 자리에 가 보면 나도 비슷한 사람이 되어 있다는 것을 발견하게 된다.

- 직접 해 보기 전까지는 깨닫기 어려운 점이 많다. 내가 상상 속에서 구현 가능하다고 생각했던 많은 것들은 현실적으로는 실행하기 어렵다. 파워포인트에 적힌다고 일이 되는 것도 아니고, 엑셀에 적혔다고 재무적인 이익이 발생하는 것이 아니다.

- 내 의지보다는 주변의 환경과 운이 상당히 좌우한다. 겸손하고 긍정적인 사람이 같은 상황에서는 더 성공할 가능성이 크다. 나의 노력으로 어떤 일을 더 잘하고 못하는 것은 그렇게 큰 차이가 나지 않는다. 그 회사가 어떤 식으로 조직화되어 있고 직원을 어떻게 활용하는 시스템을 가지고 있는가에 따라 더 큰 차이가 난다.

3. 경영진이 되어서

- 누구를 아느냐가 고위직으로 갈수록 커리어와 직장 선택에 큰 영향을 미친다. 헤드헌터보다는 자기에게 가까운 네트워크로 다음 직장을 구할 가능성이 더 크다.

- 부하 직원이 따를 수 있는 사람이 상사가 되어야 조직이 큰다. 일만 잘한다고 상사가 되는 것이 아니다.

- 오랜 기간 경영진을 하다 보면 전문 지식은 사라지고 조직 내의 암묵지를 가지고 여기저기 조정하고 조율하는 능력이 늘어난다. 그 조직 밖을 나가는 순간 이 조율 능력은 쓸모가 없다. 그 조직의 특수한 상황에서만 통하기 때문이다. 특히 암묵지가 많은 조직, 문서

화되고 정리된 지식이 없고 암묵지로 일하는 조직에서 커 온 경우라면 더욱 그렇다.

- 시스템이 잘 갖추어진 조직일수록 새로 영입된 고위직이 성과를 내기 쉽다.
- 솔직한 견해가 통용되지 않고 윗사람이 듣고 싶은 이야기만 하는 조직은 결국 망가지고 와해된다.
- 기업이 나빠지는 것은 기업이 교만해져서 과거의 성공 법칙에 매달리거나 운이 좋아 성공한 것을 나의 능력 덕분이라고 믿는 자만심 때문이다. 잘나가는 조직, 기업이 오래 가지 못하는 것은 운이 좋아 잘된 것과 진정한 조직의 실력으로 잘된 것을 혼동하기 때문이다.
- 리더 한 명 바꾼다고 모든 문제가 해결되지는 않는다. 그러나 나쁜 리더가 오면 조직은 금방 망가진다. 한 번 망가진 조직을 되살리는 일은 어렵다.
- 조직의 경영진이 갑자기 멍청해 보이면 무언가 다른 이유가 있다. 그들은 그렇게 멍청하지 않다. 대부분은 사리사욕과 관련되어 있다.
- 최고 경영자가 큰 그림을 보고 장기적인 추세를 읽고 조직의 10년 뒤를 내다보며 힘든 결정을 해 주는 조직은 계속 성장한다. 최고 경영자가 세세한 일을 챙기고 당장 닥칠 문제에만 집중하면 조직은 방향을 상실하고 성장을 하지 못한다.
- 아는 만큼만 보인다. 공부하지 않으면 매일 새로운 경쟁사, 고객의 욕구가 바뀌는 경영 환경에서 보이는 부분이 계속 줄어든다.
- 현상 유지는 조직을 망치는 가장 좋은 방법이다.

- 최고 경영진이 현장을 알아야 한다. 고객을 직접 만나고 영업 일선을 직접 만나서 그들의 고충을 들어야 무엇이 문제인지 안다. 회의실에서 보이는 예쁜 보고서는 현실이 아니다. 현장에 가서 다그치는 리더는 현장을 영원히 모른다. 열린 마음으로 현장의 고충을 들어야 조직 발전의 가장 큰 장애 요인이 무엇인지 알게 된다.
- 좋은 소식은 부풀려져 빨리 올라가고 나쁜 소식은 꾸며져서 느리게 올라가거나 아예 올라가지 않는다. 정말 중요한 정보는 현장에 있다.
- 운영상, 기술적인 상세함을 많이 안다고 해서 큰 흐름의 변화를 읽을 수 있는 것은 아니다.

4. 경력 전반에 걸쳐서

- 가족의 지원이 없으면 성공하기 힘들고 성공하더라도 외롭다.
- 초년 출세, 중년 상처, 말년 극빈이 가장 불행한 커리어이다
- 내용의 실수는 용서받을 수 있지만 스타일의 실수는 용서받기 쉽지 않다.
- 최초라는 단어가 붙는다는 것은 힘들고 외롭고 질투받지만 후배들에게 길을 열어 준다는 뜻도 있다.
- 내가 할 수 있는 능력보다 일의 범위나 내용이 너무 적으면 지루하고 일하는 의욕이 떨어지게 된다.
- 세상일이 그렇게 명확히 옳고 그르지 않더라. 모르면 용감할 수 있다. 전문가가 될수록 속 시원한 답을 주기 힘들어진다. 그때그때 달라요.

- 커리어는 계획한다고 이루어지지 않는다. 하지만 꿈이 있는 사람, 그 꿈을 향해 열정을 불사르는 사람은 그렇지 않은 사람보다 계획한 방향으로 가까이 갈 가능성이 더 높다. 돌이켜 보니 승진의 대부분은 운으로 발생했다.

- 자신의 강점을 잘 활용하는 데 더 많이 노력하고 시간을 들이고, 자신의 단점은 너무 두드러지지 않게 줄이는 정도로만 노력해야 한다. 커리어를 통틀어 자신의 단점이 잘 줄어들지 않는다. 숨기는 능력을 늘어나지만.

- 경청하는 자가 이긴다. 메모하고 기록하는 습관을 가진 자가 이긴다.

- 결국은 돈 벌어 주는 사람이 이긴다.

- 조직의 누적된 능력, 지식, 지원 부서, 상품력, 제조력, 브랜드 등이 종합되어 내 성과가 나온다. 척박한 기반에서는 나 혼자 아무리 잘나도 성과를 내기 힘들다.

- 기업이 좋아지는 것은 매일매일 조금씩 누적되어 일어난다. 물론 이를 뒷받침할 수 있는 시스템과 여건 조성이 중요하다.

- 일이 취미보다 더 재미있으면 워라밸을 강조해도 본인이 신나서 일한다. 워라밸은 재미없는 일, 의미가 없는 일, 내 일이 어떻게 조직과 나의 발전에 연결되는지 불명확할 때 더 힘을 발휘한다.

- 조직 내에서 내가 가진 권력은 내 자리가 준 것이지 나의 힘이 아니다. 견장 떼고 붙으면 진짜 실력이 나온다.

답을 내야 진짜 리더다

경력직으로서 새로운 직장에
효과적으로 안착하려면

경력자로서 새로운 직장에 가면 대부분 기존 사람들이 경계를 하고 일을 얼마나 잘하는지 주시하게 되어 있다. 기존 조직 구성원 중에 그 자리에 영전하거나 승진할 것으로 기대했던 사람들이 제법 있었다고 가정하는 것이 대부분의 맞을 것이다.

따라서 새로 조직에 경력자로 들어가면 시기와 질투, 그리고 경계와 마주하게 될 확률이 높다. 새로운 조직으로 간 경우에 고민해야 할 내용은 다음과 같다.

- 너무 섣불리 새로운 조직을 비판하지 말라. 처음 최소 3개월은 다양한 조직원의 이야기를 경청하고, 조직의 과거 역사를 공부하며, 조직의 구성원들이 자랑스럽게 생각하는 부분이 어디인지를 파악해야 한다.

- 그 기업의 방향, 경영진의 성향, 조직의 구성 및 의사결정 체계 등을 파악해야 한다.
- 그 기업의 문화, 특질을 공부해야 한다. 이전 조직과 차이점을 가장 파악하기 어려운 부분이 바로 문화와 특질이다. 눈에 보이지는 않으나 의사결정이나 추진 시에 암묵적으로 동의되어 온 생각의 근거 점들이라고 할 수 있다.
- 내 자리에 올 수 있었던 또는 올 거라고 기대했던 모든 사람이 잠재적인 적이다. 적대적으로 대하면 안 되지만 누가 나를 증오할 수 있는지 아는 것은 중요하다. 그들을 적으로 대하지 말고 포용할 방법을 찾아야 한다.
- 적을 너무 일찍 만들지 마라. 적이 없을 수 없겠지만 너무 일찍 각을 세우고 대립하지 말라. 실적을 내는 것보다 조직과 화합하는 것이 더 중요하다.
- 기존 조직원들에게 실력으로 증명하고자 하는 의욕을 줄이고 기존 조직원들에게 도움이 될 수 있는 부분을 찾아야 한다. 기존의 질서를 해치지 않는 범위에서 기존의 노력과 기반에 추가해 발전하는 방향을 찾아야 한다. 새로운 시각은 도움이 되지만 이전 회사의 추억을 자꾸 불러오는 것은 도움이 되지 않는다.
- 빠른 시간 내에 이전 조직의 용어를 지우고 새 조직의 용어를 익혀야 한다.
- 현장을 파악하는 데 시간을 많이 투자해야 한다. 그러려니 하고 생각했던 현장이 이전 조직과는 판이할 수 있기 때문이다. 생산, 구매, 공무, 영업, 물류, 후선 업무 등 현장이 어떻게 작동되고 움직이

답을 내야 진짜 리더다

느지 스스로 눈으로 몸으로 확인할 필요가 있다.

- 이전 조직과 비교할 때는 폭 넓게 업계 내에서 비교하고 대안과 발전적인 해답이 있어야 한다.

시간을 잘 쓰는 법

늘 시간에 쫓기고 '바쁘다 바빠!'를 입에 달고 살면서 언제부터인가 조금씩 좀 더 시간을 효율적으로 쓰고 싶어 여러 사람에게 조언을 구하고 나름대로 노력해서 조금은 좋아진 방법을 공유해 본다.

첫째, 여러 가지 도구를 활용해서 할 일을 잘 정리해 둔다. 전체적인 윤곽, 핵심적인 업무, 중요하지는 않지만 놓쳐서는 안 되는 일, 기다려야 하는 일, 다음번 재촉해야 할 시기 등등 늘 메모한다. 여러 가지 앱을 활용하는데, 대부분 기기나 운영체계에 상관없이 동기화되어 언제 어디서나 쓸 수 있다.

둘째, 생각이 정리되면 직접 써야 더 잘 구체화된다. 아직 회의나 토론, 단상들은 여전히 손으로 쓰는 노트북을 활용하거나 손으로 기기에 쓰는 방식을 선호한다. 매일 이메일과 노트에 있는 내용 중에 중요한 것은 정리해서 에버노트(Evernote)라는 앱에 옮겨 놓는다. 노트북(Notebook) 기능으로 큰 분류를 할 수 있고 간단한 사진이나 파일들을 첨부할 수 있

답을 내야 진짜 리더다

어서 쓰기 편하다.

셋째, 항상 내일 할 일을 오늘 자기 전에 정리한다. 내일 꼭 처리해야 할 일, 먼저 추진해야 하는 일들을 미리 정리해 놓는다.

넷째, 스케줄을 적극적으로 관리한다. 주기적으로 해야 하는 일(매월, 매 분기, 매 반기), 주기적으로 출장을 가야 하는 도시, 주기적으로 꼭 만나야 하는 사람(조직 내에서, 조직 밖에서)은 미리 스케줄을 잡는다. 나중에 바뀌더라도 가까운 시기에 가서 시간을 잡으려면 어렵기 때문이다.

다섯째, 자투리 시간을 잘 이용한다. 공항에 가는 길, 공항에서 기다리는 시간, 비행시간 등은 밀린 이메일을 정리하고 읽고 싶었던 책들을 읽을 좋은 기회이다. 대략 1주일에 한 권은 읽자고 생각하면, 1년에 50권 내외의 좋은 책들을 읽을 수 있다. 그중에 일부는 업무 분야에 관련된 책, 일부는 좋아하는 고전, 소설, 수필 그리고 일부는 최신 경향에 대한 책일 수도 있다. 관련 논문이나 좋은 글들은 미리 휴대용 기기에 다운받아 놓고 시간이 될 때마다 읽을 수 있다. 책을 읽을 때 생각나는 단상들을 책에 직접 메모하거나 휴대용 전자기기에 적어 놓으면 다음에 많이 도움이 된다.

여섯째, 한 달 단위로 지나온 일들과 다음 달에 할 일을 정리한다. 업무상 늘 일어나는 일들이 아닌 전략적인 과제를 중심으로(성과 향상 과제, 주요 직원들의 역량 향상, 코칭, 비어 있는 주요 포스트에 대한 인력 충원, 중장기 업무) 지난 한 달간의 추진 및 성과를 돌이켜 보고 다음 한 달간 할 일을 나에게 쓰는 편지 형태로 정리한다. 필요에 따라 상관에게 보고용으로 쓸 수도 있다. 그 경우에는 상사가 지원해 주기 바라는 부분을 따로 정리한다.

일곱째, 집중한다. 이상적으로는 일주일에 두 번 정도 끊어지지 않고 집중할 수 있는 4시간이 필요하다. 그 시간 동안 여러 가지 자유로운 궁리, 집중적인 고민, 정리되지 않았던 문제를 잡념을 지우고 핵심을 찾는 일, 어떻게 풀어야 하는지에 대한 고민을 느긋하게 할 수 있다. 고민의 강도는 높더라도 심리적인 여유가 있는 4시간의 집중이 많은 도움이 된다. 미리 잘 계획한 업무는 효율적이다. 일을 시작하기 전에 일의 전체 윤곽을 조용히 머릿속에 그려 보고 이를 손으로 시각화하면 일이 더 효율적으로 잘 진행되는 것 같다.

여덟째, 최상의 시간에 가장 중요한 일을 한다. 사람마다 집중이 잘 되는 시간이 다르다. 필자는 저녁 식사 이후 9~11시 사이, 오전 8시 30분~10시 30분 사이가 가장 집중이 잘되어서 중요한 일을 이 시간에 처리한다. 가능한 한 오전 이른 시간에는 회의보다 혼자 업무 처리하는 시간을 갖고자 한다.

아홉째, 체력이 중요하다. 아무리 시간을 효율적으로 써도 절대 시간은 늘 부족하다. 그래서 때로는 시간을 더 써서 일할 수 있는 체력이 필요하다.

열째, 정말 잘 쉬는 것이 잘 일하는 것이다. 매년 휴가 일정을 먼저 잡는다. 주말에는 가능한 한 이완하고자 한다. 늘 팽팽하게 긴장하고 있으면 결정적 순간에 집중해서 판단할 수 있는 정신력을 가지기 힘들다.

사람마다 시간을 잘 쓰는 법이 다를 것이다. 아직도 배우는 중이라 나중에 내가 쓴 글을 보고 스스로 많이 반성할 듯하다. 하지만 이 또한 발전의 초석이 되리라 여긴다.

답을 내야 진짜 리더다

작가 인터뷰

이번 책을 쓰게 된 계기는 무엇인가요?

30년 넘게 일해 온 시간을 돌이켜 봤더니, 제가 어려운 의사 결정을 수없이 해왔더라고요. 현장에서 얻은 소중한 깨달음이 정말 많았어요. 훌륭한 분들로부터 다양한 지혜들도 배웠죠. 그 경험을 경영학을 공부하는 학생들이나 기획 및 전략 업무를 담당하는 실무자들, 그리고 기업을 이끌어가는 경영인 및 임원진들과 나누고 싶었어요. 그분들께 조금이나마 도움이 되었으면 하는 마음으로 이 책을 썼어요.

『나도 컨설턴트처럼 일하고 싶다』와 이번 책의 차별점은 무엇인가요?

이전 작『나도 컨설턴트처럼 일하고 싶다』를 한마디로 요약하면 '무엇이 올바른 질문인가'에 대한 책이에요. 제가 23년간 컨설턴트로 활동하며 체득한 컨설팅의 정의, 타이밍, 방법, 그리고 컨설턴트의 사고방식 등을 통해 주제를 풀어냈어요. 올바른 질문을 던질 수 있게 되었다면, 답을 찾아야 할 차례죠. 이번 책이 바로 그 답을 찾는 전략에 관한 내용이에요. 특히, 경영자의 관점에서 바로 적용 가능한 문제해결 방법을 담았어요. 제가 직접 겪은 일 중 실전에서 가장 도움이 될 만한 40가지 사례를 수록했어요.

40가지 사례는 어떤 기준으로 꼽으셨나요?

일단 모든 사례는 지난 수십 년간 일하면서 그때그때 정리해놓은 노트에서 선별한 것들인데요. 경영 현장에서 부딪히게 되는 문제가 굉장히 다양하기 때문에 우선 그 유형을 분류했어요. 크게 전략, 운영, 조직,

변화 관리로 나눴죠. 전략을 세부적으로 보자면, 잘 되고 있는 회사와 망해가는 회사, 신사업을 준비하는 회사 등 어떤 상황에 놓여 있느냐에 따라 좋은 전략이 달라져요. 운영도 구매, 생산, 판매, 영업 등 부서별로 다 다르고요. 이런 식으로 카테고리를 나누는 작업부터 했어요. 그리고 제가 가장 치열하게 고민하며 해결해 나갔던 경험들을 추렸어요. 특히, 혼자서는 문제를 해결할 수 없기 때문에 서로 다른 관점을 어떻게 받아들이고 통합하여 해결책을 모색했는지에 중점을 뒀어요.

국내뿐만 아니라 해외에서도 다양한 기업과 사람을 만나오셨어요. 두 축을 모두 경험하면서 얻은 인사이트를 꼽아주신다면요.

국내외를 막론하고 사람들은 크게 다르지 않다는 점이에요. 문화적인 차이는 분명 존재하지만, 기업들이 직면하는 문제의 본질은 유사해요. 흥미로운 점은 거의 모든 나라에서 자국만의 특수성을 강조한다는 거예요. 많은 사람들이 자기 나라만 특별한 문제를 안고 있다고 생각해요. 실제로는 그렇지 않아요. 겪는 문제의 90%는 비슷해요. 인간의 본질적인 동기 부여도 유사하죠. 예를 들어 "우리는 정서적 융합이 중요해." 그러면 영국 회사는 정서적 융합이 중요하지 않을까요? "미국 사람은 그냥 돈만 잘 주면 되는 거 아니야?" 그렇지 않아요. 가서 일해보지 않고 하는 얘기예요. 물론 문제의 양상이나 여건, 실행 방식은 문화적으로 조금씩 다르죠. 하지만 본질로 들어가 보면, 결국 마주하는 고민은 크게 다르지 않았어요. 어떤 방향으로 나아가야 할지, 어떤 조직 구조를 갖춰야 할지, 어떤 성과 지표를 설정해야 할지, 그리고 어떤 방법을 적용해야 할지 등은 공통적이에요.

사람들이 보통 생각하는 기업가 이미지와 작가님이 실제로 만난 성공적인 기업가 사이에는 어떤 차이점이 있나요?

미디어에서 만들어낸 기업가의 이미지는 실제와는 거리가 멀어요. 대단히 화려하고 낭만적인 삶을 살거나, 지시만 내리면 조직원들이 맹목적으로 따르는 것처럼 묘사되죠. 하지만 현실은 달라요. 제가 삼성, LG, SK 그룹 회장님 방에 다 가봤거든요. 중국 초거대 재벌 회장님 방에도 가봤는데, 방들이 그렇게 크지가 않아요. 다만, 고위급 임원진 방 옆에는 꼭 화장실이 있는데요. 편하라고 주는 게 아니에요. 하루에 미팅만 20개 가까이 있어요. 말 그대로 화장실 갈 시간이 없는 거죠.

기업가들은 매일 수많은 의사 결정을 내려야 해요. 남들이 보지 못하는 부분까지 통찰하며 끊임없이 시간에 쫓기죠. 정말 고독한 존재예요. 애매하게 성공한 기업가들 중에는 자기를 과시하거나 무례하게 구는 사람들이 있는데요. 제가 실제로 만난 성공한 사업가들은 겸손하고 다른 사람의 의견을 경청하는 분들이었어요. 깊이 생각하고, 끊임없이 자기반성을 하죠. 큰 그림과 세부적인 내용을 균형 있게 파악하는 능력이 뛰어나고 사고방식도 건전해요. 다만 워낙 바쁘다 보니 가족들에게 미안함을 품고 사는 분들이 많았어요.

디지털 전환, 이커머스, 핀테크 등 기술 환경이 급변하고 있는데요. 현 시대를 살아가는 리더들이 가장 유념해야 할 점은 무엇일까요?

우리는 흔히 기술의 단기적인 영향은 과대평가하고 장기적인 영향은 과소평가하는 경향이 있어요. 인공지능과 디지털 기술은 앞으로 오랜 기간 동안 우리의 업무 방식을 근본적으로 변화시킬 거예요. 하지만 모든 기술은 결국 도구에 불과해요. 인공지능으로 무엇을 할지 고민하는 것은 마치 망치를 들고 못을 찾아다니는 것과 같죠. 새로운 기술이 등장하면 경영진은 종종 실무자들에게 알아서 사용해 보라고 지시하는데요. 그 결과 수많은 개념 증명(Proof of Concept) 수준의 테스트가 진행되고, 각 부서별로 챗봇이 생겨났죠. 이러한 실험적인 시도는 단기적으로는 도움이 될 수 있지만, 중요한 문제를 해결하는 데에는 기여하지 못해요. 이는 다시 경영진이 실무진을 비난하는 결과로 이어지고요.

경영진은 새로운 기술이 등장했을 때 어떤 문제를 해결해야 하는지, 어떤 도구가 가장 적합한지, 그리고 그 도구를 효과적으로 사용하기 위해 어떤 조건이 필요한지를 실무진과 함께 고민해야 해요. 또한, 도구를 사용하는 사람들을 재교육하고 훈련해야 하죠. 그 도구를 효과적으로 활용할 수 있는 프로세스, 업무 환경, 지배 구조, 조직 구조, 성과 측정 지표 등이 함께 변화해야 하고요. 완벽하게 새로운 도구를 사용하는 것은 불가능에 가까워요. 그러니 도전과 실패에 열려 있는 태도도 중요하겠죠.

이제 막 시작했거나 성장단계에 접어든 작은 조직의 리더와 관리자들이 놓치기 쉬운 점에 착안해 팁을 주신다면요.

규모가 작을수록 주변에 믿고 맡길 만한 사람이 없다고 토로하는 대표님들이 많은데요. 진짜 뛰어난 조직은 평범한 사람을 채용하여 비범한 인재로 성장시키는 능력을 갖추고 있어요. 초기 단계에서는 리더가 모든 것을 직접 할 수밖에 없지만, 차츰 직원들에게 맡기고 그들이 성장하도록 해야 해요. 리더가 직접 해야 할 일과 직원들이 배워나가도록 맡겨야 하는 일, 그리고 그들을 지원하기 위해 해야 할 일을 잘 구분해야

답을 내야 진짜 리더다

죠. 당장은 답답할 수 있겠지만, 어느 정도 범위 내에서 위임하고 믿고 기다려야 해요.

물론 최종적인 책임은 리더에게 있어요. 그러니 조직의 방향성뿐만 아니라 해야 할 일과 하면 안 되는 일의 기준을 명확히 설정해야 해요. 리더를 믿고 따르게 하려면, 먼저 솔선수범하고 감성적으로 연결되려는 노력도 필요하고요. 자신들이 하는 일이 조직의 목표 달성에 어떻게 기여하는지 알려주는 것도 중요해요.

'전략은 선택의 문제다. 무엇을 하지 않을지를 정하는 일'이라는 문장이 인상 깊었습니다. 실무자가 전략적으로 일하려면 무엇을 택해야 할까요?

우리는 흔히 무엇을 할지에 대해서만 고민하고, 정작 중요한 '무엇을 하지 않을지'에 대한 고민은 간과하는 경향이 있어요. 전략적으로 일하고 싶은 실무자라면, 다음 질문들에 대해 깊이 고민해 보세요.

1. 우리 업계의 메가 트렌드는 무엇이며, 어떤 방향으로 변화하고 있는가?
2. 우리 시장의 규모는 어떻게 변화하고 있으며, 성장성과 수익성 전망은 어떠한가?
3. 시장을 세분화했을 때, 어떤 상품, 세그먼트, 채널, 지역, 수직 계열화된 산업이 성장하고 쇠퇴하고 있는가?
4. 우리 기업의 주요 경쟁사는 누구인가?
5. 우리 기업과 경쟁 기업의 가장 큰 차이점은 무엇인가?
6. 우리 업계에서 세계 최고 기업은 누구이며, 그들은 어떻게 성공했는가?
7. 우리 업계의 핵심 성공 요인은 무엇이며, 우리 기업의 수준은 어느 정도인가?

8. 우리 회사의 과거 성과, 조직 문화 등에서 강점과 약점은 무엇인가?

9. 우리 회사의 주요 고객은 누구이며, 그들은 무엇을 좋아하고 어떤 점에 불만을 느끼는가?

10. 따라서 앞으로 발전을 위해 반드시 해야 할 일과 해서는 안 될 일은 무엇인가?

미래의 리더로 성장해나갈 2030 직장인들을 위한 조언이 있다면.

직장에서 자신보다 10년 정도 앞서간 선배들을 살펴보세요. 그들로부터 배울 점이나 존경할 부분이 없다면, 그 커리어는 비전이 없을 가능성이 커요. 그렇다고 '나는 저런 상사는 되지 말아야지'라고 생각만 하지 말고, 자신의 다짐을 기록해두세요. 나쁜 상사는 직장을 떠나게 만드는 주요 원인 중 하나예요. 하지만 직장을 떠날 때 그 이유가 단순히 나쁜 상사 때문인지, 아니면 직장 자체의 문제인지는 신중하게 구분해야 해요. 나쁜 상사는 어느 회사에나 존재하거든요. 물론 나쁜 상사가 많은 직장은 좋은 회사일 가능성이 낮죠.

한 분야에 집중하고 헌신하여 깊이를 갈고 닦은 사람만이 진정한 전문가로 인정받을 수 있어요. 그러니 자기 능력에 한계가 느껴질 때까지 도전해보세요. 그때가 바로 성장하는 시점이거든요. 매일 하루에 하나씩이라도 새로운 것을 배우려고 노력하세요. 많이 읽고, 적고, 정리하는 사람이 결국 성공해요.

2030 독자들이 읽으면 좋을 만한 책도 추천해주세요.

제일 추천하고 싶은 책 한 권을 꼽자면 『부의 기원』인데요. 생태경제학 관점에서 인류가 만들어온 경제 체제를 가장 잘 설명한 책이라고 생각해요. 이 책을 읽고 나면 경제를 단순히 '투자와 수익'의 시선이 아니라, 거시적 흐름으로 이해할 수 있어요. 논리적 사고를 키우고 싶다면『논리의 기술』을 추천해요. 한국어판을 직접 감수했는데, 사고를 구조화하고 명료하게 정리하는 데 많은 도움이 됐어요. 또한『도덕경』,『논어』,『중용』 같은 동양 고전은 인생을 보는 틀 자체를 바꿔줄 거예요. 부담 갖지 말고 천천히 곁에 두고 읽어보세요.

34년간 탄탄한 경력을 쌓아온 동시에 지금도 꾸준히 배우고 도전하고 계신데요. 작가님이 개인적으로 꾸고 있는 '꿈'이 궁금합니다.

저에게는 '중용의 인생팔미'라는 여덟 가지 삶의 맛이 모두 중요한데요. 그중에서도 배우고 봉사하며 삶의 의미를 찾아가는 게 요즘 저의 꿈이에요. 지금은 싱가포르 국립대학교 컴퓨터 공학부 최고경영진 과정에서 디지털 전환에 대해 강의를 하고 있는데요. 싱가포르 경영대학 박사 과정을 마친 후에는 대학교 학부 및 대학원생들을 가르치고 싶어요. 가능하다면 한국으로 돌아가 교단에 서는 것을 꿈꾸고 있고요. 오랫동안 존경해왔던 분들의 자문 역할을 하며 계속 배우고 성장하고 싶어요. 후배들에게 조금이나마 도움이 되었으면 하는 마음이에요.

벌써 두 권의 책을 출간하셨어요. 이후 출판 계획이 있으신가요?

앞으로도 쓰고 싶은 책들이 많은데요. 무엇을 해야 하는지 보다 '무엇을 하지 않을지'를 다루는 전략서나 리더십에 대한 책을 고려 중이에요. 직무 관련해서는 한국인으로서 세계적인 기업에서 일했던 경험이나 영업 현장에서의 내용을 담은 책도 계획하고 있어요.

마지막으로, 답을 내야 하는 모든 리더들에게 한 말씀해 주신다면.

오늘도 묵묵히 자신의 자리에서 고민하고 결단을 내리며 매일 정진하고 계신 모든 리더들께 존경의 말씀을 전합니다. 그동안 저에게 많은 가르침을 주신 수많은 리더분들께 진심으로 감사드립니다. 성함을 일일이 밝히지 못하는 점이 아쉽습니다. 부족한 제 책이 여러분의 어렵고 험난한 길에 함께 걸어가는 동반자가 될 수 있다면 더없는 영광일 것입니다.

작가 홈페이지

답을 내야 진짜 리더다

34년 차 글로벌 컨설턴트가 말해주는 실전 경영 사례와 해법

발행일 2025년 5월 12일

지은이 최정규
펴낸이 마형민
기획 페스트북 편집부
편집 곽하늘 이은주 김예은
디자인 김안석 표진아
펴낸곳 주식회사 페스트북
홈페이지 festbook.co.kr
편집부 경기도 안양시 동안구 관악대로 488
씨앗트 스튜디오 경기도 안양시 동안구 안양판교로 20

© 최정규 2025

ISBN 979-11-6929-795-0 03320
값 19,000원

* 이 책은 저작권법에 의해 보호를 받는 저작물이므로 무단 전재와 무단 복제를 금합니다.
* 페스트북은 작가중심주의를 고수합니다. 누구나 인생의 새로운 챕터를 쓰도록 돕습니다.
  creative@festbook.co.kr로 자신만의 목소리를 보내주세요.